팬데믹 너머

대학의 미래를 묻다

인문학 공동연구 총서 02

팬데믹 너머 대학의 미래를 묻다

초판 1쇄 발행 2021년 10월 8일

편자 서울대학교 인문대학
편집책임 신혜경

펴낸곳 서울대학교출판문화원
주소 08826 서울 관악구 관악로 1
도서주문 02-889-4424, 02-880-7995
홈페이지 www.snupress.com
페이스북 @snupress1947
인스타그램 @snupress
이메일 snubook@snu.ac.kr
출판등록 제15-3호

ISBN 978-89-521-3043-3 04000
978-89-521-2945-1 (세트)

팬데믹 너머

대학의 미래를 묻다

서울대학교 인문대학 편

서울대학교출판문화원

서설

신혜경

#1. EXT. 대학 캠퍼스, 1983년 봄날

어김없는 봄이었다. 산수유 노란 꽃망울과 함께 목련의 봄이 찾아왔고, 머지않아 캠퍼스는 온통 개나리와 진달래로 물들었다. 그날은 뭔가 좀 수상쩍었다. 과사무실에는 묘한 정적이 돌았고, 어디선가 수군수군 "12시 2동 앞"이라는 귓속말이 들렸다. 아무도 무슨 일인지 묻지 않았다. "너도 가볼래?" 재수를 해서인지 남달리 대학생활이 친숙해 보였던 친구의 말에 호기심으로 고개를 끄덕였다. 12시 1분 전, 2동 앞은 알 수 없는 긴장감으로 술렁거렸다. "학우여!" 어느 순간 외마디 외침과 함께 한 선배가 번개같이 달려 나와 하늘 높이 전단지('P')를 뿌리고는 2동 앞 나무를 타고 위로 올라갔다. 그와 동시에 주변에서 어슬렁거리던 학생들이 빠르게 몰려들어 주동자를 에워쌌다. "어서 모여 함께 하나가 되자!" 순식간이었다. 그러나 그와 거의 동시에 우당탕 멀리서 일제히 달려오는 사복경찰('짭새')들이 보였다. 어쩌지, 같이 간 친구를 돌아본 순간, 그는 다급한 눈빛을 챙길 새도 없이 전속력으로 도망치고 있었다. 나는 옴짝달싹 못한 채 땅바닥에 나뒹구는 전단지와 무참하게 머리채가

잡혀 끌려가는 주동자를 보았다. 그렇게 눈 깜짝할 새 모든 게 진압된 후 캠퍼스는 언제 그랬냐는 듯 일상으로 돌아갔다. 그렇게 우리의 대학 생활은 시작되었다. 그리고 그날, 유달리 노숙해 보이던 동기 하나는 도망치다 잡혀 곧바로 강제 징집되었다. 봄이 내린 캠퍼스에 둥그렇게 모여 앉아 '수업 거부 투쟁'을 결의했고, 수업하는 강의실보다 담배 연기 자욱한 서클룸과 누군가의 비좁은 자취방에서 선배와 함께 책을 읽고 토론을 하며 대학 생활의 나날이 흘러갔다. 졸업정원제로 엄격한 상대평가가 실시되었고 교양과목의 B+ 학점은 제법 자랑할 만한 선방으로 여겨졌다.

#2. INT. 대학 교수연구실, 2021년 봄날

어엿한 봄과 눈치 없는 여름이 함께 와버린 듯 날씨가 오락가락했다. 예전엔 목련의 봄이 가면 개나리와 진달래의 봄이 오고, 벚꽃이 피고 지고, 그 뒤에 라일락 향기가 교정을 휘감을 때쯤 봄이 저물었지만, 이젠 모든 봄꽃이 한꺼번에 피었다 지곤 한다. 허가만 받으면 누구든 붙일 수 있는 학교 게시판은 학생들의 대자보보다 행사 이벤트 홍보물로 빼곡하다. 하긴, 총학생회가 투표율 미달로 구성조차 하지 못한 지가 벌써 네 번째다. 학생들로 제법 북적였을 벤치도 동지선달 방학 때만큼이나 한적하다. 코로나 여파로 비대면 수업에 돌입한 지 세 학기째 접어들고 있다. 오늘도 학생들은 교수의 지시에 따라 카메라를 켜고 '줌Zoom' 수업에 임한다. 아직 학기 초반인데도, 학생들 얼굴이 당장 종강이라도 해야 할 것처럼 피로해 보이는 건 그저 기분 탓일까. 목청 높여 힘을 내보지만, 현장 수업에서의 역동성과 긴장감은 생기지 않는 것 같다. 유독 초롱초롱 밝게

웃는, 스크린 속 한 학생을 지목하여 질문을 해본다. "선생님, 죄송해요. 방금 다른 걸 보느라 잠시 못 들었어요." 이런, 그 환한 눈빛이 내 수업의 것이 아니었구나. 어쩌면 멀티태스킹이 친숙한 Z세대에게 스크린에만 집중하라는 건 불가능에 가까운 요구일지도 모른다. 화려한 강의 자료와 뛰어난 전달력을 자랑하는 인터넷 강의에 익숙한 학생들에게 대학교수의 강의는 대체로 '구리고', 강단이 사라진 평면의 스크린에서 교수의 아우라는 더 이상 빛을 발하지 못한다. 더욱이 고학년 학생 대다수는 현재의 비대면 수업을 더욱 선호한다. 무엇보다 등하교 시간의 단축과, 줄어든 시간만큼 더 많은 온라인 접속을 할 수 있다는 것을 장점으로 꼽는다. 학생들마다 차이가 있겠지만, 대학에서 직접 만남을 통한 다양한 배움의 관계는 그들의 일차적 관심이 아닌 듯하다. 사람을 만날 수 없는 지금, 신입생들은 인터넷 강의평가 사이트에 의존하여 수강을 계획하고, 후한 학점은 수업을 선택하는 중요한 기준이 되고 있다. 또 코로나로 인한 절대평가는 가뜩이나 인플레 된 학점을 더욱 치솟게 했다. B+보다는 차라리 재수강을 할 수 있게 C+를 받길 원하는 것도 이미 오래전 일이 되었지만 말이다.

2020년 전 세계를 강타한 팬데믹은 이미 오래전 우리 곁에 성큼 다가와 있던 대학의 '위기'를 분명히 드러내는 계기가 되었다. 누군가는 4차 산업혁명과 새로운 테크놀로지를, 누군가는 신자유주의 시대 무한경쟁 논리를, 또 누군가는 생활환경의 변화와 급격한 인구절벽 현상을 주원인으로 지목하지만, 모두가 한목소리로 주장하는 바는 이제 대학은 '파괴적 혁신'을 통해서라도 새롭게 도약하지 않으면 안 된다는 인식이다. 우리는 지금 팬데믹 너머, 대학의 미래를 다시 물어야 한다.

1946년 대한민국 최초의 국립대학인 서울대학교가 설립된 이래, 우리나라의 대학은 양적으로 크게 성장해 왔다. 1970년대 168개였던 대학은 줄기차게 증가하여 2020년에는 429개교에 이르렀고, 대학의 학생 정원도 급증했다. 1980년대 27퍼센트이던 대학진학률은 1995년 51퍼센트를 넘어서고, 2005년에는 84퍼센트로 정점을 찍었다. 2011년 이후 대학진학률 통계가 합격자 기준에서 등록자 기준으로 바뀌었지만, 2020년의 대학진학률은 72퍼센트를 넘어서고 있다. 말하자면, 고등학교 졸업생 중 열에 일곱은 대학에 간다는 얘기인데, 이는 1990년대 초 열 명 중 셋 정도가 진학하던 상황과 비교해 보면 큰 변화라 할 수 있다. 또한 우리나라의 고등교육 이수율은 1997년 19.8퍼센트에서 2019년에는 무려 50퍼센트까지 상승하여, OECD 국가 중 네 번째로 높다.[1]

이러한 대학의 양적 성장 및 학생 수 증가와 함께 절박하게 주목되는 문제는 저출산과 인구절벽 현상이다. 1970년대 초 한 해 100만 명대였던 출생 인구는 1990년대 60만 명대에 이르더니 2020년에는 27만 명으로 급감했다. 이른바 출생자보다 사망자가 더 많은 인구 데드크로스 현상이 발생한 것이다. 이런 심각한 인구절벽 현상은 대학에도 치명적인 영향을 끼쳤다. 2020년 처음으로 고3 학생 수가 대학 입학정원보다 적은 신입생 부족 사태가 발생한 것이다. 머지않아 2024년에는 대학이 입학정원의 4분의 1을 못 채우고 87개 대학이 신입생을 충원하지 못할 수 있다는 예측도 나오고 있다. 이와 함께 대학의 전임교원 수도 크게 줄어들 것으로 예상되는데, 이는 인문학 분야에 더욱 심각한 타격을 줄 것이다. 이러한 대학의 몰락과 교원 수 감소는 학문 후속 세대를 양성하는 서울대학교의 미래 또한 결코 녹록지 않을 것임을 짐작하게 한다.

이런 외적 요인만이 대학의 위기를 불러오는 것은 아니다. 학문의 발전과 학생의 수요를 따라잡지 못하는 학과 중심의 폐쇄적인 구조는 여전히 요지부동이며, 장기적 비전과 교육 혁신을 담보할 수 있는 대학의 거버넌스 또한 변화하지 않고 있다. 더욱이 1990년대 중반의 마구잡이식 대학 공급확대 정책과 이에 대한 반대급부였던 2000년대의 원칙 없는 구조조정 정책에서 드러나듯, 교육부의 대학 정책은 대학의 발전과 자율성에 오히려 해가 된다는 인식이 적지 않다. 설상가상, 정부의 대학 등록금 동결 정책은 대학의 재정구조를 위태롭게 하고 대학의 국가 재정 의존도를 더욱 심화시키고 있다. 교육은 어떠한가. 대학교육이 사회의 요구를 제대로 수용하지 못한다는 비판과 아울러, 대학 내에는 여전히 직업교육과 인간교육, 보편적인 교육과 전문적인 학술 생산 사이에서 많은 이념적 갈등과 충돌이 존재한다.

이러한 문제 상황에서 이 책에 실린 열다섯 편의 글은 대학교육의 이념과 지향성, 대학의 자유와 윤리, 대학교육의 미래와 새로운 가능성, 마지막으로 서울대학교의 당면 문제와 대안이라는 주제를 중심으로 저마다 논의를 펼치고 있다. 먼저 이 책의 화두를 여는 총론에서 서울대학교 인문대학 이석재 학장은 대학이 현재 당면한 변화에 제대로 대응하기 위해서는 대학교육의 정체성과 목표에 대한 근본적인 질문이 필요하다고 강조한다. 이에 대한 그의 대답은, 바람직한 사회구성원 양성을 위해 대학은 '자기발견'과 '공감능력'을 길러 주는 교육의 장이 되어야 한다는 것이다. 특히 몸을 가진 존재인 인간들이 서로 만나 스스로를 발견하고 타인을 이해하며 더불어 공감하는 공동체 교육의 장으로서 대학의 중요성을 역설한다.

이러한 문제의식은 1부 '대학교육의 이념과 지향성'에 실린 글들에서 흥미롭게 변주된다. 이 논제를 맨 처음 열어젖힌 「인문학과 텍스트 해석, 그리고 대학의 미래」에서 김현진 교수 역시 "대학의 미래를 논하려면 누군가는 반드시 근본으로 돌아가 대학이 무엇을 가르치는 곳인지" 물어야 한다고 단언한다. 그리고 이에 대한 그의 대답은 인문교육의 강화, 즉 창의적이고 윤리적인 해석을 할 수 있는 지식인 양성이다. 김현진 교수가 말하는 윤리적 해석이란 텍스트가 나에게로 와서 의미를 드러낼 때까지 "나를 버리지 않으면서도 타자와 대화를 나누는 것"이다. 특히 "인문학은 해석으로 미래를 견인하는 학문"이라는 말은 우리에게 깊은 울림을 준다. 지식인의 책무는 "해석을 통해 먼저 우리 자신을 바꾸고 가능하다면 더 나아가 세상을 변화시키는 것"이라는 그의 주장은 오늘날이야말로 해석의 창의성과 윤리, 즉 인문학적 교육이 더욱 절실하게 요청되는 시대임을 힘 있게 전달한다.

강준호 교수는 「대학의 인재상과 미래지향적 전인교육」에서 "대학의 교양교육이 어떠한 인재상을 추구할 것인가"를 성찰하며, 이에 대해 "사유, 성찰, 실천이라는 세 가지 본질적인 역량"을 조화롭게 갖춘 "전인적 인간"을 목표로 제시한다. 여기서 특히 흥미로운 점은, 이러한 전인 육성을 위한 구체적 교육방법으로 전통적인 지덕체智德體 교육보다는 체덕지體德智 접근 방식의 유용성을 강조한다는 점이다. 몸을 통한 교육은 실천하는 인간을 키우는 데 중요한 역할을 하는데, 실천이란 결국 "타인과 세상, 사유와 성찰에 몸으로 반응하는 것"이기 때문이다. 더불어 그는 이제껏 대학의 교양교육에서 '가슴'에 대한 교육이 미진했음을 지적하며, 자기성찰능력, 타인 및 자연과 공존하는 능력이라는 측면에서 덕육德育의 중요성을 강조한다. 이 글에서 우리는 새로운 시대에 적합한 전인교육의 패러다임에 대해 다시금 주목하게 될 것이다.

이어서 「보편적 지성을 위하여-존 헨리 뉴먼의 대학 이념」에서 서울대학교 기초교육원장을 역임한 안병직 교수는 뉴먼의 대학론을 통해 그가 생각하는 대학의 사명과 대학교육의 이념을 제시한다. 뉴먼은 대학교육의 본질을 "자유지식을 추구하는 자유교육"에서 찾으며, "사회의 훌륭한 구성원 양성"을 대학교육의 실용적 목표로 언급한다. 이러한 점은 전인교육으로서 교양교육의 중요성을 강조한 강준호 교수나 사회구성원 양성에서 자기발견의 의미를 강조한 이석재 교수의 글과 조응하는 면이 있다. 뉴먼이 강조하는 대학교육은 교수의 일방적 지식 전달이 아니라 학생들의 자발적인 사색과 토론을 통한 자기교육이기 때문이다. 이러한 맥락에서 안병직 교수는 폭넓은 지성과 보편적 지식을 주장한 뉴먼의 교육 이념이야말로 미래의 변화에 창의적으로 대응해야 하는 21세기에 더욱 생명력 넘치는 이론임을 강조한다.

네 번째 글은 프라이머 권도균 대표의 「대학 밖의 작은 대학」이다. 다른 필자들이 대학 강단의 교수들이라면, 예외적으로 권도균 대표는 실제 사회 현장에서 스타트업 회사를 지원하는 스타 기업인이다. 권도균 대표는 지금까지의 기업 경험을 바탕으로 우리 대학이 어떠한 인재를 양성해야 하는가에 대한 대학 바깥의 시선을 진지하게 전달해 준다. 그는 창업가의 성공이란 돈을 많이 벌거나 유명해지는 것이 아니라 "자기 고유의 영역을 구축하고 그것을 지속 가능하게 만드는 것"이라고 말한다. 또한 창업의 경험이란 "자신을 발견"하고 "실패를 두려워하지 않고 본질을 추구하는 경험"으로서 가장 큰 인생수업이다. 이러한 권도균 대표의 글은 바람직한 사회구성원 양성으로서 자기발견과 공감능력(이석재), 변화하는 세상에서 변화를 사유하는 창의적인 인문학적 교육(김현진), 전인적 인간의 덕목을 갖춘 제너럴리스트 교육과 경험주의적인 교양교육의 강화(강준호), 폭넓은 지성과 보편적 지식의 함양(안병직)이라는 앞선 글들의 핵심 주장을 다시금 찬찬히 되새기게 한다.

2부에는 '대학의 자유와 윤리'라는 제목으로 세 편의 글이 담겼다. 첫 번째, 박홍식 교수의 「중세 파리 대학의 자유와 저항」은 중세 대학의 대학인들이 당대 교회의 통제와 시대의 모순에 맞서 어떻게 그들의 자유와 권리를 확장해 갔는지, 그 역사적 변화를 역동적으로 그리고 있다. 특히 파리 대학이 교회와 국가라는 성속聖俗의 갈등을 효과적으로 이용하면서도 둘 다와 거리를 유지하며 자율성과 자치권을 확보해 나가는 과정을 흥미롭게 볼 수 있다. 덧붙여 대학의 제도화 과정에서 대학교육이 세속적 성공의 발판으로 인식되면서 초기의 지적 탐구 정신이 약화되고, 중세 말에 이르면 이익집단으로 변모하여 사회의 정신적 견인차 역할을 하지 못하는 상황 또한 지적된다. 중세 대학인들이 저항으로 쟁취한 대학의 자유가 오늘날 당연시되는 상황에서 "시장과 자본에 매몰되거나 적극적으로 타협하는 경우가 일상이 되고 있다."라는 박홍식 교수의 지적은 우리에게 뼈아픈 성찰과 반성을 촉구한다.

박홍식 교수의 글이 초창기 대학의 자유 투쟁사를 통해 현재의 대학을 반성해 본다면, 이준웅 교수의 「학문의 자유와 발언의 자유」는 최근 세계 대학 곳곳에서 발생하는 학문과 발언의 자유에 도전하는 사태, 즉 '전쟁터가 된 대학'을 다룬다. 우리 사회에서도 대학 내에서 학문 및 발언의 자유와 그 규제를 둘러싼 갈등이 다양하게 표출되어, 이에 대한 전면적인 재검토가 필요하다는 인식이 대두하고 있다. 예전에는 대학 외부, 예컨대 종교나 정치권력, 경제 자본이나 여론으로부터 대학의 자유를 지켜내는 것이 관건이었다면, 이제는 대학 내에서 벌어지는 다양한 입장의 충돌과 갈등이 심각한 문제로 떠오르고 있다. 특히 대학 내 증오 발언의 법적 규제와 관련한 논의를 살펴본 뒤 대학이 학문 및 발언의 자유를 규정하고 증진하는 데 필요한 학술적 역량을 키워야 한다는 이준웅 교수의 글은 최근 서울대학교의 상황과 관련해서도 시사하는 바가 크다고 하겠다.

손유경 교수의 「대학에서의 앎과 윤리-김우창의 초기 비평을 중심으로」는 팬데믹이라는 또 하나의 '궁핍한 시대'에 대학에서 문학을 연구하고 가르치는 행위가 어떤 윤리적 의미가 있는지 다시 묻는다. 인문학 교육의 목표는 학생들이 당대 학문의 패러다임에 입문하여 그 안에서 자유로운 물음과 해답을 만들고 궁극적으로는 이 패러다임을 넘어설 수 있게 만드는 것이라는 김우창의 사유에 공감하며, 손유경 교수는 인문학 교육에서 중요한 것은 총체적인 세계 이해 속에서 문제를 파악하고 새로운 대안을 찾는 도덕적 선택으로서의 이성적 능력이라고 설파한다. "대학교육에서 추구되는 진정한 앎이란 우리로 하여금 차선 따위를 군림시키거나 궁핍한 현실을 이상화하는 우를 저지르지 않게 하는 윤리적 힘"을 키워

나가게 한다는 주장이다. 궁핍한 시대, 우리가 여전히 문학을 읽고 공부해야 하는 이유를 이 글을 통해 함께할 수 있길 바란다.

3부는 '대학교육의 미래와 새로운 가능성'을 사유하는 세 편의 글을 모았다. 그 첫 번째 글인 「4차 산업혁명과 대학의 미래-온라인 교육의 기술정치를 중심으로」에서 천현득 교수는 오늘날 대학이 당면한 난관들에 대한 해법으로 부상한 온라인 교육 기술의 명암을 찬찬히 논의한다. 특히 그는 온라인 교육 기술에 대한 본질주의적 시각을 경계해야 한다고 강조하며, 이러한 기술결정론에 반하여 기술의 사회적 구성과 정치성에 주목한다. 이 글은 최근 대학교육의 화급한 이슈인 온라인 교육 기술에 관한 철학적 논점들을 압축적으로 전해 준다는 점에서 시의적절하고 유용하다.

이어서 김지현 교수의 「디지털 시대의 고전 연구와 교육」은 4차 산업혁명 시대 온라인 교육 기술이 구시대 대학교육 방식을 송두리째 대체할 것이라는 전망이 심심찮게 등장하는 지금, 디지털 시대 대학의 고전 연구와 교육에 대한 통찰을 제시한다. 새로운 시대의 대학 고전 교육은 디지털 매체를 적극 활용하여 한 단계 진화한 연구와 교육을 수행할 수 있고, 고전 읽기를 통한 창조적인 훈련과 경험은 우리의 과거와 현재를 비판적으로 바라보고 더 나은 내일을 상상할 수 있는 원동력이 된다는 것이다. 김지현 교수의 글을 읽으면서 왜, 우리 시대에도 여전히, 또한 더욱 제대로 대학에서 고전 교육이 행해져야 하는지 공감할 수 있을 것이다.

박상우 교수의 「이미지 문명과 이미지 문맹」은 최첨단 미디어를 통해 매 순간 도처에서 전송되는 이미지에 접속하며 살아가지만 실상 그 이미지를 이해하고 분석하는 데는 무지한 현대인을 겨냥

한다. "미래의 문맹자는 문자를 모르는 사람이 아니라 사진을 모르는 사람"이라는 라슬로 모호이너지의 말을 반추하며, 박상우 교수는 오늘날 이미지 문맹이란 무엇이고 이를 벗어나기 위한 이미지 교육은 어떻게 행해져야 할지 논의한다. 박상우 교수의 제안은 우선 새로운 문자 교육을 통해 잃어버린 문자적 사유와 이성을 되찾는 한편, 이미지 교육을 통해 이미지의 본질과 의미를 비판적으로 파악할 수 있게 해야 한다는 것이다. 대학 강의실에서 영상 이미지를 활용한 교육이 이루어진 지도 이미 오래되었지만, 박상우 교수가 강조하는 이미지 문법, 기술 미디어, 이미지 독해에 대한 교육은 아직도 요원하다. 그런 점에서 이 글은 그동안 간과되어 온 새로운 대학교육의 방향에 대해 의미 있는 논점을 던진다.

이러한 모든 논의의 여정을 거쳐, 이 책의 마지막 행로인 4부는 서울대학교의 현재와 미래를 내다보는 길목으로 나아간다. "누군가 조국의 미래를 묻거든 고개를 들어 관악을 보게 하라."라는 시구가 무색하게, 서울대학교는 그동안 '대한민국 교육 파행과 대학 서열화의 주범'으로 지탄의 대상이 되곤 했다. 최근까지도 심심찮게 등장하는 서울대학교 폐지론처럼 말이다. 1946년 개교 이래 서울대학교는 그동안 많은 변화를 겪어 왔다. 특히 1990년대 중반부터 논의되기 시작한 연구중심대학과 학부대학의 구상은 1999-2005년에 구체화되었다.[2] 다른 한편 서울대학교의 변화를 논할 때 빠질 수 없는 것이 2011년 12월 시행된 서울대학교의 법인화다. 수많은 우려를 딛고 출범한 법인 체제는 10년이 지난 지금, 애초 예상했던 큰 걱정이나 기대 그 어느 쪽도 눈에 띄게 표면화되진 않은 듯하다. 하지만 이는 달리 말하자면 법인화 체제가 열어놓은 기회와 가능성을 서울대학교가 영리하게 낚아채지 못했다는 얘기이기도 하다.

이러한 상황에서 정준영 교수의 「경성제국대학과 서울대학교」는 그동안 누구도 대놓고 따져 묻지 못했으나 모두가 궁금해 마지않았던 경성제국대학으로부터 논의를 시작한다. "경성제국대학이란 어떤 대학이었는지, 그리고 현재의 서울대학교에 어떤 유산을 남기고 있는지를 보다 냉정하게 따져 보는 것"이 서울대학교를 비롯한 한국 대학의 위기를 성찰하는 데 도움이 될 거라는 얘기다. 이러한 시각에서 정준영 교수는 제국대학과 식민지대학의 교차점에 있었던 경성제국대학의 위상과 문제점을 흥미롭게 펼쳐 보인다. 오늘날에도 경성제국대학은 여전히 대학의 중요한 기준으로 자리할 뿐 아니라, "경성제국대학이 표방하는 대학상大學像이 가진 한계와 모순, 더 나아가 한국 사회에 남긴 문제점"은 우리 대학에 적지 않은 부정적 흔적을 남겼다는 것이다. 이 글은 우리에게 서울대학교의 미래를 전망하기 위한 도정에서 경성제국대학의 이념과 유산에 대해 보다 심층적인 성찰이 요청된다는 사실을 절감하게 해준다.

두 번째 글은 서울대학교 법인화의 문제점과 발전 방안을 오랫동안 고민해 온 강창우 교수의 「대학의 거버넌스와 운영-법인화 이후의 서울대학교」이다. 강창우 교수는 법인화로 인한 거버넌스의 변화를 간략히 설명하고, 법인화 이후 변화한 서울대학교의 대학 운영과 거버넌스의 문제점을 꼼꼼히 짚어 본 뒤, 이에 대한 구체적 대안을 논의한다. 대학의 거버넌스와 관련된 문제는 우리나라 대학의 위기에서 빼놓을 수 없는 지점이지만, 인문학자의 논의 대상으로 깊이 있게 분석된 경우는 그리 많지 않다. 학내외 다양한 이해관계가 상충되는 문제인 만큼, 발전 방안에 대한 공론화나 구성원의 합의가 어렵기도 하다. 이런 상황에서 강창우 교수의 글은 앞으로 서울대학교의 거버넌스 논의를 새롭게 촉발하는 데 시사하는 바가 크다고 하겠다.

마지막으로, 현재 서울대학교 기초교육원 원장인 유재준 교수는 「미래를 위한 열린 교육 체제로의 전환」에서 그간 서울대학교가 연구중심대학을 표방하며 이룬 가시적인 성과에도 불구하고 그 이면에 가려져 있던 학부교육의 문제점들을 검토한다. 이를 해결하기 위해 그가 제시하는 서울대학교의 발전 방향은 "자유교양대학의 개념을 연구중심대학의 학부교육에 접목하여 학부교육에 더 무게를 두는 연구중심대학"이다. 그는 학부교육의 강화를 통한 "비판적 사고, 창의성, 그리고 소통능력"을 대학에서 학생들이 얻을 수 있는 "가장 중요한 자산"으로 인식하며, 학부교육에 대한 보다 전진적인 교육관과 유연한 교육 시스템의 필요성을 역설한다. 이러한 논의는 1부에서 살펴본 대학교육의 이념과 지향성에 대한 인문학자들의 다양한 논의와 함께 반추해 볼 풍부한 함의를 지닌다. 이 책에서 우리는 전공과 배경, 나이와 성별은 다르지만, 서울대학교 교수들이 공유하는 문제의식의 단면을 들여다본다.

이 책 전체를 아우르는 보론에서는 연세대학교 경영대학 신동엽 교수의 논평문 「인문학적 고찰에 대한 사회과학적 보완」을 실었다. 신동엽 교수는 이 책의 논의들을 전체 교육 필드라는 관점에서 검토한 후, 현재 논의되는 대학의 많은 문제점이 '조직으로서의 대학'에서 파생된 문제일 수 있음을 날카롭게 지적한다. 그에 따르면, 미래의 대학은 다른 교육기관이 대체하지 못하는 진정한 의미의 고등교육, 이른바 21세기형 '대량 맞춤형 고등교육'을 모색해야 한다는 것이다. 이 글을 통해 우리는 신동엽 교수와 함께 '냉철한 논리적 사고와 혁명가적 열정'으로 아직 존재하지 않는 미래의 대학을 찾아 나서는 열린 사유에 동참하게 될 것이다.

이 책은 『인간을 다시 묻는다』에 이은 서울대학교 인문학 공동연구 총서의 두 번째 책으로, 코로나 팬데믹으로 인해 온라인 비대면으로 진행된 제2회 인문대학 심포지엄의 결과물이다. 열네 분의 발표를 20분 TED 형식의 동영상으로 사전 녹화했고, 모든 발표자가 한자리에 모여 약 3시간에 걸친 토론을 진행했다.[3] 동영상 녹화에다 제한된 발표시간이라는 어려움에도 열성을 다해 참여한 모든 분께 깊은 존경과 감사를 드린다. 심포지엄에는 설세훈 교육부 대학학술정책관(현 경기도교육청 제1부교육감)이 「포스트코로나 미래교육 전환을 위한 디지털 기반 고등교육 혁신 지원 방안」을 발표해 주셨으나, 아쉽게도 이 책에는 담지 못했다. 또한 심포지엄 토론에 참여한 이강재 한국연구재단 본부장과 송지우 서울대학교 정치외교학부 교수에게도 두 손 모아 감사드린다. 대학의 연구 역량 강화와 학술연구 지원, 특히 인문·사회 학술 분야 정책에 대한 이강재 교수의 논평은 심포지엄에서 짚지 못한 중요한 문제를 부각시켰다는 점에서 의미가 깊다. 또한 송지우 교수는 표현 및 학문의 자유라는 문제와 관련하여 대학 내에서 요청되는 열린 소통의 규범과 문화에 대한 핵심적인 논점을 잘 벼려 주었다.

서문의 마지막에 흔히 나오는 긴 감사의 명단은 대체로 구태의연하고 촌스럽다고 생각했다. 하지만 이 책에서 빼놓을 수 없는 귀한 이름이 있다. 먼저 '대학'이라는 심포지엄 주제를 선정하고 기획자로 함께 수고한 정병설 교수, 심포지엄 개최를 든든히 후원해 준 서울대학교 인문대학 이석재 학장과 매번 세심한 배려로 감동을 준 김지현 기획부학장께 감사드린다. 또한 깔끔한 동영상 제작으로 심포지엄을 빛나게 한 미학과 대학원 석사과정 이주원, 김소윤, 박예랑 조교와 공연예술학 협동과정 백인경 박사를 포함하여, 이번 학술대회를 위해 아낌없이 열정을 쏟아부은 모든 분에게 다시 한번 고마움을 전한다. 서두에서 묘사했듯 자연환경만큼이나 우리의 삶도 달라지고 대학도 달라졌다. X, Y, Z세대를 넘어 이제는 바이러스Virus 이후 비대면 소통이 익숙한 세대라는 의미에서 'V세대'를 말하기도 한다. V세대의 젊은이들이 취약하고vulnerable 동요하기vacillating보다는, 용감무쌍하고valiant 다재다능한versatile 세대로 성장할 수 있도록 미래의 대학이 제 몫을 할 수 있어야 한다. 그래서 우리는 바로 지금 팬데믹 이후에, 팬데믹을 진정으로 넘어설 수 있는 대학을 다시 물어야 한다. 팬데믹 너머, 대학을 다시 묻는다.

1. 고등교육 이수율이란 25-64세 인구 중 고등교육 이수자의 비율을 말한다. 2019년 통계로 OECD 국가 가운데 고등교육 이수율이 높은 나라는 캐나다(59퍼센트), 일본(52퍼센트), 룩셈부르크(51퍼센트)에 이어 이스라엘(50퍼센트)과 한국이 같은 수준을 보여 준다.

2. 이 시기 학부 신입생 정원의 34퍼센트가 감소하고 대학원 정원의 석사과정 47퍼센트와 박사과정 28퍼센트가 증원되었다.
2011년에는 석사과정 입학정원이 크게 줄어든 반면 박사과정 정원은 증가하여, 석사과정과 박사과정의 규모가 비슷해졌다.
2019년 학부생과 대학원생의 비율은 학부생 52퍼센트, 대학원생 48퍼센트, 대학원생 중 석사과정과 박사과정의 비율은 48퍼센트와 52퍼센트로 박사과정이 조금 더 많은 상황이다.

3. 발표와 토론 동영상은 서울대학교 인문대학 유튜브에서 확인할 수 있다. https://www.youtube.com/watch?v=KsavKoaqe7w&list=PLFmsQ2n1blU6EX3PlXMqEGCwahYdI3h3P.

차례

총론

이서재

2020년 초부터 이어진 코로나19 팬데믹은 경제 활동을 비롯해 여가와 친목 그리고 교육에 이르기까지 사회 전반에 큰 영향을 주었다. 삶을 영위하며 누리는 다양한 만남 가운데 어떤 접촉은 아예 멈추었고 많은 모임 역시 소규모로 바뀌는 등 삶의 방식 전체가 많이 달라졌다. 누구나 느낀 이러한 변화를 새삼 강조할 필요는 없지만, 이 책의 주제인 '팬데믹을 넘어서 대학의 미래'를 묻기 위해서는 지금의 팬데믹 상황에서 등장한 '비대면의 삶'이 대학과 사회의 여타 영역에 어떤 영향을 미쳤는지 거칠게나마 살펴보아야 한다. 팬데믹 상황에서 대학이 지금 어떤 모습을 보이는지를 살펴보아야 미래 모습을 짐작할 수 있기 때문이다.

팬데믹의 영향과 대학의 변화

정상적인 대면접촉을 못 한 지도 1년 반이 넘었다. 우리는 한편으로는 답답함과 불편함을 느꼈지만, 우리가 얼마나 사회적 존재인지를 깨닫게 된 시간이기도 했다. 특이할 사항은 또 있다. 이전에는 서로 조화를 이루었던 가치들이 충돌하는 상황이 되었다. 예를 들어 보자. 지금까지는 큰 틀에서 활발한 구매 활동을 통해 경제가 성장하면 의료체계의 향상 등으로 구성원들의 건강이 증진되고, 역으로 구성원의 건강 증진이 또 경제 발전에 긍정적으로 기여하여 둘은 상생 관계에 있었다. 이에 반해 팬데믹은 건강을 우선시하면 경제 성장에 도움이 되는 소비 활동을 줄여야 하고 소비 진작 활동에 참여한다면 건강상의 위험을 감수해야 하는 딜레마 상황을 제시했다. 코로나19로 인해 경제 성장과 건강 증진이라는 가치가 서로 충돌하게 된 것이다. 판단이 새롭게 요구되는 시점이다.

대학 역시 그간 진행해 온 대면 수업을 중단하고 비대면 수업으로 대대적인 전환을 감행했다. 우리는 이제껏 강의실에 모여 같이 공부하고, 함께 식사를 하고 또 벤치에 앉아 커피를 마시며 서로의 생각을 나누어 왔는데, 이러한 공동 교육, 공동 생활, 공동 놀이가 일시적으로 중단되었다. 비대면 수업이 일상화되면서 당연한 것으로 여겨 왔던 대면 수업의 필요성에 대한 문제제기도 있었다. 이렇듯 대학도 많은 변화를 겪었고, 불확실한 미래를 앞두고 있다. 코로나19 팬데믹 이후, 기존 방식 중 어떤 것들을 부활시키고 어떤 것들은 폐기할 것인가 하는 질문을 마주하는 시점이다.

인문학은 이럴 때일수록 여유를 가지고 전체적인 상황을 돌아보라고 권유한다. 짧은 기간 동안 대대적인 변화가 일어났기에 그 영향이 크고 강하게 느껴질 수밖에 없다. 어떤 이들은 이러한 변화들이 사회 전반을 크게 바꾸어 놓을 것이라고 전망하지만 필자의 생각은 조금 다르다. 빠르게 바뀐 만큼이나 빠르게 돌아갈 수도 있지 않을까? 스페인독감을 비롯해 지금껏 인류가 겪어 온 여러 팬데믹을 생각해 보자. 20세기 최초의 팬데믹이었던 스페인독감의 경우,

1918년부터 1920년에 걸쳐 전 세계 인구 가운데 3분의 1이 감염되어 사망자가 약 5천만 명에 달했다. 그러나 100년이 지난 지금 우리 일상 기억에서도 사라질 정도가 되었고, 인류는 스페인독감 이전의 생활 방식으로 빠르게 돌아왔다. 당시에도 거리두기 등 다른 삶의 방식을 강하게 권장했지만 팬데믹이 잠잠해지자 다시 일상으로 돌아온 것이다. 물론 그 이후 일부에서 대대적인 팬데믹의 가능성을 계속 경고해 왔지만 대다수는 역사책에서나 일어나는 일이라고 생각했다. 우리가 겪고 있는 코로나19 팬데믹 역시 그에 대한 망각이 빠르게 진행되어 적어도 새로운 팬데믹이 도래하기 전까지 다시금 이전의 방식대로 삶을 영위해 나가지 않을까? 그 가능성을 고려하지 않을 수 없고, 이번 팬데믹 전과 후로 일상생활에서 바뀌지 않는 부분도 분명히 있을 것이기 때문이다.

일상이 크게 바뀌지 않더라도 대학은 영향을 받을 수 있다. 팬데믹이 대학에 미치는 영향과 사회 전반에 미치는 영향이 비대칭적이라는 것이다. 특히 비대면 방식의 수업이 다양한 형태로 유지될 가능성이 상당히 커 보인다. 교수자나 학생 모두 시공간적 유연성을 비롯해 비대면 수업의 장점을 긍정적으로 받아들이고 있기 때문이다. 최근 경험을 통해 전통적인 수업 방식이나 현재 대학의 운영 방식이 과연 유효한가 하는 의문이 더 활발히 제기될 것으로 보인다. 따라서 대학은 코로나19 팬데믹 이전과 똑같은 상태로 돌아가기는 쉽지 않을 것이다.

미래를 고민할 때, 한국 대학들이 직면한 독특한 변인들 역시 고려해야 한다. 우선 급속한 인구 감소와 함께 대학 학령인구도 급속도로 줄고 있다. 또한 대학을 서열화한 기존 대학교육 체제에 대한 비판 역시 꾸준히 제기되고 있다. 마지막으로, 대학교육을 받는 주체인 학생들의 의식 역시 과거와 많이 달라졌다. 이처럼 이미 변화의 요구가 커지던 상황에서 팬데믹의 등장은 대학이 마주한 변화의 풍랑을 더욱 거칠게 만들고 있다.

대학의 정체성과 목표

불가피한 변화에 대응하는 방식에는 두 가지가 있다. 즉 마지못해 소극적으로 변화를 받아들이거나, 적극적으로 자신의 체질을 바꿀 수 있다. 대학은 다가오는 변화를 피해 갈 수 없다. 그렇다면 그 변화를 그저 겪는 것이 아니라 제대로 된 근본적인 변화가 필요하며, 이를 위해서는 근본 물음으로 돌아가야 한다. 대학은 왜 존재하는가? 대학을 대학답게 만드는 핵심, 곧 대학의 정체성은 무엇인가? 고루하게 느껴질 수 있지만 이 질문들을 던져야 하는 시점에 와 있다.

대학은 연구와 교육을 고유 활동으로 삼는데, 여기에서는 교육에 초점을 맞추자. 대학이 맞는 변화의 바람이 대체로 교육 쪽에서 불어오기 때문이다. 대학교육의 목표는 크게 두 가지가 아닐까 싶다. 첫째는 우리 사회가 필요로 하는 구성원을 양성하는 것이고, 둘째는 각 개인이 가진 잠재력이 잘 발휘될 수 있도록 하여 꿈과 목표를 현실화하고 이로써 한 인격체로서 성장할 수 있는 발판을 제공하는 것이다. 이를 실현하기 위해 대학은 존재하며 대학의 교육적 정체성이 여기에 있다. 물론 이 두 가지 목표가 배타적인 것은 아니다. 사회가 필요로 하는 구성원을 기르는 일이 곧 개개인이 자신의 잠재력을 발휘하도록 하는 일일 수도 있으며, 개인이 잠재력을 발휘하면 사회가 필요로 하는 인력으로 자연스럽게 육성되기도 한다. 그러나 모든 경우에 같이 가는 것은 아니기에 두 가지 목표는 구별되어야 한다.

다시 말하지만, 목표와 정체성을 들여다본다는 시도는 고루하고 원론적인 이야기처럼 여겨질 수도 있다. 그러나 근본적인 변화를 시도할 때, 특별한 묘책은 없다. 예나 지금이나 가장 기본이 되는 사항, 곧 조직 자체의 목표나 그 조직의 정체성을 고민하는 일이 첩경이다. 근본적인 고민을 피해 갈 때 많은 대책은 미봉책에 머무르고 전망은 정확하지 않게 된다.

앞서 밝힌 두 가지 목표를 보다 자세히 살펴보자. 먼저 구성원 양성이라는 목표는 우리 사회가 어떤 구성원을 필요로 하며, 우리 사회에서 활동하는 구성원은 어떤 특성을 지녀야 할 것인가라는 질문으로 이어진다. 이에 대해 다음의 답이 가능하지 않을까 한다. 첫째, 우리 사회는 자신의 영역에서 전문성을 발휘하는 인재를 필요로 한다. 둘째, 자발적으로 목표를 설정하여 스스로 삶을 개척해 나가고 내적 동기 부여로 삶에 만족하는 인재를 필요로 한다. 사회 구성원들이 행복해야 사회 전체가 행복할 수 있고, 외부에서 주어지는 목표가 아니라 스스로 설정한 목표를 이루기 위해 노력하고 그로부터 만족을 얻는 인재라야 행복한 사회를 열 수 있다. 셋째, 우리 사회는 다른 구성원을 이해하고 이들과 공감하며 함께 공동체를 만들어 가는 인재를 필요로 한다. 이 세 가지 요건은 어느 시대에서나 필요한 것이라면, 급변하는 현대 사회에 특별하게 요구되는 인재는 다양한 변화에 능숙하게 적응할 수 있는 유연성이 있는 인재다. 이것이 바로 네 번째 요건이다.

이 네 가지를 종합해 보면, 우리 사회가 필요로 하는 인재는 자신이 좋아하고 잘할 수 있는 것을 자발적으로 할 뿐만 아니라, 변화에 능동적으로 대처하며 다른 구성원들과 함께 공감하면서 행복한 사회를 만들어 나가는 사람이라고 할 수 있겠다. 이 글에서는 자기발견능력과 공감능력을 특별히 강조하고 싶고, 이 능력의 계발과 관련된 대학의 역할에 주목하고 싶다. 이 능력들이 우리 사회가 현재 가장 필요로 하는 덕목이라 생각하기 때문이며, 대학이 가장 실질적으로 사회에 기여할 수 있는 방법도 이러한 덕목의 함양에 있기 때문이다.

대학은 무엇을 제공해야 하는가 – 자기발견과 공감의 경험

자기발견과 공감이라는 두 축을 중심으로 대학은 앞으로 어떤 교육을 제공할 것인가? 물론 자기발견과 공감이라는 교육 목표는 이제껏 대학이 중시해 온 사항이므로 이러한 목표의 설정 자체가 새롭다고 볼 수 없다. 다만 팬데믹을 전후한 급격한 변화 속에서 이 핵심 목표들을 변화에 걸맞은 방식으로 중심축에 어떻게 재조준할지 고민해 볼 필요가 있다.

먼저 대학은 학생들 스스로가 어떤 존재인지를 알 수 있도록 자기발견의 기회를 제공해야 한다. 이는 자신이 무엇을 원하며 무엇을 할 수 있는가에 대한 발견을 의미한다. 내가 무엇을 원하고 무엇을 할 수 있는지 알기 위해서는 다양하고 새로운 경험이 필수적이다. 우리는 해보지 않은 것을 해봄으로써 자기자신을 더 잘 알 수 있게 된다. 따라서 자기발견을 위해 대학은 다양하고 새로운 경험을 제공하는 장이 되어야 한다.

우리 사회는 갈수록 복잡해지고 있고 그에 따라 우리 삶의 양상도 그만큼 복잡하고 다양해졌지만, 성장기의 경험은 '입시교육'이라는 미명하에 획일화되는 경향이 있다. 오늘날 학생들은 대부분의 시간을 입시 준비를 하며 보낸다. 한국의 아동·청소년기 생활이 이렇게 입시에 집중되어 있으니, 사교육은 물론 초·중등 공교육 역시도 자기발견과는 거리가 멀다. 좁게 정해진 내용을 전달하고 습득하는 것에 초점을 두고 있기 때문이다. 이러한 교육 현실을 고려한다면 자기발견의 기회라는 점에서 대학이 오히려 비교우위를 가질 수 있다. 다시 강조하지만, 한 사람이 인간으로 스스로를 꽃피우기 위해서는 자신이 어떤 존재인지를 이해하고 좋아하거나 싫어하는 것, 잘할 수 있는 것과 그렇지 못한 것을 발견해야 한다. 이러한 발견의 경험이 주어지지 않았는데 어떻게 행복을 추구할 수 있겠는가? 무슨 행복, 누구의 행복을 추구해야 할지 알 수가 없다. 미래의 대학은 자기발견의 장이 되어야 한다.

더 구체적으로 어떻게 발견의 장이 될 것인가를 생각해 보자. 인간의 경험은 스펙트럼이 넓고 다양하다. 우리는 사유, 감정, 느낌, 놀이, 예술, 운동 등 무척이나 다양한 방식으로 경험을 한다. 이 중에는 홀로 하는 경험도 있지만 많은 경우 타인과 함께 하는 공동경험이다. 그런데 한국에서 성장기를 보낼 경우 이러한 공동 경험은 절대적으로 부족하다고 해도 과언이 아니다. 대학은 부족하나마 이러한 공백을 메워 줄 수 있고 또 그래야 한다. 다양하고 폭넓은 경험에 대한 갈망은 다양한 연령대에서 다각도로 표출되고 있다. 많은 이가 잃어버린 유년 혹은 청년기를 되찾고 싶어 한다. 이때 이들이 원하는 것은 무엇일까? 바로 앞서 언급한 자기를 발견할 수 있는, 타인과 나눌 수 있는 경험이다. 대학이 할 수 있는 일은 이러한 활동의 기회를 집중적으로 제공하는 일이다. 이렇게 함으로써 대학을 마치고 바깥 사회로 진출했을 때도 자신에게 맞는 삶을 적극적으로 기획하고 향유할 수 있다.

자기발견보다 더 중요한 덕목은 공감이다. 나의 동료나 친구가 무엇을 원하고 왜 그것을 원하는지를 느끼는 것, 나와는 전혀 다른 생각과 목표를 가지고 있는 사람을 이해하는 공감이야말로 우리 사회가 절실히 요구하는 중요한 덕목이다. 우리가 일상에서 겪는 괴로움 중 이른바 '갑질'이나 배려심 부족으로 인해 생기는 괴로움만 생각해 봐도 공감의 중요성을 알 수 있다. 타인의 목표를 나의 목표로 삼지 못하더라도 타인의 목표 설정을 이해하고 공감할 수 있도록 하는 것이 대학의 또 한 가지 필수적인 역할이라 하겠다. 이러한 공감의 경험은 자기발견의 과정을 다양한 형태로 같이 겪으면서 만들어질 수도 있다. 같이 자기발견을 하면서 서로를 알게 되는 것이다.

앞으로 다가올 사회에서는 특히나 다양성이 강조되고 각각의 개별성과 개체성이 중요시되면서 불가피하게 의견이나 목표가 충돌하는 상황이 늘어난다. 우리 모두 이러한 충돌을 '우아하게' 견뎌내는 경험이 필요하고, 이러한 경험을 대학은 필히 제공해야 하고 제공할 수 있다. 토론 수업을 강조하는 것도 자신의 입장을 관철하기 위해 상대를 승복시키려는 것이 아니라, 공감을 토대로 상대가 서 있는 지점을 충분히 이해하는 한편 공감을 통해 자기 입장에 대한 설득력을 확보함으로써 의견 충돌을 건강하게 통과할 수 있는 훈련을 하기 위함이다. 그리고 대학은 갈등과 의견 충돌을 건강하게 통과하는 경험을 토론 수업만이 아니라 동아리 활동과 운동 체험 등 다양한 공동체 활동을 통해 제공할 수 있다. 이것이야말로 대학이라는 지적·신체적 공동체가 가진 장점이다.

팬데믹 상황에서 대면의 중요성을 강조하는 필자의 입장이 이상하게 느껴질 수 있다. 그러나 서두에 밝혔듯이 지금은 과거 방식 중 어떤 것들을 부활시키고 어떤 것들은 폐기할 것인가라는 질문을 마주하는 시점이고, 팬데믹을 거치면서 대면의 중요성이 오히려 부각될 것이라는 것이 필자의 전망이다. 글을 마무리 지으며 이렇게 생각하는 이유를 조금 더 상세히 제시하고자 한다.

대면 만남을 강조한다고 해서 미래의 대학교육에서 비대면 수업 방식의 중요성을 간과하는 것은 아니다. 우리가 지난 2년 가까이 경험한 비대면 수업의 일부 효율성은 어떤 방식으로든 미래 대학의 모습을 바꿀 것이다. 수업뿐만 아니라 다양한 형태의 회의 가운데 불필요한 만남을 강요했던 점을 개선하여 대학교육과 행정은 진화해 나갈 것이다. 그러나 이러한 비대면 방식의 만남은 어디까지나 대면을 보완할 뿐, 그것을 대체하지는 못할 것이다. 비대면을 통한 의견 교환, 공감, 공통 경험은 그 한계가 분명하고 오히려 대면 만남을 전제해야 그 진정한 효능을 드러낼 수 있다.

왜 이러한가? 이는 우리가 몸을 가진 존재embodied existence라는 사실에서 비롯한다. 단순히 신체를 갖고 있을 뿐만 아니라 비언어적인 소통, 신체 접촉을 통한 감정과 생각의 교환에 우리는 크게 의지한다. 강의 내용이 불분명하다고 해서 학생들이 꼭 손을 들고 질문하지는 않는다. 수업을 하다 보면 고개를 갸우뚱하거나 자기도 모르게 약간 찡그릴 때 강의자는 방금 한 얘기가 잘 전달되지 못한 것을 안다. 이러한 몸짓이나 표정의 변화를 비대면 화면 속에서 포착하기란 어렵다. 또한 같은 공간에 있을 때, 예컨대 갑자기 천둥 번개가 쳐서 몇몇 학생들이 '꺅' 하고 소리쳐 모두가 놀라고 곧이어 웃을 때, 우리는 같이 수업을 듣는 공동체임을 느끼게 된다. 이러한 경험은 비대면 수업에서는 하기 어렵고 우리의 존재 조건이 이러하기에 실제 신체 접촉은 결코 무시할 수 없을 큰 함의를 가진다. 그리고 이른바 버추얼 콘택트virtual contact의 한계는 너무도 뚜렷하다. 버추얼 콘택트가 지향하는 목표점이 실제 접촉이라는 점을 상기하면 이는 바로 드러난다. 가능한 한 진짜 같은 가상 체험을 만들고자 하는 것이니, 진짜 체험이 우리에게 얼마나 중요하겠는가? 비대면이 미래 대학에서 일상성을 띠며 자리를 잡는다고 하더라도 직접 접촉하고자 하는 욕구, 같은 공간에서 같은 공기를 마시며 서로와 함께하고자 하는 욕구는 쉽게 사라질 수 없다. 인간이라는 종은 이러한 실제 접촉을 바탕으로 진화해 왔기 때문이다. 2년이라는 짧은 시간이 오랜 진화 끝에 우리에게 주어진 본성을 쉽게 바꾸지는 못할 것이며, 대학은 이러한 우리의 특성에 맞추어 어떻게 미래 교육을 담당해 나갈지 고민해야 할 것이다.

시야를 넓게 가지면 대학이라는 기관이 인류사에서 그리 긴 역사를 가진 것은 아니라는 사실이 눈에 들어온다. 한때 있었다는 사실로부터 영원히 있어야 한다는 사실이 뒤따라 나오는 것도 아니다. 이렇게 볼 때, 대학이 현재 우리 삶에 아무리 중요한 위치를 차지하고 있더라도 앞으로도 계속 그러하리라고 보기는 어렵다. 당연히 그럴 거라고 여길 수 없고 그렇게 여겨서도 안 될 것이다. 특히나 대학 환경이 급속도로 바뀌고 있는 한국에서, 또 팬데믹을 경험하고 있는 우리에게 왜 대학은 필요하며, 필요하다면 어떤 방식으로 필요한 것인가와 같은 질문은 꼭 필요한 질문이다. 그러나 다른 한편으로 대학의 미래에 대해 너무 위축될 필요도 없을 것 같다. 대학이 등장한 배경과 인류 사회가 대학을 필요로 하게 된 근본 이유를 생각해 보고, 또 대면교육을 통한 자기발견과 공감이라는 형태로 대학이 인류의 미래 삶에 기여할 역할을 생각해 본다면, 미래의 대학도 기존과는 변화된 형태로라도 우리와 계속 함께하지 않을까 싶다.

대학교육의 이념과 지향성

인문학과 텍스트 해석, 그리고 대학의 미래

대학의 인재상과 미래지향적 전인교육

보편적 지성을 위하여-존 헨리 뉴먼의 대학 이념

대학 밖의 작은 대학

인문학과 텍스트 해석, 그리고 대학의 미래

김현진

팬데믹 너머의 대학

팬데믹 이후 세상이 달라졌다. 대학도 예외는 아니다. '줌Zoom'이, '비대면'이 우리를 구원했지만 이제 우리는 그 구원이 두려워졌다. 팬데믹 덕분에 초연결사회의 위력을 실감했지만 그 공허함에도 눈을 떴다. 전 세계와 연결되어 있으나 어디에도 갈 수 없는, 모두와 닿아 있으나 누구와도 편히 만날 수 없는 기묘한 실존적 고립감이 어느덧 우리 안에 자리 잡았다. 팬데믹 너머의 대학은 어떤 모습일까? 어떤 모습이어야 할까? 대학이 팬데믹 이전으로 돌아갈 수 있을까? 물리적 시설을 갖추고 전통적 커리큘럼에 따라 대면 수업에 의존하는 근대식 대학이 지속될 수 있을까?

대학의 미래를 논하려면 누군가는 시스템과 거버넌스를 들여다보고 누군가는 새로운 학문적 가능성을 제시해야 하겠지만, 누군가는 반드시 근본으로 돌아가 대학이 무엇을, 왜 배우는 곳인지 다시 따져 볼 필요가 있을 것이다. 지금껏 주로 수업과 연구의 일선에서 대학에 기여한 내 관점에서는 무엇이 인문학인지, 왜 인문학이어야 하는지 지속적으로 성찰하는 것이 대학의 미래를 가장 절실하게 사유하는 길이다. 구태의연하게 또 그런 걸 따지냐고 하면, 본질에 대한 사유는 결코 구태의연할 수 없다는 점을 분명히 해야겠다. 학문은 늘 변한다. 시대에 따라 사람이 변하고 세상이 변하고 사람이 세상을 보는 방식이 변하기 때문이다. 나는 대학에서 문학을 가르친다. 하지만 오늘날의 문학은 내가 38년 전 대학에 갓 입학했을 때 동경하던 문학이 아니며, 19년 전 서울대학교 교수로 처음 강단에 섰을 때 맞닥뜨린 문학 또한 아니다.

대학의 위기, 인문학의 위기가 장기화되다 못해 '노멀'이 되어 버린 현실에서 나는 대학의 미래, 우리 사회의 미래를 위해 인문교육을 강화해야 한다는, 시류에 역행하는 주장을 하고자 한다. 인문교육의 목표는 창의적이고 윤리적인 해석을 할 수 있는 지식인을 양성하는 것이다. 우리는 지금 해석의 창의성과 윤리가 그 어느 때보다 긴요해진 시대를 살고 있다.

인문학적 해석과 창의성

인문학의 본령은 지식의 습득이나 전수가 아니라 창출이다. 지식을 확보하고 보유하는 일 자체가 특권이던 시대는 지나갔다. 사이버 공간에서 무제한의 지식이 무제한의 접속자에게 제공되고 인간의 기억이 대뇌보다 휴대폰 메모리 칩에 먼저 저장되는 판국에 무언가를 알고 기억하는 것, 그 앎을 다른 누군가와 공유하는 것의 희소성은 크게 퇴색할 수밖에 없다. 정치학자 장훈 교수의 말마따나 "지구상의 모든 지식과 정보"가 "단 하나의 온라인 도서관으로 통합"되는 시대에 "20세기처럼 표준화된 지식을 섭취·암기하는 것은 내일이면 쓸모없는 일이 된다." 장 교수는 대학의 미래가 "공장형 대학에서 지식 큐레이팅 대학으로"의 전환에 달려 있다고 믿는다.

> 현재와 미래를 살아갈 우리에게 중요한 것은 적실성 있는 질문을 제기하는 능력이다. 질문에 관련된 지식과 정보를 인류 대도서관으로부터 추출·정리·조합하여 일관된 진술과 입장으로 정리하는 능력, 즉 지식의 큐레이팅 능력이 핵심이다.[1]

걷잡을 수 없이 불어나는 정보의 홍수 속에서 "지식의 큐레이팅 능력"은 앞으로 교양 시민의 중요한 덕목이 될 수 있다. 그러나 인문학이 지향하는 바는 지식을 만드는 것이지 관리하는 것이 아니다. 새로운 지식으로 "인류 대도서관"을 살찌우는 것이지 거기서 지식을 효율적으로 꺼내 쓰는 것이 아니다. 대학 인문학 수업에서 학생들은 타자와의 대화를 통해 자신의 생각을 설계하고 수정하는 법, 생각의 지평을 넓히고 다르게 생각하는 법을 배운다. 이 과정에서 당연히 지식과 정보의 "추출·정리·조합"이 필요하겠지만 '큐레이팅'은 수단일지언정 목표가 될 수 없다.

인문학적 지식의 창출은 해석을 통해 이루어진다. 이때 해석 대상이 되는 것이 텍스트, 특히 문자 텍스트다. 21세기 들어 문자 매체가 새로운 매체로 전환되고 다른 매체와 융합하는 추세가 빠르게 확산되고 있으나, 지금껏 그랬듯이 앞으로도 한동안은 인간이 고도화된 담론이나 서사를 구성할 때 문자에 직간접적으로 의존하는 양상이 크게 달라지지 않을 듯하다. 텍스트는 어떤 유형이든 인문학적 해석의 대상이 되지만, 문학의 옷을 입을 때 심리적 진입 장벽이 조금 더 낮아진다. 대다수 학생에게는 문학이 역사나 철학보다 더 친근하고, 문학 작품을 읽고 호불호를 밝히는 것이 역사 서술을 평가하거나 철학 이론을 비판하는 것보다 덜 부담스럽게 느껴질 것이기 때문이다. 문학 텍스트를 해석하는 능력은 궁극적으로 크고 작은 문자/비문자 텍스트, 나아가 세상이라는 거대 텍스트를 해석하는 능력과 상통한다. (지금부터는 편의상 문학에 한정해 논의를 이어가겠다.)

해석은 예술 못지않게 창의적이다. 문학의 영역은 창작과 해석의 접점에서 만들어지기에 얼핏 문학의 창의성은 창작에 귀속된다고 생각하기 쉽다. 하지만 해석의 창의성은 창작의 창의성만큼이나 (어쩌면 그보다 더) 중요한 것이다. 대학을 졸업하고 누구나 예술가가 되는 것은 아니지만, 대학교육을 제대로 받았다면 누구나 지식인으로서 책임감 있는 해석을 할 수 있어야 한다. 해석은 곧 지식이다. 시공을 초월해 낯선 텍스트와 치열히 교류함으로써 사고가 깊어지고 넓어질 때 우리는 그전까지 상상할 수 없던 것을 상상하고, 이해할 수 없던 것을 이해하게 된다. 수업에서 나온 해석이 무슨 쓸모가 있냐고 누군가 묻는다면, 수업에서 나온 다른 것들은 당장 무슨 쓸모가 있냐고 되묻고 싶다. 교육은 결과가 아니라 과정이다. 대학 강의실은 '시판용' 제품과 상식을 내놓는 곳이 아니라 세상에 없는 어떤 것, 상식을 바꿀 무언가를 창안할 잠재력을 일깨우는 곳이다.

해석의 창의성은 시스템에 대한 이해를 전제한다. 문학은 다른 인문학, 다른 학문과 마찬가지로 과학적 엄밀성을 추구한다. 따라서 읽고 싶은 대로 읽는다고 다 해석이 되지는 않는다. 비유를 들자면, 〈스타워즈*Star Wars*〉 시리즈에 나오는 한 솔로Han Solo의 우주선

밀레니엄 팰컨의
비행 장면

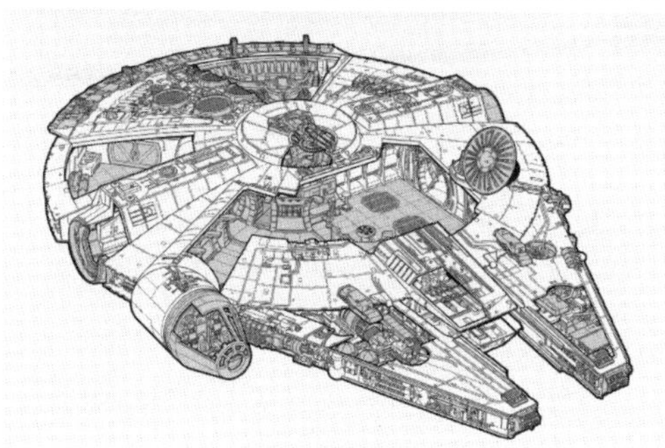

밀레니엄 팰컨의
구조도

밀레니엄 팰컨Millennium Falcon은 항공역학을 무시하는 비과학적 구조를 갖고 있다. 이렇게 생긴 물체가 하늘을 나는 것은 한마디로 불가능하다. 적어도 현재 과학 수준으로는 그렇다. 영화/예술은 밀레니엄 팰컨이 우주 공간을 가로지르고 광속점프하는 것을 보여 줄 수 있지만 해석/과학은 그럴 수 없다. 해석은 멋대로 상상의 날개를 펼칠 때가 아니라 체계적으로 작동하는 무언가를 만들어 낼 때 비로소 창의성을 발휘한다. 머릿속에서 구상한 가설을 논증을 통해 이룩시켜야 해석이 되고 그래야 창의성을 논할 수 있다. 비과학적이기로 따지면 밀레니엄 팰컨의 구조도構造圖 역시 별반 다를 게 없다. 속을 들여다볼 수 있다고 해서 밀레니엄 팰컨의 이륙 가능성이 향상되지는 않기 때문이다. 그러나 내부 구조를 체계적으로 도면화해 파악하면, 이 1977년산 아날로그 우주선에 대해, 그리고 이 우주선이 대변하는 시대상과 문화 코드에 대해 훨씬 더 많은 것을 읽어 낼 수 있다. 텍스트도 마찬가지다. 해석이 유의미하게 성립하려면 텍스트 구석구석을 전체와의 관계 속에서 면밀히 살피는 작업이 선행되어야 한다.

문학 텍스트를 해석하는 일은 기계 시스템을 분석하는 일보다 훨씬 더 비효율적이다. 모든 해석에는 필연적으로 '에너지' 손실이 뒤따르기 때문이다. 이상의 「오감도」 연작 첫 번째 시는 "13인의 아해가 도로로 질주하오"로 시작해 "13인의 아해가 도로로 질주하지 아니하여도 좋소"로 끝난다. 이 단순하고도 수수께끼 같은 텍스트가 어떤 세상을 재현하고 어떤 문제의식에 천착하는지는 누구든 대충 읽어 낼 수 있겠지만, 한 구절 한 구절이 정확히 무엇을 의미하는지에 대해서는 그 누구도 딱 부러지게 답을 내놓을 수 없다. 예컨대 텍스트 내용 50퍼센트에 대해서 50퍼센트의 해석을 만들어 낼 수는 있을지언정 100퍼센트에 대해서 100퍼센트의 해석을 만들어 내는 것은 기대할 수 없다. 이 시는 예외적으로 난해하지만, 일반적인 문학 텍스트를 읽을 때 발생하는 문제점을 확대해서 보여 주는 측면이 있다. 문학 해석 행위는 의미의 손실이 심하고 연비가 낮은 작업이며, 무리하게 의미의 간극을 메우고 연비를 높이려는 노력은 텍스트의 의미를 왜곡하는 결과를 낳는다. 의미의 공백은 결국 해석자의 판단력과 상상력, 컨텍스트에 대한 이해로 채

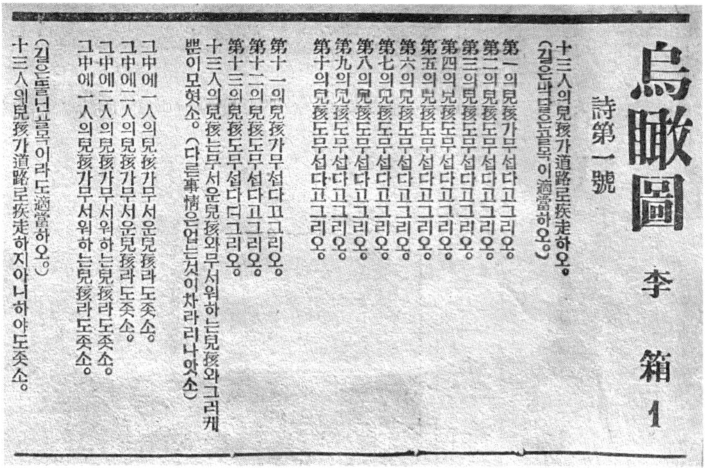

烏瞰圖 李箱 1

詩第一號

十三人의兒孩가道路로疾走하오。
(길은막다른골목이適當하오。)

第一의兒孩가무섭다고그리오。
第二의兒孩도무섭다고그리오。
第三의兒孩도무섭다고그리오。
第四의兒孩도무섭다고그리오。
第五의兒孩도무섭다고그리오。
第六의兒孩도무섭다고그리오。
第七의兒孩도무섭다고그리오。
第八의兒孩도무섭다고그리오。
第九의兒孩도무섭다고그리오。
第十의兒孩도무섭다고그리오。

第十一의兒孩가무섭다고그리오。
第十二의兒孩도무섭다고그리오。
第十三의兒孩도무섭다고그리오。
十三人의兒孩는무서운兒孩와무서워하는兒孩와그러케뿐이모혓소。(다른事情은업는것이차라리나앗소)

그中에一人의兒孩가무서운兒孩라도좃소。
그中에二人의兒孩가무서운兒孩라도좃소。
그中에二人의兒孩가무서워하는兒孩라도좃소。
그中에一人의兒孩가무서워하는兒孩라도좃소。

(길은뚤닌골목이라도適當하오。)
十三人의兒孩가道路로疾走하지아니하야도좃소。

「오감도」 시 제1호 전문(1934년 7월 24일 『조선중앙일보』 게재)

워 넣어야 한다. 빈 곳을 과하게 채우면 해석이 망가지는 것, 이것이 문학 공부의 난점이자 매력이다.

해석의 폭력과 윤리

모든 해석은 폭력적이다. 도발적으로 들릴지 모르겠으나 사실이다. 해석은 텍스트 밖에서 텍스트에 무언가를 행하는 것이며, 어떤 해석도 텍스트와 등호 관계에 놓일 수는 없다. 텍스트의 의미가 투명하고 온전하게 독자에게 전달되는 것은 애초에 불가능하기 때문이다. 문학 텍스트, 특히 규모가 큰 문학 텍스트는 대단히 복잡한 언어 시스템으로 이루어진다. 이 시스템은 작가(와 그가 속한 시대)의 의식, 무의식, 잠재의식을 다층적으로 포섭하며, 앞선 시대의 사회·문화적 자취와 문학적 전통이 켜켜이 퇴적된 지층 위에 구축된다. 문학 언어의 특성으로 인해 보통의 문자 텍스트보다 훨씬 더 심하게 암호화되고, 언어 고유의 특성으로 인해 전기 또는 전자 시스템보다 훨씬 더 느슨하게 회로화된다. 인간의 뇌가 이런 텍스트를 이해하려면 해석의 단계, 즉 데이터 프로세싱 과정을 거쳐야 한다. 그 과정에서 필연적으로 선택과 배제, 의미의 손실과 변질이 발생하고, 해석이 언어로 옮겨지는 재텍스트화 단계에서 다시 의미의 손실과 변질이 발생한다. 따라서 모든 해석은 축소 지향적이고 폭력적이다. 해석의 윤리는 텍스트에 특정한 도덕률이나 이데올로기를 입힘으로써 세워지는 것이 아니라 그 폭력성을 인정하고 절제할 때 세워진다.

윤리적 해석은 폭력성을 최소화하면서 창의성을 극대화한다. 해석자가 할 일은 해석을 덜 축소적이고 덜 폭력적이면서도 더 매력적으로 만드는 것이다. 그러기 위해서는 텍스트를 최대한 존중하고 섬세하게 다룰 필요가 있다. 존중이나 섬세함이 비판의 배제를 의미하는 것은 당연히 아니다. 텍스트에 의미를 강제하지 않고, 텍스트가 '나'에게로 다가와 의미를 드러낼 때까지 인내심을 가지고 귀를 기울이는 것이 문학을 대하고 세상을 대하는 지식인의 기본자세가 되어야 한다. 전체로 부분을 지우거나 부분으로 전체를 대체하지 않는 것, 항상 맥락 속에서 의미를 찾는 것, 텍스트와 텍스트, 텍스트와 컨텍스트가 서로 소통하게 하는 것, '나'를 버리지 않으면서도 타자와 대화를 나누는 것, 텍스트와 세상을 읽는 방식에 대해서 끊임없이 고민하는 것, 대학의 문학 수업에서 우리는 이런 것들을 가르친다. 이것이 내가 생각하는 해석의 윤리다.

해석의 윤리가 붕괴된 세상의 미래는 암울하다. 정치, 사회, 문화 전 영역에서 기기묘묘한 명분으로 폭력적 해석이 난무하고 그런 해석이 미디어를 통해서 무한 확대·확산되는 세상, 해석의 폭력에 개인이 무방비로 노출되고 사회가 병들어 가는 세상, 해석을 흉기화하는 것이 너무 쉽고 너무 편리해진 세상, 지금 우리는 그런 세상에 살고 있다. 19년째 서울대학교 강단에 서면서 대학에서 해석의 윤리를 가르쳐야 할 당위성을 요즘처럼 절실하게 느낀 적은 없다. 고 노무현 대통령의 말마따나 "한 사회의 가치관이 거꾸로 서 있거나 가치 판단이 흔들릴 때, 잘못된 양심을 가진 사람의 지식은 어떤 도둑질이나 살인보다도 더 위험한 범죄"가 된다.[2] 모든 폭력적 해석은 위험하지만, 지식인이 자신의 목적을 정당화하기 위해서 해석의 폭력을 휘두르고 그런 폭력으로 다수의 동의 또는 복종을 끌어내려고 하는 것은 더욱더 위험하다. 우리에게는 지식을 제대로 쓸 인재를 양성할 의무와 함께, 지식을 잘못 쓸 인재의 양성을 막을 의무 또한 있다. 나를 포함한 '586세대'가 한국 정치·경제·사회·문화를 다방면에서 교란한 주범이 된 것은 어쩌면 대학에서 인문교육, 해석의 윤리에 대한 교육을 제대로 받지 못했기 때문일 수도 있다.

중세학자 캐럴린 딘쇼Carolyn Dinshaw는 일찍이 이런 해석의 폭력성에 색다른 이름을 붙인 바 있다. 그녀에 따르면, 14세기 말 제프리 초서Geoffrey Chaucer가 집필한 『트로일러스와 크리세이드*Troilus and Criseyde*』에서 '남주'가 '여주'를 대하는 이기적인 태도는 "남성처럼 읽기"의 사례라 할 만한 것이다.

> 우리가 보기에 그의 읽기는 단어나 기호보다 자신이 보고 싶은 것에 더 관심을 기울이는 해석, 텍스트를 이해할 때 난해한 것, 저항적인 것, 다루기 힘든 것을 외면하는 해석이라 할 수 있다. […] 여성을 외면함으로써 구현되는 이 전체주의적 충동에 사로잡혀, 즉 불안정성을 제거하고 난해성을 재단하며 명료한 도덕 구조와 지속 가능한 평정을 확보하려는 욕망에 사로잡혀, 트로일러스는 남성처럼 읽기를 하는 이들의 대열에 합류한다.[3]

딘쇼에게 "남성처럼 읽기" 또는 남성적 읽기는 자신의 목적을 위해 디테일을 무시하고 획일적 명료성을 추구하는 해석, 그 과정에서 모든 "난해한 것, 저항적인 것, 다루기 힘든 것"을 억압하는 해석을 의미한다. 젠더화를 배제의 논리와 연결하는 것은 응당 경계해야 할 사고방식이다. 하지만 주인공 트로일러스에서 작중 화자를 거쳐 일군의 현대 평자에 이르기까지 초서의 작품을 둘러싸고 "남성 공모의 연쇄 구조"가 형성되는 것을 감안할 때,[4] 남성 해석자가 시대를 초월해 내면화한 "전체주의적 충동"을 "남성처럼 읽기"로 환유한 딘쇼의 주장은 충분히 문학사적 정당성을 지닌다. 적어도 내가 보기에는 그렇다. 페미니즘 연구의 고전인 딘쇼의 책이 출간된 지 30년이 훌쩍 지났지만, 그녀가 짚어낸 트로일러스의 문제점은 세상 '쿨'하고 고상한 자화상 이면에서 폭력적·마초적 읽기에 찌들어 가는 2021년 우리의 모습과 크게 다르지 않다.

딘쇼는 "여성처럼 읽기"를 "남성처럼 읽기"의 대안으로 제시한다. 트로일러스와 달리 여주인공 "크리세이드는 심사하고 숙고하고 모든 단어를 세심하게 음미"하며 "전체를, 그것을 이루는 단어 하나하나를 놓치지 않는 (독서) 반응"을 보인다.[5] 딘쇼에 따르면 "전체주의적 문해 행위를 뒤엎는 이런 전략은 […] 초서의 텍스트에서 여성적인 것과 결부된다."[6] 대안적 열린 읽기를 '여성적'이라 하는 것은 전체주의적 독법을 '남성적'이라 하는 것 못지않게 (어쩌면 그보다 더) 문제적일 수 있다. 하지만 인문학과 인문교육의 목표가 창의적이고 윤리적인 해석에 있다면, 그 창의성과 윤리성이 낯선 텍스트를 대하는 자세, 타자를 대하는 태도와 맞닿아 있다면, 최소한 나와 내 또래 남성 독자는 '여성처럼' 읽는 것의 의미와 가능성에 대해 "심사하고 숙고"할 역사적 의무를 갖는다. 남성이 여성처럼, 여성이 남성처럼, 우리 모두가 다른 누군가처럼 세상을 다르게 보고 다르게 이해하고 다르게 공감할 수 있을 때 우리는 비로소 전체를 볼 수 있고 전체를 이루는 부분들을 "세심하게 음미"할 수 있다. 신념을 갖되 유연할 수 있고 주관을 세우되 정체성과 이데올로기의 족쇄에서 벗어날 수 있다.

인문학은 해석으로 미래를 견인하는 학문이다. 영문학자 스탠리 피시Stanley Fish는 학문의 정치화에 반대하면서 "우리의 임무는 세상을 바꾸는 것이 아니라 해석하는 것"이라 역설한 바 있다.[7] 인문학에 대한 내 생각은 이와 비슷하면서도 다르다. 인문학도의 임무는 해석을 통해 먼저 우리 자신을 바꾸고, 그다음에 (가능하다면) 세상을 바꾸는 것이다. 혁명만으로는 세상이 바뀔 수 없다. 세상은 우리의 인식이 달라질 때 비로소 바뀌며, 인식이 바뀌려면 우리가 세상을 보는 방식이 달라져야 한다. 그러기 위해서는 창의적이고 윤리적인 해석이 대학교육의 중심에 서야 하고, 그 중심을 문학이, 인문학이 지켜야 한다.

인문학의 미래, 대학의 미래

세상은 빠르게 변한다. 38년 전 나는 페미니즘이 무언지 몰랐고, 문학의 역사성을 가장 치열하게 궁구하는 틀이 마르크스주의라 생각했다. 학교에서 배운 대로 순수문학과 참여문학이 구분 가능한 것인 줄 알았다. 19년 전 내게는 여학생이 절대다수인 서울대학교 인문대학 강의실에서 '여혐'의 긴 그림자를 단 중세문학을 어떻게 가르칠 것인가가 버거운 숙제였다. 그때 나는 내가 남성인 것이 장애가 될 수 있음을 처음 깨달았고, 유물론에서 벗어나 문학과 역사의 관계를 다원적으로 성찰하는 것이 큰 관심사였다. 여전히 칠판과 분필, 종이 복사물에 의존해 수업을 했고 교육과 연구의 디지털화가 성큼 다가온 것을 알지 못했다. 언젠가 바이러스로 인해 세상이 정지되고 강의실이 닫히는 날이 오리라고는, 그래도 수업이 지속되리라고는 꿈에도 상상하지 못했다.

인문학은 변화하는 세상에서 변화를 사유한다. 불변하는 보편적 진리를 좇기보다 진리의 역사성과 상대성을 인지하고 진리가 역사적으로 구성되는 과정에 주목한다. 다음 두 강의실 풍경 중 위의 것이 아래 것보다 왠지 더 인문학적일 듯하다는 세간의 인식이 있다면 그건 어디까지나 오해이고 편견이다.[8] 인문학은 과거를 들여다보되 과거에 매몰되지 않고 현재에 발을 딛되 현재에 안주하지 않는다. 세상을 보는 렌즈를 끊임없이 업데이트하지만 그것을 섣불리 '진화'라 부르지 않는다. 칠판과 분필이 인문학의 필수품이 아니듯 종이 책과 강의실 또한 인문학의 필수품은 아니다. 팬데믹 이후 세상과 대학이 크게 변한다면 인문학이 할 일은 그만큼 더 많아질 것이다. 새로운 변화의 궤적 또한 마땅히 인문학적 해석의 대상이 되

1950년대
미국 대학 강의실

2021년 1학기
서울대학교 강의실

어야 하기 때문이다. 인문학은 쉽게 변화에 휩쓸리지 않으나 어떤 변화도 두려워하지 않는다.

누군가 팬데믹 너머 대학의 미래를 묻는다면, 나는 인문학의 미래가 곧 대학의 미래라고 답할 것이다. 대학이 단순한 지식 공장, 지식 박물관이 아니라 창의적이고 윤리적인 지성의 요람으로 기능하기 위해서는 대학의 동맥에 인문학의 피가 흘러야 한다. 도대체 언제까지 인문학 타령을 할 거냐고 하면, 이 글 첫머리로 돌아가 '본질에 대한 사유'에는 결코 유효 기간이 있을 수 없다고 힘주어 말할 것이다.

1. 장훈, 「공장형 대학에서 지식 큐레이팅 대학으로」, 『중앙일보』, 2020년 9월 1일, https://news.joins.com/article/23861353.

2. 노무현, 「여우와 포수」, 『여보, 나좀 도와줘』(새터, 2017), 24쪽.

3. Carolyn Dinshaw, *Chaucer's Sexual Poetics* (University of Wisconsin Press, 1989), p. 51.

4. 김현진, 「크리세이드와 궁정식 사랑」, 『사랑, 중세에서 종교개혁기까지』, 서울대학교 중세르네상스연구소 엮음 (산처럼, 2019), 137쪽.

5. Dinshaw, *Chaucer's Sexual Poetics*, p. 55.

6. Dinshaw, *Chaucer's Sexual Poetics*, p. 56.

7. Stanley Fish, "Why We Built the Ivory Tower," *New York Times*, 21 May 2004, https://www.nytimes.com/2004/05/21/opinion/why-we-built-the-ivory-tower.html.

8. 미국 대학 강의실 풍경 대신에 20세기 후반 서울대학교 강의실 풍경을 넣고 싶었으나 마땅한 사진을 구할 수 없었다. 2018년 출간된 서울대학교 역사 사진집 『서울대 사람들, 1946-2016』에는 놀랍게도 수업 장면이 단 한 컷도 포함되어 있지 않다. 이 수업 실종 현상은 지난 세기 우리 사회에서 대학이 무엇을 의미했는지 (또는 의미하지 않았는지) 시사한다는 점에서 의미심장하다. 마지막 사진은 2021년 4월 27일 촬영한 '문학으로 읽는 서양문명' 수업 장면이다. 수강생의 동의를 미리 구하고 희망자에 한해 스크린 샷으로 촬영했다.

대학의 인재상과 미래지향적 전인교육

강준호

인재 양성은 시대를 막론하고 대학의 사명이자 존재 이유로 여겨져 왔다. 볼로냐 대학을 시초로 12세기에 등장한 중세 유럽의 대학은 성직자를 양성하는 교수와 학생의 자치 공동체였다. 1810년 설립된 최초의 근대 대학인 베를린 대학은 어떠한 정치권력에도 휘둘리지 않는 학문의 자유를 이념으로, 신분 차별의 봉건적 교육을 거부하고 모든 계층을 위한 보편적 인간 교육을 지향했다. 20세기 미국의 대학들은 교양교육 중심의 학부과정에 더해 전문적인 연구·교육기관으로 대학원을 설치하여 학문의 후속 세대를 양성했다.

한편 21세기로 접어들면서 정보혁명의 거센 물결은 대학이라는 공동체에 새로운 질적 변화를 요구하고 있다. 인공지능과 4차 산업혁명으로 인한 세상의 변화는 이제 그 속도와 폭을 가늠조차 하기 어려울 정도다. 이에 더해 스페인독감 이후 100여 년 만에 전 인류를 습격한 코로나바이러스감염증-19는 달리는 말의 채찍처럼 디지털 시대로의 전환을 가차 없이 재촉하고 있다. 전방위적이고 총체적인 변화의 소용돌이 가운데 서 있는 대학은 과연 어떤 모습으로 누구를 위해 존재해야 하며, 어떤 인재를 길러 세상 밖으로 내놓아야 할까?

대학교육은 크게 교양교육과 전공교육으로 나뉜다. 교양교육이 보편적인 인간 중심 교육이라면, 전공교육은 전문성을 중시하는 학문 중심 교육을 가리킨다. 이 글에서는 교양교육에 초점을 맞추어 앞으로 대학이 길러내야 할 인재상과 그런 인재를 키우기 위한 교육의 방향을 생각해 보고자 한다.

문명사적 전환기와 학생들의 현주소

레오나르도 다빈치Loenardo da Vinci는 고대 로마시대 건축가 비트루비우스Vitruvius의 건축 지침서 『건축 십서*De architectura*』에서 영감을 얻어 인체비례도를 만들었다. 〈비트루비우스적 인간〉으로 알려진 이 인체비례도에서 다빈치는 인간의 신체에서 아름다운 균형과 조화의 비례를 끄집어냈다. 하지만 균형과 조화는 인간의 신체에만 해당되는 게 아니다. 행복하고 고양된 삶을 살기 위해서는 이성, 감성, 신체 등의 요소들이 균형 있게 발달해야 한다. 그런 인간을 우리는 전인全人, whole person이라고 부른다.

이러한 전인적 관점에서 우리 학생들을 한번 살펴보자. 세계 최고의 교육열을 가진 부모 아래서 유치원 시절부터 대학 입학을 목표로 한 주입식 교육과 줄 세우기 교육에 찌들어 있지 않은가. 그렇게 치열한 경쟁을 뚫고 대학에 입학한 학생들의 상당수가 불안과 우울증에 시달리고, 극단적 선택을 하는 경우도 종종 볼 수 있다. 2018년 OECD가 세계 79개국(회원국 37개국, 비회원국 42개국)을 대상으로 18세 미만 학생들의 삶의 만족도를 조사한 결과에 따르면 한국은 79개국 중 65위로, OECD 국가 중에서 최하위권이었다.

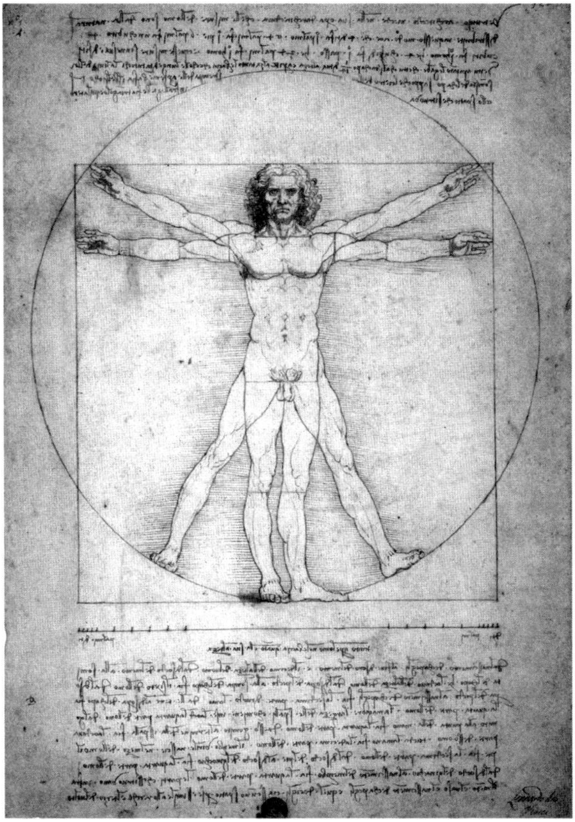

레오나르도 다빈치의 〈비트루비우스적 인간〉

신체적인 면에서도 체격은 커졌으나 체력은 형편없이 저하되었다. 2012년 서울대학교 스포츠과학연구소의 조사 결과에 따르면 운동을 하지 않는 서울대학교 학생들의 체력은 50대와 비슷한 수준이라고 한다. 한마디로, 많은 학생이 한 인간으로서 심각한 불균형 또는 부조화 상태에 있다고 볼 수 있다. 이것은 학생들에게 온전한 인간으로 성장할 기회를 주지 않고, 그들을 오직 입시 경쟁으로 몰아넣은 우리 사회 전체의 책임이다. 그럼에도 불구하고 고등교육기관인 대학은 학생 개인의 삶과 사회의 미래를 위해 그들을 균형 잡힌 전인으로 양성할 책무가 있다. 왜냐하면 우리 학생들이 맞이해야 할 시대가 심상치 않기 때문이다.

현재 인류는 문명사적 전환기를 통과하고 있다. 인공지능을 중심으로 한 4차 산업혁명과 팬데믹은 디지털 전환을 가속화하며 우리 삶의 모든 부분을 급격하게 바꿔놓고 있다. 기후위기는 당장 인류를 위협하는 실존적인 위험이다. 기후과학자들은 기후위기가 임계점을 넘으면 단순히 기온이 상승하고 이상 기후가 나타나는 차원을 넘어 어느 순간 지구의 전체 균형이 깨지며 재앙이 닥칠 수 있다고 경고한다. 한편, 국가, 기업, 계층 등 모든 영역에서 심화되고 있는 양극화는 사회적 지속가능성을 위협하고 있다. 미국과 중국 간 글로벌 패권경쟁은 국제질서의 새로운 재편을 예고하고 있고, 세계 곳곳에서 확인되는 민주주의의 위기는 불길한 미래의 그림자를 엿보게 한다. 결국, 이 모든 것이 얽히고설키면서 세상의 불확실성은 더욱 커지고, 모든 조직과 분야의 정체성은 흔들릴 수밖에 없다. 앞으로 우리 학생들은 이런 세상에서 살아가며 학교에서 배운 지식으로 해결할 수 없는 수많은 문제에 직면하게 될 것이다. 다가올 변화를 지금과 같은 방식의 교육으로 감당할 수 있을까.

대학의 인재상 — 사유, 성찰, 실천

우리 학생들은 이 문명사적 전환기를 가장 첨예하게 맞이하고 있다. 이런 상황에서 대학의 교양교육은 어떤 인재를 키우는 데 초점을 맞추어야 하는가? 글로벌 인재, 창의적 인재, 도전적 인재, 공감형 인재, 융합형 인재 등등 시대적 요구와 관점에 따라 표현은 달라지겠지만, 결국 대학이 길러내야 할 인재상은 3R, 즉 '사유reason', '성찰reflect', '실천respond'이라는 세 가지 본질적인 역량을 갖추어야 한다.

대학은 먼저 사유하는 인간을 키워야 한다. 사유하는 인간은 고차원적 사고능력을 충분히 사용할 줄 아는 인간을 가리킨다. 이성을 활용하는 능력은 단순 암기에서부터 논리적 분석력을 거쳐 창조적 상상력에 이르기까지 다양한 스펙트럼에 걸쳐 있다. 사회의 변화 속도와 지식의 창출 및 유통 속도가 지금처럼 빠르지 않던 과거에는 정제된 지식을 빨리 그리고 많이 습득해서, 정형화된 문제를 남보다 먼저 풀면 능력을 인정받을 수 있었다. 그러나 지식의 총량이 폭발적으로 늘어나고, 지식의 유통기한은 점점 짧아지며, 인공지능이 인간의 단순 지적 노동을 대체할 미래에는 보다 높은 차원의 이성능력이 요구된다. 정답이 없고 서로 복잡하게 연결된 문제들을 해결하기 위해서는 보다 넓고 깊은 시야를 가지고 창의적이고 융합적인 사유능력을 발휘할 수 있는 인재가 필요하다. 논리적 분석능력과 비판능력은 물론이고, 질문하는 능력, 문제를 찾고 정의하는 능력, 새로운 개념을 도출하는 능력, 편집하고 융합하는 능력, 그리고 상상력에 이르기까지 인간의 이성을 다차원적이고 고차원적으로 활용하는 역량이 중요해지는 것이다. 그러나 우리의 모습은 어떤가. 학생 선발의 결정적 기준으로 활용되는 내신이나 수능은 주입된 지식을 남보다 많이 암기해서 빠르게 토해내는 능력을 보여 주는 것이 아닌가.

둘째, 대학은 성찰하는 인간을 길러내야 한다. 성찰하는 인간은 자신과 주위를 되돌아보고 반성할 줄 아는 인간을 말한다. 소크라테스가 "검토되지 않은 삶은 살 만한 가치가 없다."라고 말한 이유도 성찰이 인간이 갖춰야 할 중요한 자질임을 강조하기 위해서였다. 성찰은 기본적으로 이성을 기반으로 하지만, 이성과 달리 반드시 양심과 함께 작동해야 한다. 즉 양심이 작동할 때 비로소 진정한 성찰이 가능하다. 이성과 양심의 결합이 도덕과 윤리를 잉태하고 타인에 대한 공감과 연민 그리고 배려를 낳는다. 이성이 동물과 인간을 구별하는 특성이라면, 양심은 온전한 인간과 그렇지 못한 인간으로 나누는 기준이다. 양심은 이성능력을 어떤 방향으로 사용할지 결정하는 나침반과 같다. 옳고 그름을 판단하고 자신의 잘못을 반성할 줄 알며, 타인과 상생하고 자연과 공존할 수 있는 능력의 근원이 바로 양심이다. 우리의 대학은 학생들을 성찰할 줄 아는 인간으로 교육하고 있는가.

셋째, 대학은 실천하는 인간을 육성해야 한다. 실천하는 인간은 사유와 성찰의 결과를 행동으로 옮길 줄 아는 인간을 말한다. 행동이란 몸을 움직이는 것이고, 실천이란 사유와 성찰에 몸으로 반응하는respond 것이라고 할 수 있다. 나와 타인과 세상에 대한 몸의 능동적 반응이 곧 실천이다. 우리가 '책임감'이라고 번역하는 'responsibility'는 이러한 몸의 반응능력으로 이해할 수 있다. 지식인들에게 가장 결핍된 것이 바로 실천이다. 자신과 세상의 진정한 변화는 사유와 성찰의 결과를 실천할 때 비로소 가능하다. 이러한 실천력을 높이기 위해서는 용기, 체력, 도전정신, 인내, 소통능력,

리더십 등이 필요하다. 그동안 우리 대학은 주로 사유하는 인간을 키우는 데 초점을 맞추어 그것을 금과옥조로 여겨 왔다. 이성적 능력을 기우넌 개인의 삶이 고양되고 세상을 변화시킬 수 있을 거라 믿었기 때문이다. 그러나 과연 그런가? 이제 대학은 학생들의 실천적 역량을 어떻게 키울 것인지 보다 근본적으로 고민해야 한다.

전인적 인간 교육 – 지덕체 vs. 체덕지

전인적 인간whole person을 기르는 방법으로 '지덕체智德體의 균형'이 자주 언급된다. '지덕체' 교육이란 풀어 말하면 '머리'에 대한 교육, '가슴'에 대한 교육, 그리고 '몸'에 대한 교육이라 할 수 있다. 그리고 여기에 접근하는 방식은 인간의 본성을 바라보는 관점에 따라 크게 두 가지로 나누어 볼 수 있다. 먼저 인간의 본성을 이성에서 찾는 관점이다. 플라톤, 아리스토텔레스 등의 고대 그리스 철학자와, 데카르트와 같은 합리주의자, 그리고 동양에서는 공자가 이성을 중시하는 대표적인 사상가다. 이들은 이성을 바탕으로 이데아를 논하고, 합리적이고 객관적인 사고를 통해 보편적 세계관을 제시하는 데 관심을 가졌다. 이들에게는 이성을 통해 세상의 원리를 이해하는 '지智'가 가장 중요했다. 이 말은 '덕'과 '체'가 '지'에 의해 통제되어야 한다는 의미를 함축한다.

'지덕체' 교육을 주장한 대표적인 사상가로 플라톤을 들 수 있다. 서양 정치철학의 시조인 플라톤은 인간의 영혼을 '이성', '격정', '욕구'로 분류하고,[1] 국가를 구성하는 시민을 이러한 특성에 따라 세 부류로 나눴다. 그는 '이성'을 지닌 철인哲人이 이상적인 인간이며, 그들이 국가를 통치해야 이상국가가 될 수 있다는 철인정치론을 펼쳤다. 플라톤은 이상적인 인간을 교육하기 위해 이성을 가장 중요하고 핵심적인 교육의 대상으로 삼았지만, 그 전에 인격을 완성하고 영혼을 고양시키기 위한 핵심 기초교육으로 음악과 체육을 중시했다. 그는 음악이 욕망을 순화시킬 뿐 아니라, 맑고 깨끗하고 균형 잡힌 정서를 갖게 해준다면, 체육은 건강과 체력 증진은 물론 용기와 기개, 인내심과 침착성을 길러 준다고 생각했다.[2]

전인교육에 대한 다른 관점은 '체', '덕', '지' 순으로 접근하는 것이다. 인간의 본성을 이성보다는 감각과 감정에서 찾고, 이상보다는 현실, 합리보다는 경험, 객관보다는 주관 그리고 관념적 세계관보다는 개인의 삶을 중시하는 관점이 여기에 해당한다. 로크나 흄 같은 경험론자, 니체, 하이데거, 메를로퐁티와 같은 실존주의자 또는 현상학자, 그리고 동양의 노자 등이 크게 보면 이 그룹에 속한다. 이들은 감각과 경험의 주체이자 실존과 현상의 실체인 개인의 체體, 즉 몸을 중시한다.

'체'를 '덕'이나 '지'보다 중시한 대표적 사상가는 영국의 경험론자이자 근대 자유주의 사상의 시조인 존 로크John Locke다. 그는 이성보다 감각과 경험을 중시했다. 『교육에 관한 단상*Some Thoughts Concerning Education*』이란 책에서 로크는 감각의 기반인 신체가 가장 중요하며, 다음이 '덕'이고, 마지막이 '지'라고 주장했다. 그에게 교육의 목적은 체육, 덕육, 지육을 통해 나라를 이끌 만한 능력과 소양을 갖춘 건전한 인격의 신사를 양성하는 것이었다. 로크는 인간의 마음은 백지와 같아서 모든 관념은 경험을 통해 형성된다고 보고, 건강한 신체가 좋은 경험의 전제가 된다고 생각했다. 이런 로크에게 신체에 대한 교육이 가장 중요했던 것은 어찌 보면 당연한 논리적 귀결이다. 아울러 그는 교육을 통해 체력, 창조력, 위기극복 능력, 적응력, 지력이라는 다섯 가지 힘을 길러 줘야 한다고 강조했다. 320년 전에 최첨단 시대를 살아갈 인재의 모습을 그려냈으니 놀라운 일이 아닐 수 없다.

이러한 로크의 사상은 경험주의가 영국의 근대 교육체계의 기반이 되고, 체육이 교육의 중심축 가운데 하나로 자리매김하는 데 큰 영향을 미쳤다. 예를 들어, 영국의 많은 사회적 리더를 배출해 낸 명문 고등학교 이튼 칼리지에서는 화요일과 목요일 오후에 모든 학생이 의무적으로 스포츠 활동에 참여해야 한다. "나폴레옹을 워털루에서 쳐부순 영국의 힘은 이튼 칼리지의 운동장에서 길러졌다."라는 말이 괜히 나온 것이 아니다. 이러한 교육체계는 대서양을 건너 미국의 사립 및 공립 학교로 확산되었다. 영국이나 미국의 중·고등학교와 대학교가 과하다 싶을 정도의 훌륭한 스포츠 시설을 갖추고 스포츠 활동을 적극적으로 장려하는 이유도 이러한 교육철학에서 연유한다.

그렇다면 '지덕체'와 '체덕지'의 접근 중 어느 쪽이 더 바람직할까? 사실 이 세 가지 가운데 무엇이 더 중요한지를 따지는 일은 큰 의미가 없다. 마치 삼발이의 세 다리 중 어느 하나가 짧으면 바로 설 수 없는 것처럼 '지', '덕', '체'는 인간이 하나의 온전한 존재가 되기 위해 필수불가결한 요소다. 그럼에도 불구하고 표기 순서는 인간관과 세계관의 근본적인 차이를 드러낸다. '지덕체' 세계관은 객관화된 세계에 대한 이성적 이해를 개인의 주관적 경험과 실존적 삶보다 우선시하는 반면, '체덕지' 세계관은 그 반대다. 객관적 지식체계를 중시하는 '지덕체' 세계관은 그동안 학문과 과학기술문명의 발전을 가져오는 토대가 되었지만, 한편으로 개인의 삶이 소외되는 부작용을 낳은 점을 부인하기 어렵다. 보편적 지식은 인간을 평균으로 조율해 버린다. 그리하여 인간소외가 점점 더 심화될 인공지능 시대의 도래를 고려한다면, 그리고 그에 더해 현대 사회의 다원화되고 개인주의화된 특성을 인정한다면, '체덕지' 세계관이 대학의 미래지향적 교양교육과 더 잘 부합한다고 볼 수 있다.

'몸 교육'

우리는 로크의 교육관에서 한 발 더 나아가 새로운 '몸'에 대한 교육을 연역해 낼 수 있다.[3] '건강한 신체에 건전한 정신'을 강조했던 로크는 신체가 정신과 별개의 것이 아니라 신체를 통한 모든 경험이 개별 인격체를 형성하는 근간이 된다고 생각했다. 하지만 의사였던 로크는 『교육에 관한 단상』에서 신체에 대한 교육을 언급할 때 여전히 건강, 활력 등 몸의 신체적 기능적 측면에만 초점을 맞추었을 뿐 신체가 정신에 어떻게 영향을 미치는지에 대한 구체적인 설명은 제시하지 못했다. 몸에 대한 가장 혁신적인 관점을 제시한 사상가는 의식 일변도의 서양철학에서 '신체적 전회'를 일으킨 메를로퐁티Maurice Merleau-Ponty다. 그는 『지각의 현상학*Phénoménologie de la perception*』에서 인간의 몸이 정신을 담는 단순한 물리적 대상이 아니라 지각의 객체인 동시에 주체가 된다는 몸의 현상학을 주장한다. 이러한 메를로퐁티의 생각은 21세기 들어 뇌인지과학의 새로운 패러다임으로 떠오른, 인간의 의식은 몸 전체가 환경과 결합한 상호작용의 결과라는 체화주의적 관점으로 이어지고 있다. 여기서 우리는 신체에 대한 교육을 넘어 '몸 교육'이라는 확장된 개념을 건져 올릴 수 있다.

몸은 뼈와 살과 각종 기관으로 이루어진 물리적 대상이지만, 동시에 한 개인의 실존적·총체적 삶을 담아내는 인간 존재 그 자체이기도 하다. 전자를 한자로 '體'라고 표현한다면 후자는 '身'에 가깝다. '體'는 '骨'(뼈 골)과 '豊'(풍성할 풍)으로 구성되어 있다. 즉 뼈를 근간으로 여러 기관으로 구성된 자연적·물리적 객체로 인간의 몸을 보는 것이다. 그러나 '身'은 임신한 여성의 몸을 묘사한 상형문자로, 신체를 통해 드러나는 개인의 전인격적 삶과 현재 모습을 그대로 담아내고 있다. 『대학大學』에 나오는 '수신제가치국평천하修身齊家治國平天下'라는 문구에서도 '身'은 삶의 주체이자 자아 전체로서의 몸을 말한다. '몸 교육'은 곧 신육身育을 의미한다.

'몸 교육'은 개인의 삶을 이성이 아니라 몸을 통해서 바꾸는 교육을 말한다. 즉 개인을 보편적 인간관과 이념에 맞추는 것이 아니라, 독립적이고 능동적인 삶의 주체로 만드는 교육이다. 이런 '몸 교육'은 특히 실천하는 인간을 키우는 데 매우 중요한 역할을 한다. 왜냐하면 앞에서 말했듯이 실천이란 사유와 성찰에 대한 몸의 능동적 반응이기 때문이다. 타인과 세상을 지각하고 생각과 의지를 행동으로 옮기는 것은 결국 몸을 통해서 일어난다. 우리 몸은 이성의 명령을 수행하는 로봇처럼 작동하지 않는다. 환경과 상호작용하는 주체이자 객체로서 몸은 생물학적 나, 사회적 나, 그리고 심리적 내가 만나는 인문·사회·자연의 융복합 플랫폼이다. 정신과 신체는 분리될 수 없는 동일한 실체의 다른 측면이라는 스피노자의 생각은 현대 뇌인지과학에 의해서 사실로 밝혀지고 있다.

그럼에도 불구하고 대학의 교양교육은 아직까지 데카르트의 이성 중심적 인간관, 즉 정신과 신체는 분리되어 있으며 정신이 신체를 통제한다는 생각에 기반해 있다. 이러한 생각은 '머리 교육'을 통해 이성만 발달시키면 온전한 인간을 만들 수 있다는 착각을 불러일으킬 수 있다. 아쉽게도 이와 같은 착각이 우리의 무의식 속에 내재되어 있으며 대학 사회를 지배하고 있다. 이제 그 오래된 작은 이성의 감옥에서 벗어나야 한다.

그러기 위해서는 몸을 수단이자 대상으로 생각하며 다양한 관점에서 접근할 필요가 있다. 몸을 수단으로 접근한다는 것은 '머리 교육'과 '가슴 교육'에 체험을 적극적으로 활용하는 것을 말한다. 이것은 존 듀이John Dewey가 주장한 것처럼 '행함에 의한 학습learning by doing'을 통해 몸이 기억하는 지식과 역량을 습득하는 것이다. '머리 교육'은 지식을 머리로 이해하는 것에 그치지 않고 프로젝트나 실습 등 경험을 통해 체화시키는 것을 목표로 해야 한다. 타인을 배려하고 자연을 아끼고 보호하는 '가슴 교육'도 머리로 이해하는 것을 넘어 경험을 통해 몸으로 배워야 한다. 즉 '똑똑한 머리'와 '따뜻한 가슴'이 별개의 것이 아니라 하나의 몸으로 통합되는 것을 지향하는 것이다.

몸을 교육의 대상으로 접근하는 것은 조금 더 복잡하다. 인간의 몸은 크게 아픈 몸과 아프지 않은 몸으로 나눌 수 있다. 보통 전자를 illness, 후자를 wellness라고 부른다. 아픈 몸은 질병, 감염, 상해, 폭력 등 원인과 부위 그리고 정도에 따라 비교적 분명하게 나누어진다. 아픈 몸을 고치는 방법을 연구하는 분야가 의학이다. 한편 일반적으로 사람들은 아프지 않은 상태의 몸을 하나의 범주로 인식하는 경향이 있다. 그러나 이것은 마치 상하지 않은 와인을 다 같은 와인으로 취급하는 것과 같다.

아프지 않은 몸은 크게 '고통 없는 몸', '활력 있는 몸', '행복한 몸'으로 나눌 수 있다. '고통 없는 몸'이란 특별히 아픈 곳은 없지만 활력이 없는 몸을 말한다. 딱히 아프거나 고통을 수반하지 않지만 수시로 찾아오는 무기력, 원인 모를 피로, 권태와 짜증 등으로 활력을 느끼지 못하는 몸 상태를 말한다. 한편 '활력 있는 몸'이란 에너지와 생기가 넘치는 몸을 의미하며, 가벼운 몸과 생명력을 자각할 수 있는 상태다. 마지막으로 '행복한 몸'이란 자유의지를 가지고 몸과 마음을 한 가지 목표에 몰입함으로써 자신이 살아 있는 생명체라는 것을 실존적으로 느끼는 몸이다. 즉 자기 충족감과 행복감이 극대화되는 동시에 내적으로 한 단계 고양된, 일종의 '숭고하고 종교적인' 체험이 수반되는 몸을 말한다.

이런 분류를 바탕으로 몸에 대한 교육은 크게 세 가지 차원에서 진행되어야 한다. 첫째는 신체적 고통을 예방하거나 줄이는 방법에 대한 교육이고, 둘째는 운동을 통해 체력과 활력을 기르는 교육이며, 셋째는 '행복한 몸'을 경험하는 교육이다. '행복한 몸'은 몸의 다양한 감각을 통해 세상을 지각하며 신체를 능동적으로 움직이는 활동을 할 때 경험할 수 있다. 스포츠, 음악, 미술, 춤, 가구 만들기, 요리 등 이성에 억눌렸던 감각을 깨우고 몸을 자발적으로 움직이는 활동이 여기에 해당한다. 여행도 새로운 세상을 몸으로 직접 체험한다는 점에서 '행복한 몸'을 위한 활동이라고 할 수 있다. 그중에서도 신체를 움직이는 것 자체가 내재된 목적autotelic인 스포츠는 '고통 없는 몸', '활력 있는 몸'과 '행복한 몸'을 모두 경험하게 할 수 있는 '몸 교육'의 가장 적극적이고 효과적인 수단이다. 몸에 대한 세 차원의 교육은 우열을 가릴 수 없지만, '행복한 몸'에 대한 교육이야말로 첨단의 인공지능시대를 살아갈 우리 학생들에게 필요한 것이 아닐까.

'가슴 교육'

전인적 인간이 되기 위한 두 번째 교육은 덕육德育, 즉 '가슴 교육'이다. 따뜻한 '가슴'은 인공지능 시대를 살아가는 인간이 로봇과 구별되는 지극히 인간적인 처소다. '가슴 교육'은 현재 중·고등학교에서 '인성교육'이라는 이름으로 진행되고 있다. 그 근거는 '인성교육진흥법'이다. '인성교육진흥법' 제2조에 의하면, "인성교육이란 자신의 내면을 바르고 건전하게 가꾸고 타인, 공동체, 자연과 더불어 살아가는 데 필요한 인간다운 성품과 역량을 기르는 것을 목적으로 하는 교육"이다. 일부에서는 인성이 과연 교육할 수 있는 것인지에 대한 회의적인 시각과 인성에 대한 교육을 법으로 강제하는 것에 대한 거부감이 있는 것도 사실이다. 하지만 '인성교육진흥법'이 제정되었다는 사실은 법이 필요할 정도로 우리 학생들의 '가슴'에 심각한 문제가 있음을 역설적으로 보여 주는지도 모른다. 이런 맥락에서 대학도 '가슴 교육'에 관심을 가질 필요가 있다.

대학은 대학의 수준에 맞는 '가슴 교육'이 필요하다. '가슴 교육'은 자기성찰능력, 타인과 더불어 사는 능력, 자연과 공생하는 능력 배양이 핵심을 이룬다.

21세기 들어 인류가 직면한 양극화, 기후위기, 전염병, 자본주의와 민주주의의 위기, 인구고령화 등 수많은 과제는 결국 '인간과 인간의 공생', 그리고 '인간과 자연의 공생' 문제로 수렴된다. 2008년 미국에서 터진 금융위기를 통해 인류는 극단적 자유주의로 양극화가 심해지면 어느 순간 사회의 지속가능성이 무너질 수도 있다는 사실을 알게 되었다. 이것은 다른 사회구성원의 삶에 관심을 가지지 않으면 안 된다는 깨달음이었다. 이를 계기로 기업들은 사회적 책임 활동에 본격적으로 눈을 떴다. 한편 2020년 초에 발생한 코로나19 팬데믹은 인류가 인간 중심의 무한성장을 추구하며 생태계를 파괴한 결과라고 할 수 있다. 지구의 허파 역할을 하는 숲들이 벌목을 당하면서 서식지를 잃은 동물들이 인간에게 접근해 자신들의 바이러스를 퍼트리고 있고, 코로나19 바이러스도 서식지를 잃은 박쥐에서 옮겨온 것으로 알려져 있다. 이것은 인간이 자연과 공생해야만 생존할 수 있다는 사실을 일깨워 준다.

이와 같이 우리 앞에 놓인 많은 문제는 개인주의, 능력주의, 성장주의 중심의 사고방식만으로는 해결할 수 없으며, 인류 전체의 깊은 성찰을 필요로 한다. 자기성찰은 겸손의 출발이자 타인을 공감하고 배려하며 그들과 더불어 살 수 있는 능력의 기반이 된다. 또한 인간이 자연과 공존하고 과학기술을 올바르게 활용하는 능력을 키우기 위한 토대이기도 하다. 이런 까닭에 자신과 주위를 돌아보고 반성하는 자기성찰능력은 대학이 미래의 주역이 될 학생들에게 길러 줘야 할 '가슴 교육'의 핵심 덕목이라고 할 수 있다.

자신에 대한 성찰은 나를 둘러싼 환경에 대한 성찰로 이어져야 한다. 환경은 사회적 환경과 자연환경을 모두 포함한다. 먼저 타인에 대한 성찰을 바탕으로 공감과 배려, 공동체 의식, 팀워크 등 다른 사람과 더불어 사는 사회적 역량을 키워 줘야 한다. 타인의 입장을 이해하고 마음을 헤아릴 줄 알며, 다른 사람과 함께 문제를 극복하는 역량은 모든 것을 혼자 해결할 수 없는 미래 사회를 살아갈 학생들에게 필수적인 자질이다. 사회적 역량은 1가구 1자녀 위주의 핵가족 사회에서 성장하며 치열한 입시 경쟁을 뚫고 입학한 우리 학생들의 가장 취약한 부분이라는 점에서 더욱 관심을 가져야 한다.

또한 자연에 대한 성찰을 바탕으로 자연과 공생하는 능력을 배양하는 것 역시 중요하다. 과학기술 문명의 발전 속도는 이미 인류가 제어할 수 있는 수준을 넘어섰다. 그와 더불어 화석연료 사용, 무분별한 산림 벌목, 비닐 및 플라스틱 쓰레기 배출의 급격한 증가로 인해 지구온난화 속도가 빨라지면서 모두가 지구의 미래를 걱정해야 하는 상황이 되었다. 미래 사회에는 어떤 일을 하든 자연과 공존하기 위한 자세와 노력이 필요하다. 타인뿐 아니라 자연과의 공생능력을 배양하는 일도 대학의 '가슴 교육'이 담당해야 할 몫이다.

'머리 교육'

전인적 교육의 마지막 과정은 '머리 교육'이다. 인공지능과 4차 산업혁명 시대를 맞아 대학의 존재 가치가 위협받는 상황에서 '머리 교육'의 방식을 근본적으로 바꿔야 한다는 목소리가 힘을 얻고 있다. 정확한 예측치는 연구마다 다르지만 앞으로 인간의 일자리 가운데 많은 부분이 인공지능에 의해 대체되며, 수많은 직업이 사라지고 새로운 직업이 나타날 것으로 예상되고 있다. 산업혁명이 블루칼라 노동자들의 일자리를 위협했듯이, 인공지능은 화이트칼라 노동자들의 일자리를 위협하게 되는 것이다. 일자리의 급격한 변화는 필연적으로 관련 지식과 교육의 급격한 변화를 불러오기 마련이다. 예를 들어 산업혁명 이전에는 도끼로 나무를 베는 방법이 중요했다면, 산업혁명 이후에는 기계로 나무를 베는 방법이나 베어진 나무를 다양하게 활용하는 지식이 중요했다. 산업혁명 이후에도 나무 자체에 대한 지식은 여전히 중요하지만 나무를 확보하거나 활용하는 지식이 달라진 것이다.

이런 비유를 우리의 현실에 대입해 보면, 대학은 여전히 도끼로 나무 잘 베는 학생을 선발하고 키우는 데 머물러 있는 것은 아닌지 되묻게 된다. 인간이 근력으로 포크레인을 이길 수 없듯이 지력으로 인공지능을 이길 수 없다면, 우리는 앞으로 무엇을 어떻게 교육할 것인지에 대한 근본적인 질문을 다시 던져야 한다. 이에 대한 답을 얻기 위해서는 지켜야 할 것과 버려야 할 것, 추가해야 할 것을 구분할 필요가 있다. 지켜야 할 것은 시대 변화와 상관없이 보편적으로 학습해야 할 지식과 역량이고, 버려야 할 것은 인공지능이 대신하게 될 역량이다. 추가해야 할 것은 인공지능이 대체하기 어려운 고차원적인 사유능력과 다양한 디지털 자원을 활용하는 역량, 즉 디지털 문해력digital literacy이다.

이 중에서 가장 중요하고 시급한 것은 높은 차원의 사고 역량을 키우는 일이다. 앞에서, 사유하는 인재는 단순 지식 습득을 넘어 적극적으로 질문하고 능동적으로 문제를 찾아 정의하고, 창의적이고 도전적으로 문제를 해결할 수 있는 고도의 지적 역량을 갖추어야 한다고 얘기했다. 그런데 문제는 그런 역량을 키울 수 있는 검증된 노하우가 우리에게 아직 없다는 점이다. 이를 해결하기 위해서는 새로운 교수법을 개발하기 위한 체계적인 연구와 지속적인 노력이 뒤따라야 한다. 그리고 이러한 노력은 주입식 입시 교육에 길들여진 학생들의 사고를 바꾸기 위한 교육 패러다임의 변화로 이어져야 한다.

무엇보다 고차원적인 사고능력을 발휘하기 위해서는 디지털 문해력이 필요하다. 인공지능을 기반으로 한 디지털 시대가 도래하면 글을 읽고 쓰는 문해력은 물론이고 디지털 자원을 활용하는 디지털 문해력까지 갖추어야 자신의 이성적 능력을 보다 잘 펼칠 수 있다. 디지털 문해력이 없다는 것은 글을 모르는 것과 같은 일이 될 것이기 때문이다. 데이터를 기반으로 현상을 이해하고 다양한 디지털 자원과 기술을 활용해 과거에는 상상하기 어려웠던 지적 성취를 이룰 수 있는 세상이 다가오고 있다. 이런 세상에서 학생들이 잠재력을 충분히 발휘할 수 있도록 대학은 디지털 문해력을 학생들의 핵심 기초 역량의 하나로 인식하고 이를 배양하기 위한 체계적인 교육을 준비해야 한다.

전인교육의 미래지향적 방향

세상은 언제나 급변하고 인간은 언제나 거기에 기겁하면서 미래를 대비한다. 이 글에서는 최첨단 시대의 가장 앞자리에서 대학이 지향해야 할 인재상과 교양교육의 방향을 짚어 보았다. 그 구체적인 내용과 방법에 대해서는 대학 구성원 모두가 머리를 맞대고 진지하게 논의하며 함께 만들어 가야 한다.

이왕에 이 글이 각론을 다룰 수 없는 나침반 같은 것이라면 결론을 대신해 두 가지 방향성을 제안하고자 한다. 하나는 전인적 인간에게 필요한 덕목과 핵심 역량을 갖춘 제너럴리스트generalist 교육의 강화다. 그동안 교양교육은 전문가specialist를 양성하는 전공교육의 기초를 제공하는 기능적 역할에 머물렀던 것이 사실이다. 온전하지 못한 인간이 받은 전문가 교육은 모래 위에 쌓은 성과 같다는 사실을 우리는 너무나 잘 알고 있다. 인공지능의 발전으로 인간의 많은 전문 영역이 사라질 미래 사회에는 전인적 소양과 역량을 갖춘 제너럴리스트가 더욱 중요해질 것이다. 왜냐하면 인공지능이 대체하지 못하는 인간적인, 너무나도 인간적인 부분은 미래 사회에서도 변함없이 중요할 것이기 때문이다. 이 대체 불가능한 인간적인 것이 곧 제너럴리스트다. 그동안 학문 분야별 전문가 양성에 치우쳤던 대학이 앞으로는 미래 지향적인 전인교육에 더욱 적극적인 관심을 기울여야 하는 까닭도 여기에 있다.

다른 하나는 경험에 기반한 교양교육의 강화다. 지식과 이론을 중심으로 한 톱다운top-down 방식의 교육만으로는 더 이상 우리가 원하는 온전한 인재를 길러 낼 수 없다. 인류가 축적한 지적 유산을 이성으로 습득하는 톱다운 교육방식과 함께 개인의 다양한 실존적 체험을 바탕으로 인간의 삶을 변화시키는 보텀업bottom-up 교육방식이 조화를 이룰 때 전인적 인간을 양성하고자 하는 교양교육의 목적을 보다 잘 달성할 수 있다. 특히 성찰하고 실천하는 인재를 키우기 위해서는 후자의 접근 방식이 절실히 요구된다.

감염병이 인류의 목숨을 앗아 가고, 디지털 혁명이 아날로그 인간을 위협하며, 기후위기로 생태계가 파괴될 위험에 처해도 인간은 인간을 통해 그 위기에서 벗어날 것이다. 혼란과 위기를 기회로 바꾸어 인류를 한 걸음 더 진전시키는 것은 결국 인재다. 시대와 분야와 지역과 상황을 막론하고 대학이 키워 내야 할 인재는 '사유'하고, '성찰'하며, '실천'하는 인간이다. 이런 인재를 키우기 위해 새로운 인간관과 교육관을 바탕으로 미래지향적 교양교육을 모색해야 할 때다.

1. 이성은 지적 영역, 격정은 감정적 영역, 욕구는 육체적 쾌락의 영역에 해당하는 영혼을 의미한다. 플라톤은 인간이 이 중에서 오직 한 종류의 영혼만 소유한다고 믿었다.

2. 실제로 당대 최고 귀족의 자제였던 플라톤은 판크라티온(복싱과 레슬링이 융합된 스포츠 종목) 선수로 올림피아드와 함께 그리스 4대 제전 중 하나인 이스트미아 제전에 출전하여 두 차례나 우승한 경력을 가지고 있다. 이는 철학적 담론을 주도하는 서울대학교 철학과 교수가 전국체전 레슬링 선수로 출전하여 금메달을 두 번 딴 것과 같다.

3. 로크의 『교육에 관한 단상』은 그가 친구에게 아들 교육에 대해 조언하기 위해 썼던 편지를 묶어 만든 책으로, 남자 아동 및 청소년 교육에 초점을 맞춘 것이다. 따라서 로크의 체덕지(體德智) 교육관을 대학의 교양교육에 그대로 적용하기에는 무리가 있으며, 대학의 고등교육 맥락에 맞게 재해석할 필요가 있다.

보편적 지성을 위하여
— 존 헨리 뉴먼의 대학 이념

안병직

존 헨리 뉴먼John Henry Newman(1801-1890)은 영국 국교회에서 가톨릭으로 개종한 특이한 종교적 이력의 성직자였지만, 그의 생애에서 교회 못지않은 중요성을 지닌 것이 대학이었다. 그는 1817년 옥스퍼드 대학에 입학한 뒤 근 30여 년간 학생, 펠로, 대학 교회 목사 등으로 활동하며 이 대학과 인연을 맺었다. 그리고 가톨릭으로 개종한 뒤에는 아일랜드의 더블린에서 추기경의 신분으로 가톨릭 대학의 설립을 준비했고, 1854년 신설된 이 대학의 초대 학장을 역임했다. 그는 1850년대부터 대학교육을 주제로 강연과 저술 활동을 하면서, 1873년에는 그동안의 강론 원고들을 묶어 단행본으로 펴냈는데, 그것이 바로 『대학의 이념*The Idea of a University*』이다.[1] 뉴먼의 『대학의 이념』에 대해서는 근래까지도 한편으로는 "대학교육에 관한 가장 중요한 저술"이라는 찬사가, 다른 한편으로는 "변화하는 대학 현실에 적용 불가능한 낡은 전통의 산물"이라는 비판이 교차한다.[2] 뉴먼의 대학론에 대한 평가는 이처럼 엇갈리지만, 분명한 것은 고등교육과 대학 개혁의 논의에서 뉴먼이 빠짐없이 거론된다는 점이다. 이 글에서는 우선 『대학의 이념』을 중심으로 대학과 대

존 헨리 뉴먼

학교육에 관한 뉴먼의 논의를 살펴보고, 이어서 뉴먼에 대한 비판을 검토한 뒤, 마지막으로 뉴먼의 대학론이 오늘날 대학 현실과 관련하여 시사하는 바가 무엇인지 밝히고자 한다.

'보편적 지식'의 중요성

뉴먼은 『대학의 이념』 첫머리에서 대학을 "보편적 지식universal knowledge을 가르치는 장소"로 규정한다.[3] 이 간명한 정의에 뉴먼의 대학론의 핵심이 담겨 있다. 우선 뉴먼은 지식의 '증진'보다는 '전파'와 '확산'이 대학의 목표임을 천명하며 대학의 기능이 다른 무엇보다 교육에 있음을 주장한다. 뉴먼이 대학의 기능으로서 연구보다 교육을 강조하는 이유는 학생의 존재에 있다. 그는 대학이 '아카데미'처럼 학문 연구를 목표로 한다면 왜 학생이 필요한지 묻는다. 실로 대학에 관한 뉴먼의 논의는 전적으로 학생 및 학생 교육과 관련된다. 뉴먼에게는 학생의 존재야말로 대학의 존재 이유인 것이다. 뉴먼의 비유에 따르면 그것은 마치 병원이 병자를 위해, 양로원이 노인을 위해, 고아원이 고아를 위해 존재하는 것과 마찬가지다. 학생에게서 대학의 존재 이유를 찾는 뉴먼에게는 대학교육의 '주제'도 '학문'이 아니라 '학생'이다. 학문은 교육의 '소재'일 뿐이다. 그리하여 뉴먼은 지식의 제공 자체가 아니라 그것을 통한 학생의 지적 훈련과 성장을 대학교육의 최우선 목표로 꼽는다. 달리 표현하면 '지성의 함양'과 '지성인의 양성'이 대학의 사명이라는 것이다.[4]

뉴먼이 말하는 지성이란 사물을 보는 안목과 통찰력, 특히 사물을 관련지어 이해하며 상호 관련성을 중심으로 전체적으로 파악하는 지적 능력을 뜻한다. 뉴먼은 아리스토텔레스를 비롯해 인류가 배출한 위대한 지성인들을 언급하며 지성을 다음과 같이 규정한다. 그것은 "사물과 그것들의 상호적이며 진정한 관계에 대한 지식을 소유하는 것"으로서 "오래됨과 새로움, 과거와 현재, 멀리와 가까이를 관련지어 보는 것"이며, "이 모든 것들의 상호 영향력을 통찰하는 것"으로서 만약 "그것이 없다면 전체도, 중심도 없다."[5]

뉴먼에 따르면 지성은 천부적이기도 하지만 일반적으로 노력과 훈련을 통해 습득할 수 있는 것이다. 뉴먼은 지성을 교육에 의한 '정신의 확장' 혹은 '정신적 습관'이라 부르기도 한다. 실로 뉴먼에게 지성은 대학교육의 '특별한 열매'로서 대학을 다른 교육기관과 차별화하는 근거가 된다. 그러나 뉴먼은 '지성의 함양'과 '지식의 추구'를 구분한다. 뉴먼에 따르면 지성의 함양에는 지식이 필수 조건이자 수단이지만, 지식이나 학식이 곧 지성을 의미하는 것은 아니기 때문이다.

그렇다면 지성의 함양을 위해 대학이 할 일은 무엇인가? 뉴먼의 대학론 전체가 이 물음과 관련되지만, 그 답은 뉴먼의 표현을 빌려 한마디로 요약할 수 있다. 보편적 지식을 가르치는 장소라는, 대학에 대한 뉴먼의 정의에서 보듯 보편적 지식을 제공하는 것이 바로 그것이다. 보편적 지식이란 무엇인가? 뉴먼은 대학론 곳곳에서 보편적 지식을 '철학', '철학적 지식' 혹은 '자유지식' 등으로 바꿔 부르는데, 이때 철학이란 용어는 특정 분과 학문을 지칭하는 통상적인 것이 아니다. 뉴먼이 의미하는 철학이란 각 분과 학문들의 '관계' 및 '상호 연관성', 그리고 '각각의 가치'에 대한 '폭넓은 식견'이다. 달리 표현하면 보편적 지식이란 지식의 상호 관계, 혹은 지식의 '체계'나 '개요' 또는 '원리'에 관한 지식이라 할 수 있다.

보편적 지식에 대한 뉴먼의 논의에는 지식에 대한 그의 근본 신념이 깔려 있다. 즉 모든 종류의 지식과 학문은 마치 조물주의 작업처럼 상호 연결되어 전체적으로 하나를 이루며, 각각은 그 전체의 일부라는 것이다. 따라서 뉴먼에 따르면 특정 지식은 반드시 지식 전체의 일부로서, 전체적 관련 속에서 인식되어야 하는데, 이 특정 지식의 의미와 가치를 판별할 수 있는 지식이 바로 지식의 '모든 분야와 관련된', 즉 보편적 지식이다.

그리하여 보편적 지식은 엄밀히 말해 지식보다 지성의 영역에 속한다고 할 수 있다. 뉴먼도 보편적 지식을 가리켜 정신의 '상태' 혹은 '수준'으로 규정한다. 보편적 지식을 지식 일반과 구분해야 한다는 점은 뉴먼이 보편적 지식과 동의어로 사용하는 "자유지식 liberal knowledge"에 대한 언급에서 분명해진다. 뉴먼에게 자유지식이란 "외부"에서 "우연적으로" 얻을 수 있는 것, "책에서 쉽게 얻고 다시 잊어버리는 것", 원하는 대로, 필요에 따라 주고받으며 "오늘은 우리 것, 내일은 다른 사람의 것"이 될 수 있는 게 아니다. 그것은 "개별적"으로 "획득"하고 "소유"하며, 개인의 "습관"처럼 각자에게 고유하고 "내면"에 존재하는 것이다.[6]

뉴먼이 보편적 지식을 자유지식이라고 부르는 것은 그것이 보편적 지식의 본질을 잘 표현하기 때문이다. 자유지식의 '자유'란 말은 다른 어떤 것에도 종속되지 않고 그 자체로 독립적 가치를 지닌다는 뜻이다. 즉 자유지식이란 지식의 추구 자체가 목적인 지식, 달리 표현하면 다른 목적을 위한 수단이나 도구가 아니라 '그 자체가 목적인 지식'이다. 뉴먼은 이 보편적 지식과 자유지식이야말로 대학교육의 본질임을 강조하며, 자유지식을 추구하는 대학교육을 "자유교육liberal education"이라고 부른다. 뉴먼은 자유교육의 목표를 "탁월한 지성, 그 이상도 이하도" 아니라고 규정한다. 그리고 그는 지성이란 특수하거나 부수적인 용도, 즉 특정 '기술직trade'이나 '전문직profession', '학문' 등이 아니라 스스로를 위해, 그 자체를 목표로 훈련되어야 한다고 역설한다.

'자유교육'의 이념

뉴먼은 자유교육을 대학교육의 본령으로 규정하면서 특히 자유교육의 효용과 가치를 설명하는 데 강론의 많은 부분을 할애한다. 이는 지성의 함양 자체를 대학교육의 목표로 설정하는 데 누구나 동의하지는 않으리라는 점, 다시 말해 대학에서의 학업을 직업 활동이나 경력을 위한 준비 과정으로 인식하는 이도 적지 않다는 점을 의식한 것이다. 뉴먼에 따르면 실용성이라는 잣대로 지식과 교육을 평가하려는 경향은 역사적으로 오래된 것이고, 자기 당대에도 목격하는 것이다. 뉴먼은 자유교육 비판자들이 제기하는 문제가 무엇인지 잘 인지하고 있다. 뉴먼에 따르면 그들은 자유교육이 "어떻게 작업장을 개량하거나, 농토를 개선하며, 시민경제를 향상시킬지 가르쳐 주지 않으며", "법률가, 엔지니어, 의사를 만들지도 […] 각 학문에서의 발견에 이르지도 못할 것"이라고 주장한다. 한마디로 그들은 "시장에서 자유교육이라는 상품의 실제 가치가 무엇인가?"라고 따진다.[7]

뉴먼은 자유교육에 대한 뿌리 깊은 불신과 반대에 맞서 다양한 논변으로 자유교육을 옹호한다. 우선 뉴먼은 고대 로마의 철학자 키케로Marcus Cicero를 앞세워 자신의 자유교육론이 고전적 전통과 맥이 닿아 있음을 강조한다. 즉 키케로는 지식의 추구를 의식주 등 기본 욕구의 충족을 넘어 자유로운 존재로서 인간이 누릴 수 있는 행복의 조건으로 보고, 지식 자체가 갖는 즐거움과 가치를 높이 평가했다는 것이다. 키케로와 마찬가지로 뉴먼도 지성 그 자체의 가치를 강조한다. 뉴먼에게 지성이란 '습관'의 형태로 우리 안에 존재하는 것만으로도 가치 있는 것이다.

뉴먼은 자유교육의 의미와 가치를 건강에 비유하는데, 뉴먼에 따르면 신체의 건강은 그것이 가져다줄 이점과 무관하게 그것만으로 좋은 것이며, 그것만으로도 노력할 가치가 충분한 것이다. 정신도 몸과 마찬가지다. 건강을 위해 운동하고 몸을 단련하는 것처럼 탁월한 수준의 지성에 도달하기 위해 정신을 가꾸고 훈련하는 것도 그 자체로 가치 있고 좋은 것이다. 자유교육을 좋은 것이라고 평가하는 뉴먼은 좋은 것은 곧 유용한 것이라는 논리를 통해 유용성을 잣대로 한 자유교육 반대론을 반박한다. 뉴먼은 '좋음'과 '유용함'은 각각 별개의 가치라는 점을 인정하면서도, 유용하다고 반드시 좋다고 할 수는 없지만, 좋은 것은 언제나 유용한 것이라고 주장한다. 왜냐하면 좋은 것은 또 다른 좋은 것을 가져오고 재생산한다는 점에서 좋음을 전파, 확산하는 '축복'이자 '선물', '힘'이기 때문이다.[8]

자유교육도 그렇다. 뉴먼에 따르면 '기계적'이고 '상업적' 의미가 아니라 '고차원의', '진정한' 의미의 유용함이라면 자유교육은 진정으로, 그리고 전적으로 유용하다. 뛰어난 지성은 그 자체로 아름답고 완벽하며 고귀할 뿐 아니라 그 소유자, 그리고 그를 통해 그 주변, 나아가 온 세상에 유용하다는 것이다. 뉴먼은 자유교육이 왜 유용한지 다음과 같이 설명한다.

> 생각하고, 따지고, 비교하며, 구별하고 분석하는 것을 배운 사람, 안목을 다듬고 판단력을 키우고 정신적 통찰력을 날카롭게 한 사람은 물론 곧바로 법률가나 변호사, 웅변가, 정치인, 의사, […] 지리학자가 되진 않겠지만, 내가 언급한 학문이나 직업 중 하나를, 혹은 그의 취향이나 특별한 재능에 따라 다른 어떤 것을 쉽게, 흔쾌하게, 능숙하게, 성공적으로 시작할 수 있는 지적 상태에 도달할 것이다.[9]

결국 뉴먼이 말하는 자유교육의 유용성은 그가 지성의 특징으로 꼽는 '다재다능versatility', 즉 다방면에 걸친 지성의 잠재력이다. 뉴먼에 따르면 지성이란 어떤 분야에 종사하든 유능한 인재로서 능력을 발휘하게 하는 정신적 힘으로서 지성을 위한 지적 훈련, 즉 자유교육이야말로 대학교육의 본령이다.

이처럼 뉴먼은 대학교육에 대한 실용적 관점을 비판하고 자유교육을 옹호하지만, 대학에서 전문적 직업교육을 배제하자고 주장하는 것은 아니다. 뉴먼은 대학이 법학, 의학, 공학 등 직업 활동을 위한 교육을 제공하는 것 자체를 반대하지는 않는다. 오히려 뉴먼에 따르면 보편적 지식을 추구하는 대학은 가급적 모든 분야의 지식과 학문을 교육과정에 포함시켜야 한다. 뉴먼이 주장하는 바는 단지 직업을 위한 전문교육이 대학교육의 목표가 되어서는 안 된다는 것이다. 다시 말해 대학에서는 직업교육을 따로 분리하지 않고 자유교육의 토대 위에서, 자유교육과 긴밀한 관련 아래 행해야 한다는 것이다.

뉴먼에 따르면 자유교육과 분리된, 자유교육이 배제된 전문교육은 지성을 편협하고 황폐하게 만든다. 뉴먼은 전문교육을 분업에 비유한 당대의 논변을 인용하며 그 폐단을 지적한다. 즉 '산업적 분업'은 유용할지 몰라도 '정신적 분업'은 지성의 힘을 위축시키므로 위험하다는 것이다. 보편적 자유교육이 배제된 채 한 가지 직업교육에 매몰될 경우 인간은 기계의 부품처럼 그 자리에서는 유용하지만 거기서 벗어나면 쓸모가 없고 가치를 상실하게 된다. 뉴먼에 따르면 특정 직업 교육과 활동을 통해 "머리부터 발끝까지 그 직업의 옷으로 뒤덮인" 사람은 '지성인'이 아니라 '직업인'일 뿐이다. 그는 여럿이 무리 지어 '벤치bench'에 앉았을 때는 강할지 몰라도, 혼자 '의자chair'에 앉았을 때는 전혀 그렇지 못하다. 독립적이고 자유로운 존재로서 개인적 기량과 덕목, 취향을 상실한 그에게 다른 사람들은 어떤 것도 기대할 수 없고, 그 역시 아무것도 제공할 수 없다.[10]

지성의 힘을 갖지 못한 이에게는 기대할 것이 없다는 지적은, 지성이 그 소유자뿐 아니라 온 세상에 유용하다는, 앞서 언급한 뉴먼의 주장과 맥을 같이한다. 그것은 뉴먼에게 지성의 유용성이란 궁극적으로 개인의 수준을 넘어 사회적 차원에 이르는 것임을 시사한다. 실제 뉴먼은 대학교육에 실용적 목표가 있다면 그것은 바로 '사회의 훌륭한 구성원'을 훈련하는 것이라고 천명한다. 개인은 지성을 키움으로써 사회에 대한 의무도 이행하게 된다는 것이다. 뉴먼은 대학교육의 쓰임새를 '기술art'로 규정하고 다음과 같이 말한다.

> 그 기술은 사회적 삶을 위한 기술이며, 그 목표도 세상에 적응하는 것이다. 대학교육은 한편으로 특수한 전문 직업교육에 시야를 국한시키지도, 다른 한편으로 영웅을 창출하거나 천재를 길러 내지도 않는다. […] 대학에서의 훈련은 위대하지만, 평범한 목표를 향한 위대한, 보통의 수단이다. 그것은 사회의 지적 기풍을 향상시키는 것, 공공정신을 함양하는 것, 국민적 취향을 순화하는 것, 대중의 열망에 진정한 원칙과 확고한 목표를 제공하는 것, 시대의 이념을 확장 또는 절제시키는 것, 정치적 힘의 행사를 촉진하는 것, 그리고 사생활에서의 교류를 품위 있게 하는 것을 목표로 한다.[11]

'자기교육'의 장으로서의 대학

보편적 지식과 자유교육에 대한 뉴먼의 강론이 대학에서 학생들에게 '무엇을' 교육할 것인가와 관련된다면, 강론의 또 다른 주제는 학생을 '어떻게' 교육해야 하는가 하는 문제다. 지식의 상호 관련성을 강조하는 뉴먼은 대학교육이 특정 학문이나 지식 부야에 편중

되는 것을 가장 경계한다. 대학의 학업이 단순히 하나의 학문 영역에 국한될 경우, 특정 지식을 추구하는 데는 유리할지라도, 학생의 정신은 축소되기 때문이다.

뉴먼에게 교육이란 '지식 간 소통'을 의미하므로 대학이 학생들에게 제공하는 학문과 지식의 영역을 가급적 확대하는 것이 중요하다. 뉴먼의 비유에 따르면, 한 색상의 색감이 다른 색상과의 조합에 따라 달라지듯 특정 지식에 대한 교육도 어떤 지식과 연결되느냐에 따라 그 효과가 달라지기 때문이다. 뉴먼에게 개별 학문의 의미와 가치는 다른 학문과의 관계에 의해 결정된다. 따라서 뉴먼은 학문과 지식의 다양한 영역이 함께 모여 있는 것이야말로 다른 어떤 교육기관도 가질 수 없는 대학만의 장점임을 지적하며 다음과 같이 역설한다.

> 자신의 학문에 열정적이고 서로 경쟁하는 일단의 학자들이 모여 [...] 각각의 연구 주제가 내건 주장들과 주제들 간의 관계들을 조정한다. 그들은 상호 존중하고 협의하고 협력하게 된다. 그리하여 하나의 맑고 뚜렷한 사색의 분위기가 만들어지는데, 학생 역시, 비록 많은 학문 가운데 몇몇만 추구하더라도 그 분위기를 호흡한다. 학생은 주제의 선택에서 자신을 지도하고, 선택한 주제를 정해진 대로 설명해 주는 특정 교사에 종속되지 않는 지적 전통의 혜택을 누린다. 학생은 그렇지 않으면 이해하지 못했을, 지식의 큰 개요, 지식이 토대를 둔 원칙, 지식을 구성하는 부분들의 비율, 지식의 빛과 그림자들, 장점과 약점들을 이해하게 된다.[12]

이처럼 뉴먼은 특정 교사로부터 독립된 지적 전통을 학생들이 대학에서 누릴 수 있는 큰 이점으로 꼽는다. 그렇다면 보편적 시식을 '가르치는' 장소라는, 대학에 대한 뉴먼의 정의는 오해의 소지가 있다. 엄밀히 말해 뉴먼에게 대학은 통상적 의미의 '가르침', 즉 학생에게 교수가 일방적으로 지식을 전수하는 장소가 결코 아니기 때문이다. 우선 뉴먼은 당대 대학에서 교수의 역할에 비판적이다. 뉴먼이 보기에 그들은 상호 "공감"과 "교류", "공통의 원칙"도 없이, "자신을 잘 알지도 못하는" 학생들을 대상으로 "폭넓은 철학으로 연결되지 않은 주제"들을 가르친다. 그리하여 그들은 학생들을 지적으로 고양하기는커녕 오히려 그들의 정신을 축소하고 약화시키는 오류를 범한다.[13]

뉴먼에 따르면, 대학교육의 목표인 지성을 기르기 위해서는 '진정한' 혹은 '살아 있는' 가르침이 필요하다. 그가 말하는 진정한, 살아 있는 가르침이란 교사들의 직접적인 교수instruction에서 독립된 학생들의 자기교육self-education이다. 뉴먼이 말하는 대학에서의 자기교육은 다음과 같다.

> 많은 수의 젊은이, 예민하고 개방적이고 공감적이며 집중하는 젊은이들이 모여 자유로이 섞일 때, 비록 가르치는 사람은 없더라도 그들이 서로 배울 것은 확실하다. 모든 사람들의 대화는 각자에게 일련의 강연이고 그들은 매일 스스로 착상과 견해, 새로운 생각거리, 판단과 행위의 뚜렷한 원칙들을 얻는다. […] 젊음의 공동체는 하나의 전체를 구성하고, 하나의 특별한 이념을 구현하며, 하나의 신조를 표방하고, 하나의 행위 규범을 실행하며, 사고와 행위의 원칙들을 제공할 것이

다. 그것은 살아 있는 가르침을 가져오는데[…].[14]

뉴먼에 따르면 대학의 학생들이 지성에 이르는 길은 교사가 제공하는 단편적이고 세분화된 지식을 수동적으로 수용하는 것이 아니라 스스로 배우고 깨우치는 데 있다. 그리하여 그는 학생들에게 강의실 대신 도서관을 권한다. 독립된 정신의 소유자라면 기본교육을 받은 뒤에는 도서관을 찾아다니며 책을 읽고 사색을 이어 가는 것이 훨씬 더 유익하다는 것이다. 교사의 일방적인 가르침보다 "어떤 형태든, 비록 가장 극단적 의미"라도 학생의 자기교육을 선호하는 뉴먼에게는 대학의 진정한 역할도 학생들의 자기교육을 뒷받침하는 데 있다. 그리하여 뉴먼이 원하는 대학은 "기숙사"와 "튜터의 지도" 없이 강의만 듣고 시험만 통과하면 학위를 주는 대학이 아니다. 뉴먼은 그런 "소위so-called 대학"과 "교수나 시험관 없이 일단의 젊은이를 단지 3-4년간 함께 모아 놓고 […] 세상 모든 학문의 존재를 알려 주는 것 외에 아무것도 하지 않는 대학" 사이에서 선택해야 한다면 주저 없이 후자를 택하겠노라고 천명한다.[15] 결국 뉴먼이 생각하는 이상적인 대학은 교수가 학생에게 기성의 지식을 전수하는 곳이 아니라 사색과 토론을 통해 학생 스스로 새로운 지식을 탐구하는 곳이다.

대학이란 자기교육의 장소가 되어야 한다는 뉴먼의 주장은 교육에 대한 당대의 인식을 비판하는 것이기도 하다. 뉴먼은 자신의 시대에는 증기기관이 물질에 영향을 미치듯 인쇄기가 정신에 영향력을 행사한다고 주장한다. 사람들은 날로 증가하는 새로운 지식을 기계적·수동적·피상적으로 받아들일 뿐이라는 것이다. 교육을 '고차원의 용어'라고 표현하는 뉴먼에게는 단지 지적 호기심과 흥미를 충족시키는 것만으로 교육이 될 수는 없다. 뉴먼에게 교육이란 잡다한 지식이 아니라 폭넓은 지성을 갖추는 것이며, 이를 바탕으로 지식을 준비하고, 준비된 정도에 따라 지식을 습득하는 것이다. 따라서 교육은 결코 몰개성적인 것이 아니다. 교육에는 배움을 위한 각 개인의 분발, 집중, 노력이 뒤따르며, 개별 수준에 따라 기초, 향상, 완성의 단계가 빠질 수 없다. 대학교육도 마찬가지다. 뉴먼에 따르면 대학은 '주물공장'이나 '조폐소'처럼 익명의 학생들을 일률적으로 취급하며 판에 박은 듯한 정형화된 인물을 배출하는 곳이 결코 아니다. 뉴먼은 흔히 대학을 가리켜 "수양모Alma Mater"라고 부른다는 사실을 환기시킨다. 대학은 교육과정에서 학생 개개인을 잘 알고, 그들의 개성을 존중하고 배려하는 어머니 같은 존재라는 것이다.[16]

비판과 반론

대학의 사명을 전문적 학술 연구나 직업교육이 아니라 보편적 지성을 위한 자유교육에서 찾는 뉴먼의 대학론에 대해서는 여러 가지 비판이 제기된다.[17] 그중 하나는 뉴먼의 대학 이념은 흘러간 시대와 낡은 전통의 산물일 뿐 오늘날 대학에 적용하기란 불가능하다는 것이다. 즉 지성인의 양성을 대학의 역할로 강조하는 뉴먼의 주장은 19세기 대학, 특히 뉴먼이 이상화한 옥스퍼드 대학의 전통을 반영한 것으로서, 대학교육을 장차 사회 지도자가 될 소수 엘리트를 위한 사회화 과정 정도로 인식하는 것에 불과하다는 비판이다. 반면 20세기 이래 대학은 대중화되었고, 일반적인 지적 훈련에 대한 개인의 필요를 넘어 전문적인 직업교육에 대한 사회의 수요에 부응해야 하는 과제를 안고 있다. 한마디로 오늘날 대학은 단일한 특정 이념으로 규정하기 어려운 다양한 기능을 수행한다는 점에서 뉴먼의 대학론에서 대학의 현재와 미래를 이끌 지침을 찾기는 어렵다는 것이다.

뉴먼의 대학론에 제기되는 또 다른 비판은 뉴먼이 대학의 교육 기능만 강조하고 연구 기능은 간과했다는 것이다. 이른바 '연구중심대학'이라는 슬로건이 보여 주듯 연구는 오늘날 대학의 핵심 기능으로 자리 잡고 있으며, 이미 뉴먼 당대에 독일이나 미국, 스코틀랜드 등에서는 대학의 연구 기능에 주목하는 새로운 움직임이 나타나기 시작했다. 그 점에서 뉴먼은 대학이 당면한 시대의 변화에 무지하거나 둔감했다는 비판이 제기된다.

뉴먼이 대학교육의 본질로서 그 중요성을 역설한 자유교육도 비판의 대상이다. 뒤돌아보면 뉴먼의 자유교육론은 인문학의 전성기가 끝나 가던 시대의 산물이다. 즉 지식의 추구 자체가 목적인 뉴먼의 자유교육론은 문학, 역사, 철학 등 인문학 분야에 대학교육의 중점을 두는 것으로서, 과학과 기술의 발전에 따라 위협받는 인문학의 위기의식을 반영한 것일 뿐이라는 비판이다.

뉴먼에 대한 이런 비판들을 잘못된 것이라고 할 수는 없지만 적절한 것이라고 하기는 어렵다. 그것들은 뉴먼의 논점을 정확하게 이해한 것이 아니기 때문이다. 예컨대 뉴먼의 자유교육론에 대한 비판이 그렇다. 대학교육은 지식 그 자체를 목적으로 해야 한다는 뉴먼의 주장은 대학이 추구해야 할 지식의 성격과 본질에 관한 것이지, 교과과정처럼 그 내용에 관한 것이 아니다. 물론 뉴먼은 지성을 위해서는 역사나 철학 등 이른바 '자유교과liberal arts', 특히 고전 학습이 중요하다는 점을 지적하지만, 그럼에도 자유교육의 내용에 관해서는 구체적으로 언급하지 않는다. 뉴먼은 운동과 음악을 예로 들며 어떤 행위가 자유로운 행위에 속하는지에 대해서는 논란이 있음을 인정하면서, 자유교육이란 하나의 '원형적 이념'이고 그 구체적인 내용은 역사적으로 변화할 수 있음을 밝힌다.[18]

뉴먼이 대학의 기능 중 연구의 중요성에 무관심하다는 비판도 재고해야 한다. 뉴먼이 대학의 역할을 연구가 아니라 교육에서 찾고 있음은 분명하다. 그럼에도 그가 대학의 연구 기능을 도외시하고 대학의 기능을 교육에 국한한다고 보는 것은 지나친 주장이다. 대학에 관한 뉴먼의 강연이나 에세이에는 대학이 연구와 무관한 곳이 아님을 은연중에, 그러나 명확히 언급하는 부분들이 있기 때문이다.

뉴먼이 대학의 기능에서 연구보다 교육을 중시하는 데는 연구와 교육 능력은 별개의 것이며, 학자로서의 연구 역량이 곧바로 교사로서의 교육 역량으로 이어지지 않는다는 믿음도 작용한다. 즉 교수의 역할을 우선적으로 학생 교육에서 기대하는 뉴먼으로서는 교육이 연구 활동에 부수되거나 종속되지 않고 독립적 가치를 지니며, 교육에는 연구와 다른 특별한 재능과 노력이 요구된다는 점을 강조할 필요가 있었을 것이다.

나아가 뉴먼이 대학의 목표로 설정한 보편적 지성의 함양이라는 관점에서 보면 사실 연구에 큰 비중을 두기 어려운 면도 있다. 뉴먼은 연구란 지적 분업과 전문화를 의미하고, 전문적 연구가 학문과 지식의 발전에 기여하더라도 학생의 교육에는 오히려 부정적 영향을 미칠 수 있다고 믿는다. 뉴먼에 따르면 고도로 전문화된 연구는 지적 관심을 제한해 지성의 발달을 저해하기 때문이다. 교수들의 연구 활동을 통해 학문 자체는 발전하지만 연구자 자신은 지성의 측면에서 오히려 후퇴할 수도 있다는 것이다.

한편 대학의 연구 기능에 대한 뉴먼의 인식을 평가할 때 결코 간과해서는 안 될 점이 있다. 이미 살펴본 것처럼 뉴먼은 대학교육의 핵심으로 학생의 자기교육을 강조하고 있다는 사실이다. 학생 스스로의 지적 탐구 활동을 의미하는 뉴먼의 자기교육은 달리 표현하면 오늘날 대학에서 학생들의 자기주도학습을 강조하며 내거는 슬로건, 즉 '연구를 통한 배움learning by research'이라 할 수 있다. 그리하여 자기학습의 형태로 학생들 차원에서 이뤄지는 연구 활동을 고려하면, 연구는 뉴먼에게도 대학의 주요 기능이라 할 수밖에 없다.

뉴먼의 대학론 전체에 대한 비판, 즉 뉴먼의 대학 이념은 20세기 이후 대학의 현실과 거리가 있는 비현실적 이상론에 불과하다는 주장 역시 문제가 있다. 뉴먼의 이념과 오늘날 대학이 처한 현실 사이에 큰 간극이 있음은 분명하지만, 그것만으로 뉴먼에 대한 비판이 정당화될 수는 없다. '하고 있는 일'이 '해야 할 일'을 대체할 수는 없으며, 현실 자체에 문제가 있다면 그 현실이 비판의 잣대가 될 수는 없기 때문이다. 대학은 오늘날 여러 가지 문제를 안고 있으며, 뉴먼의 대학 이념은 그 현실을 돌아보고 문제를 해결하는 데 유용한 길잡이 역할을 할 수 있다. 예컨대 오늘날 대학의 가장 큰 문제점 가운데 하나는 학생 교육, 특히 학부생 교육에 있다는 점을 고려하면 뉴먼이 대학의 존재 이유를 학생의 존재에서 찾는다는 사실은 주목받아 마땅하다. 특히 대학은 학생 교육에서 조폐소나 주물공장이 아니라 수양모 역할을 해야 한다는 뉴먼의 주장은 학생들을 대중화된 집단 내 익명의 존재로 방치하는 오늘날 대학의 현실에 경종을 울린다.[19]

지성, 보편적 지식, 그리고 자유교육의 중요성에 대한 뉴먼의 신념도 여러모로 되새길 만한 가치가 있다. 뉴먼의 이념은 우선 대학교육에서 전공에 국한되지 않는 일반교육의 의미와 중요성을 다시 인식하고 전공교육과 일반교육의 관계를 재검토하게 한다. 대학교육에 대한 뉴먼의 신념은 한마디로 대학은 대학이 아니면 안 되는, 즉 직업 세계에서는 불가능한 교육 기회를 제공해야 한다는 것이다. 뉴먼에게 그것은 지성의 함양이다. 지성은 당장 특정 직업에 활용하지 못하더라도 대학교육 이수자라면 누구나 갖춰야 할 지적 능력이다. 그런데 세부 전공으로 파편화된 교육을 통해 뉴먼이 강조하는 지성에 이르기는 요원하다. 이해력, 사고력, 판단력, 표현력 등 지성의 영역에 속하는 지적 능력을 기르기 위해서는 전공교육보다 일반교육, 특히 읽고, 생각하고, 쓰는 훈련을 중시해야 한다.

물론 특정 직업 활동이나 경력과 결부되지 않은 대학교육을 상상조차 하기 어려운 것이 오늘날 현실이고, 그 점에서 뉴먼의 자유교육론을 받아들이기란 쉽지 않다. 심지어 자유교육에 가장 가깝다고 할 수 있는 인문학 분야조차 일반교육보다는 전공교육에 치중하는 경향이 강하다.[20] 하지만 대학교육을 곧바로 직업 및 직업적 경력과 결부된 전공교육과 동일시하는 바로 그 점이 현 대학교육의 맹점이다.

오늘날 우리는 첨단 과학기술의 비약적 발전으로 지식의 영향력이 극대화되는 현상을 경험하는데, 이 새로운 사회 변화들은 직업 활동을 위한 도구적·기능적 지식 대신 보편적 지식의 중요성을 강조한 뉴먼의 신념을 단연 돋보이게 한다. 지식이 중심이 되는 사회에서는 새로운 지식에 대한 요구가 끊임없으며, 이에 따라 지식과 기술의 생명주기가 짧아지고, 지식이 정보가 되어 대규모로 유통되는 현상이 나타난다. 지식의 창출과 전파의 중심으로서 대학의 지위를 위협하는 이런 변화에 대응하려면 뉴먼이 말하는 '보편적 지식', 즉 '지식의 근원에 관한 지식'의 중요성을 재인식해야 한다. 지식중심사회에서 대학교육은 지식 탐구의 결과보다 과정에, 개별 지식의 내용과 응용보다 지식의 일반 원리와 지식 창출 방법에 초점을 맞춰야 하기 때문이다.

지식의 역할이 증대함과 더불어 오늘날 사회는 고도로 분화되고 사회 각 부분이 전문화되면서도 동시에 상호 의존성이 증대하는 경향도 뚜렷하다. 이런 사회에서는 부분을 넘어 전체, 현상을 넘어 본질, 경계를 넘어 상호 연관성을 파악하는 통찰력과 안목이 필요하다. 바로 그 점에서 특정 분야에 국한되지 않는 폭넓은 지성과 보편적 지식을 대학교육의 목표로 설정한 뉴먼의 대학 이념은 재평가되어야 한다. '다재다능'을 지성의 특성으로 꼽았던 뉴먼은 학생들이 대학에서 현재의 필요에 머무르기보다는 미래의 새로운 문제 해결에도 적용 가능한 지식을 습득하길 원했다. 그래서 만약 우리가 대학교육이란 현재뿐 아니라 미래 사회를 위한 것이고, 대학교육의 목적도 예측 불가능한 미래의 새로운 변화에 창의적으로 대응할 수 있는 인재 양성에 있다는 생각에 동의한다면, 뉴먼의 대학 이념은 여전히 생명력을 가질 것이다.

1. J. H. Newman, *The Idea of a University Defined and Illustrated: I. In Nine Discourses Delivered to the Catholics of Dublin* (1852); *II. In Occasional Lectures and Essays Addressed to the Members of the Catholic University* (1858), edited by I. T. Ker (Oxford University Press, 1976).

2. 뉴먼의 대학론에 대한 찬사는 J. Pelikan, *The Idea of the University, A Reexamination* (Yale University Press, 1992), pp. 6-7, 비판은 J. M. Roberts, "The Idea of a University Revisited", in I. T. Ker and A. G. Hill (eds.), *Newman after a Hundred Years* (Oxford University Press, 1990), pp. 193-222 참조.

3. J. H. Newman, "*The Idea of a University* Defined and Illustrated", in F. M. Turner (ed.), *The Idea of a University* (Yale University Press, 1996), preface, p. 3.

4. Newman, *The Idea of a University*, pp. 4-5, 7, 92. 이하 *The Idea of a University*의 인용은 터너(F. M. Turner)의 편집본에 의거함.

5. Newman, *The Idea of a University*, p. 98.

6. Newman, *The Idea of a University*, p. 85.

7. Newman, *The Idea of a University*, p. 110. 뉴먼이 언급하는 자유교육 비판자들은 삶과 무관한 '비생산적' 지식을 거부한 고대 로마의 정치가 카토(Cato the Elder), 교육의 유용성을 직업과의 관련성에 국한한 17세기 영국의 철학자 로크(John Locke), 개인이 아니라 사회적 실용성의 관점에서 옥스퍼드 대학의 고전교육 전통을 비판한 당대 스코틀랜드 언론 『에든버러 리뷰(*Edinburgh Review*)』 등이다.

8. Newman, *The Idea of a University*, pp. 115-118.

9. Newman, *The Idea of a University*, p. 118.

10. Newman, *The Idea of a University*, pp. 119-122.

11. Newman, *The Idea of a University*, pp. 125-126.

12. Newman, *The Idea of a University*, p. 77.

13. Newman, *The Idea of a University*, pp. 107-108.

14. Newman, *The Idea of a University*,

pp. 105-106.

15. Newman, *The Idea of a University*, pp. 105, 108.

16. Newman, *The Idea of a University*, pp. 103-105.

17. 뉴먼을 비판하는 서술에 관해서는 M. M. Garland, "Newman in His Own Day", in F. M. Turner (ed.), *The Idea of a University*, pp. 265-281; J. M. Roberts, "The Idea of a University Revisited", in I. T. Ker and A. G. Hill (eds.), *Newman after a Hundred Years*, pp. 193-222 참조.

18. Newman, *The Idea of a University*, p. 83. 운동이나 음악이 자유로운 행위에 속하는가 여부는 그 목표가 훈련 자체인가, 아니면 경기 또는 경연인가에 따라 결정된다는 것이다.

19. 뉴먼의 대학 이념은 최근 재평가받고 있는데, 이에 관해서는 W. G. Tierney, "Portrait of Higher Education in the Twenty-first Century: John Henry Newman's 'The Idea of a University'", *International Journal of Leadership in Education*, vol. 19, no. 1 (2016), pp. 5-16; J. M. Marín, "Newman's Idea of a University Makes Sense Today", *Christian Higher Education*, vol. 2, no. 3 (2003), pp. 197-211; A. MacIntyre, "The Very Idea of a University: Aristotle, Newman, and Us", *British Journal of Educational Studies*, vol. 57, no. 4 (2010), pp. 347-362; F. E. Bara, "Wilhelm von Humboldt, Cardinal John Henry Newman, and José Ortega Y Gasset. Some Thoughts on Character Education for Today's University", *Journal of Character Education*, vol. 11 (2015), pp. 1-20 참조.

20. 서울대학교 인문대학은 '학문 후속 세대의 양성'을 주요 교육 목표로서 거론하는데, 이는 인문학 교육의 초점을 학부와 대학원의 전공교육에 맞추고 있음을 의미한다. 인문학 분야 교수들은 대학이 직업교육에 치중하는 현상을 비판하는 경향이 강하다는 점에서, 이런 현상은 일종의 자기모순이다. 뉴먼에 따르면 학자를 양성하려는 교육은 지성을 위한 자유교육이 아니라 전문 직업교육에 속하기 때문이다.

대학 밖의 작은 대학

권도균

흔히 대학을 '학문의 전당'이라고 부른다. 지식의 최전선에서 끊임없이 미지의 영역을 탐구함으로써 삶의 폭을 넓히는 곳이 바로 연구기관으로서의 대학이다. 자연 현상이나 사회 현상을 분석하고 이해하는 것은 물론이고, 정치적·윤리적 규범을 찾는 것까지 인간의 사유가 미칠 수 있는 모든 영역에서 도전과 실험을 멈추지 않는 것이 대학의 역할이다. 그리고 대학의 다른 역할 하나는 연구 결과로 얻게 된 지식을 전달하는 것이다. 연구 결과가 실생활에 적용될 수 있도록 사회에 알리는 일이나, 미래에 연구자가 되거나 사회 각계에서 직업을 갖게 될 학생들을 교육하는 일은 고등교육기관으로서 대학이 갖는 중요한 역할이다.

요컨대 대학은 지식을 창출하고 전달하는 기구라 할 수 있다. 그러나 과연 이것으로 대학의 역할을 충분히 정의했다고 할 수 있을까? 조금 더 과감하게 묻자면, 과연 이것이 대학의 핵심적인 역할이라고 할 수 있을까? 대학이 무엇을 연구해 어떤 지식을 생산하는지, 누구를 교육해 어떤 인재를 양성하는지보다 중요한 것이 연구기관과 교육기관이 한 몸을 이루고 있다는 점 아닐까 한다. 바꾸어 말하면, 대학은 연구자가 교육자이기도 하며 학생이 연구자이기도 한 공간이다. 대학의 지식은 교수에게서 학생으로, 대학에서 사회로 일방향으로 흐르지 않는다. 대학은 사회의 구성원인 연구자, 교육자, 학생 모두가 지식의 생산과 수용, 전달을 동시에 해내는 교점이 되는 것이다.

대학의 가장 근본적인 속성은 얼마나 수준 높은 사유와 실험이 행해지는지, 얼마나 새로운 지식이 창출되고 교육되는지에 있는 것이 아니라 연구와 교육, 학습을 통해 어떻게 서로를 가르치고 어떻게 서로에게서 배울 수 있는지를 체득하는 데 있다고 하겠다. 이런 생각이 틀리지 않다면, 대학에 속해 있지도 않고 최근의 대학교육을 잘 알지도 못하지만 필자 역시 쉼 없이 무언가를 배우고 가르치며 살아가는 사람으로서 대학의 본질적인 활동을 이어 가고 있는 셈이다. 이 글에서는 '대학 밖의 대학'이라 칭할 수 있을 필자의 경험을 나누어 보려 한다.

청년에게 투자하다

필자는 소위 '아웃라이어outlier'[1]라 불리는 청년들을 자주 만나는 일을 하고 있다. 그런 인물 중 한 사람이 '스타일쉐어' 윤자영 대표다. 스타일쉐어는 패션을 주제로 모바일 소셜네트워크 서비스를 운영하는 스타트업으로, 지난 2018년에는 29CM라는 라이프스타일 쇼핑몰을 300여 억 원에 인수해 화제를 모으기도 했다. 현재 국내외에 700만 명이 넘는 이용자를 보유한 패션 사진 공유 서비스를 토대로 이 회사는 3천억 원 이상의 가치를 인정받는 데 이르렀다. 30대 초반의 나이로 중견 기업의 경영자가 된 윤자영 대표를

스타일쉐어 모바일 앱

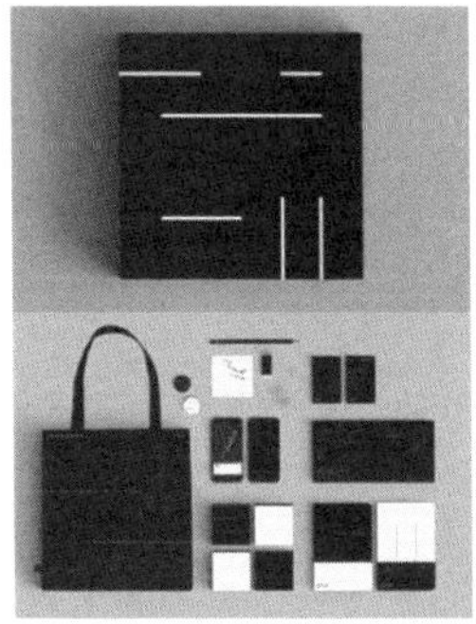

29CM 라이프스타일 쇼핑몰

처음 만난 것은 대학에서 창업 강의를 한 날이었다. 강의를 마친 후 창업을 본격적으로 고민하고 있는 학생과 따로 만난 자리에서 이 사업 구상을 듣고는 곧장 투자를 결정했고, 회사 설립 과정을 함께 했다.

영상 큐레이션 서비스 '텔레톡비'를 창업한 서동준 대표와의 만남도 비슷한 속도로 흘러갔다. 필자가 투자한 청년 창업자 중 가장 어렸던 그는 대학 입학 한 달 차에 만났고, 역시 곧바로 투자를 결정했다. 창업 2년 만에 상당한 기업 가치를 인정받은 서동준 대표는 수십억 원에 회사를 매각하고도 그 회사에서 몇 년을 더 일했다. 아마도 아직 20대일 그가 대학을 졸업했는지는 구태여 묻지 않았다. 그럴 시간이 없었으리라 짐작할 뿐이다.

이처럼 일반적인 동년배들과 꽤 다른 삶을 살아가는 청년 창업가들을 만나고 지원하는 것이 필자의 직업이다. 2010년 1월에 창업가 출신 지인들을 초청해 '프라이머Primer'라는 스타트업 액셀러레이터를 설립한 후 지금까지 해오고 있는 일이다. 그전에는 전자지불회사 이니시스를 경영했다. 30대 중반에 창업해 코스닥 상장사로 키운 그 회사를 2008년에 매각한 후 고민 끝에 이 일을 계획했다. 창업가가 창업가를 가장 잘 이해할 수 있다는, 선배 창업가가 후배 창업가에게 줄 수 있는 도움이 있으리라는 생각에서였다.

그간 200개가 넘는 극초기 스타트업에 투자하고 인연을 맺어 왔다. 스타일쉐어 윤자영 대표나 텔레톡비 서동준 대표를 비롯해 번개장터 장원귀 대표, 마이리얼트립 이동건 대표, 데일리호텔 신인식 대표, 몬캐스트 남대광·남혜진 대표, 아이디어스 김동환 대표, 호갱노노 심상민 대표, 그리고 미국에서 친환경 생리대 등 여성용품 사업을 하고 있는 라엘 아네스안 대표 등이 대표적이다. 지금은 모두 천억 원대, 많게는 수천억 원대 가치를 지니고 있는 이 회사들의 창업 시절을 함께했다.

회사에 투자한 것이 아니라 창업을 함께했다는 것은 곧 매출은 커녕 제품조차 없을 때 첫 투자를 했다는 뜻이기도 하다. 언뜻 무모해 보일 수도 있겠지만, 이것은 오히려 프라이머의 기본 방침이다. 회사를 설립하며 만든 사명선언서에는 이런 문장을 넣었다. “기업가정신을 가진 사람을 발견하고, 큰일에 도전할 수 있는 기회를 제공하여, 그들의 성공을 돕는다.” 그저 사업성 있는 아이템을 발굴해 시장 진출을 돕고 그로써 수익을 내는 것이 아니라, 잠재적 창업자를 발굴하고 투자한 팀들의 성공을 곁에서 돕는 것, 이 두 가지를 사명으로 삼은 것이다. 이것이 빠른 성과를 내기에 좋은 방식은 아닐지 모른다. 사회 경험이 없는 백지상태의 대학생 혹은 사회 초년생 가운데 알맞은 사람을 찾아 투자하고 경영의 밑그림을 그리는 일부터 도와 나가는 일은 시간과 수고를 요한다. 하지만 출발은 더 느리더라도 이쪽이 더 오래, 더 멀리 가는 성공을 만들어 낼 수 있을 거라고 믿었다.

한 사람이 성공한다는 것

'성공'이라는 말을 어떻게 정의하는지를 우선 말해야겠다. 많은 창업가가 돈을 많이 벌거나, 회사 규모를 키우거나, 회사나 본인이 유명해지기를 꿈꾼다. 이것 자체를 성공이라고 생각하는 경우도 있고, 그 끝에 성공이라는 종착지가 있다고 생각하는 경우도 있다. 그러나 사실 돈을 버는 것, 돈을 벌 수 있을 만한 규모나 인지도를 갖추는 것은 기업의 기본이자 다른 어떤 일을 가능하게 해주는 수단일 뿐이다. 기본 이상의 무언가, '다른 어떤 일'을 생각하지 않고 그저 이윤과 명예를 추구하는 것은 오히려 길을 잃게 만드는 요인이라는 것이 필자가 사업가로서 경험한 바이자 주위 사업가들을 보면서 배운 바다.

그렇기에 후배 창업가들에게는 자기 고유의 영역을 구축하고 그것을 지속 가능하게 만드는 것이야말로 창업가가 좇아야 할 성공이라고 말하곤 한다. 그저 크고 유명하면 되는 것이 아니라, 상대적으로 작고 덜 알려져 있더라도 장기적인 지속 가능성이 있어야 한다는 말이다. 또한 그저 유지하는 것이 아니라 어떤 핵심 혹은 본질을 설정하고 추구해야 한다는 말이다. 결과적으로 돈이나 규모나 명예를 얻는 것은 이것들 자체를 추구한 이들이 아니라 장기적인 자기 전망을 갖고 느리더라도 단단히 나아간 이들이었다.

창업자 혹은 예비 창업자를 만나면 그런 사업 아이템을 선택한 이유를 묻곤 하는데, 많은 경우 "이 사업으로 돈을 많이 벌어서 그 돈으로 가난한 사람을 돕거나 가치 있고 좋은 일을 하고 싶다."고 답한다. 그저 돈을 많이 벌고 싶다거나 그 돈으로 호의호식하고 싶다는 말에 비하면 훨씬 좋고 멋진 생각이다. 그러나 이 역시 충분하지 않다. 이 선한 마음이 얼마나 가치 있는지와 별개로, 여기서는 사업이 다른 목적을 위한 수단일 뿐이기 때문이다. 강하게 말하자면 어떤 일을 이루는 데 돈이 가장 중요하다고 생각하는 것은 아닌지 의심해 볼 수도 있다.

어떤 일을 이루는 데, 즉 '성공'하는 데 결코 빼놓을 수 없는 것이 하나 있다면 그것은 돈도 다른 무엇도 아니고 바로 '진짜를 추구하는 사람'이라는 것이 필자의 생각이다. 타인을 돕거나 가치 있고 좋은 일을 하기 위해 사업을 하는 경우를 생각해 보자. 사업을 수단으로 돈을 벌어 그다음에 그 일을 하겠다는 사람과, 누군가의 고통을 덜고 필요를 채우는 것 자체가 목표인 사업을 하겠다는 사람이 있을 수 있다. 이 중 후자는 설령 사업에 실패하더라도 자신의 목적에 무엇이든 기여할 것이며 실패 경험은 그 자체로 새로운 도전에 직접적인 자양분이 될 것이다. 누가 더 멀리, 더 오래 나아갈 수 있을지는 분명하다. 실은, 사업가로서 또한 창업 멘토로서 보아 온 바로는 사업에 성공하는 것 역시 후자다.

실리콘밸리의 유명 투자자들에게 투자를 결정하는 기준을 물으면 한결같은 대답을 내놓는다. 사람을 최우선으로 본다는 것이다. 흔히 투자라고 하면, 예컨대 검증된 기술에 자본을 제공해 시장화하는 등의 형태를 상상하곤 하지만 실은 그렇지 않다. 필자 역시 사람을 우선으로 본다는 말에 십분 동의한다. 이것은 물론 외모가 얼마나 훌륭한지, 관상이 어떤지, 혹은 언변이 어떤지 본다는 말이 아니다. 아무리 좋은 기술을 가지고 있더라도 그것만으로는 사업에 성공하지 못한다. 사업을 해나가려면 시시각각 경영자의 판단과 의사결정이 필요하기 때문이다. 그가 어떤 지식이나 정보를 갖고 있는지도 물론 중요하지만 욕심, 교만, 용기, 두려움, 사랑, 미움, 자존감, 가치관 같은 개인적인 요인들이 더 큰 영향을 미치는 경우도 많다.

다시 말해 좋은 아이템이 있더라도 경영자가 목표를 올바르게 추구하지 못한다면 성공할 수 없고, 반대로 지금으로선 확실한 것이 없다 하더라도 두려움이나 흔들림에 굴하지 않고 본질을 추구하는 단단한 사람이라면 설사 느리더라도 분명히 나아갈 수 있는 것이다. 앞에서 그저 지금까지 투자한 회사들을 말하지 않고 청년 창업가로서 필자와 만나 이제 큰 회사의 대표가 된 사람들을 하나하나 언급한 것은 이 때문이다. 프라이머를 설립해 지금까지 해온 일은 사람을 만나는 것, 그 사람의 생각과 믿음, 그 믿음을 떠받칠 수 있는 마음의 심지를 확인하고 그에 힘을 보태 주는 일이었다. 분명한 무언가를 추구하는 사람을 만나고 곁에서 그 사람을 돕는 일, 성공을 향한 길을 함께 찾는 일, 그런 일들이 벌어지는 곳을 '대학 밖의 대학'이라 해도 좋을 것이다.

'대학 밖 대학'의 교육

프라이머가 스타트업 투자를 결정하면 처음 6개월간 2주에 한 번씩 멘토링을 위한 미팅을 진행한다. 사업 현황을 공유하고 방향을 논의하는 자리다. 이 멘토링 과정을 '보고'하고 '숙제'를 받아 가는 과정으로 오해해, 그에 맞추어 행동하는 창업자들이 종종 있다. 자신이 꿈꾸던 사업을 시작해 나가는 과정임에도 불구하고 그것을 누군가가 낸 숙제처럼 인식하는 것은 아마 어려서부터 오랫동안 몸에 밴, 가치관에 심어진 나쁜 습관 때문일 것이다. 스스로 의미를 찾고 길을 닦지 않으면, 그저 남들에게 보여 주고 평가받는 데 얽매이면, 기껏해야 모조품을 만들고 끝날 뿐이다. 비범한 잠재력을 가진 사람도 이를 벗어나지 못하면 결국에는 평범한 사람이 되고 만다. 사람을 보고 투자를 결정한다고 해도, 큰 가능성을 품고 있는 사람 역시 지금껏 교육받고 생활하면서 자연스레 이런 태도를 갖고 있는 경우는 수없이 많다. 투자자에게는 '추구할 진짜를 갖고 있는 사람'을 발굴하는 것이 시작이라면, 창업자에게는 자기 자신에게서 '진짜를 추구하는 사람'을 발굴하는 것이 첫 단계가 되는 셈이다.

나는 투자회사가 아니라 교육회사를 운영하고 있다고 말하곤 한다. 대학을 비롯한 일반적인 교육기관과 다른 점은 수업료를 받는 것이 아니라 한 팀당 5천만 원에서 1억 원까지 현금을 주고 교육한다는 사실이다. 농담 삼아 그냥 잔소리하면 꼰대라고 싫어하니 5천만 원쯤 쥐여 주고 그 효과가 떨어질 때까지 잔소리를 하는 것이라고 덧붙이기도 한다. 여기서 이루어지는 교육은 어떤 면에서 대학 강의와 비슷하다. 물론 누군가는 가르치고 누군가는 배우지만, 그것이 단순히 지식을 전달하고 그것을 얼마나 잘 기억했는지 확인하는 과정은 아니다. 이는 서두에서 대학을 학생이 연구자이기도 한 공간이라고 한 것과 상통한다. 연구를 직업으로 삼는 대학원생뿐 아니라 대학의 모든 학생이 그런 공부를 해야 한다. 배운 것을 외워 시험지에서 정답을 쓰는 것이 아니라, 강의 내용을 토대로 자신의 생각을 발전시키고 나름대로 연구를 거쳐 소논문을 쓰는 식의 공부 말이다.

지난 10년간 졸업생을 겨우 200명가량 배출한 이 작은 학교에서 학생들은 창업 노하우를 받아 가는 것이 아니라 선배나 동료 창업가들의 경험을 밑거름 삼아 자신의 사업을 구상한다. 단지 어떻게 해야 창업에 성공할 수 있는지 배우는 것이 아니라 자기 자신이 어떤 성향과 어떤 가능성을 갖고 있는지 배우며 또한 자신의 구상을 현실화했을 때 어떤 일이 일어나는지 몸소 배운다. 이 200여 명 중에는 앞에서 언급했듯 상당한 가치의 기업을 만들어 낸 이들도 있지만, 실은 그렇지 않은 이들이 더 많다. 존망의 기로에 있는 회사도 있고, 끝내 문을 닫은 회사도 많다. 투자한 스타트업이 수익을 내지 못하거나 폐업하면 프라이머와 창업자가 들인 시간과 노력은 이렇다 할 성과가 남지 않게 된다.[2]

그러나 '진짜를 이루는 것' 혹은 멈추지 않고 '진짜를 추구하는 것' 자체가 성공이라고 한다면, 스타트업 회사가 수익을 내지 못하는 것은 실패가 아니다. 창업 강연이나 멘토링이 교육의 일환인 것과 마찬가지로, 투자금을 토대로 창업하고 회사를 운영하는 것(끝내 문을 닫는 경우까지 포함해) 역시 교육의 과정이다. 그래서 회사를 키우는 성과를 내는 것이 아니라 실패를 두려워하지 않고 본질을 추구하는 경험이야말로 가장 큰 인생수업이라고 말하는 것이다.

프라이머의 투자를 받은 스타트업 중에 '코드스테이츠'가 있다. 비전공자들에게 컴퓨터와 코딩을 가르치고 6개월 과정을 마치면 취업을 도와주는 교육회사로, 수강료를 전혀 받지 않는 프로그램을 운영하고 있다. 취업한 뒤 일정 기간 동안 수입의 일부를 공유하

"IT 공부하세요… 돈은 취업후에 받습니다"

#스타트人 김인기 코드스테이츠 대표

CODE STATES

코드스테이츠 소개 기사
(『아주경제』, 2020년
10월 22일 자)

는 방식이다. 졸업생 취업 성공률은 95퍼센트, 평균 구직 기간 4주, 평균 초봉 3,300만 원이라는 성과를 내고 있는 만큼, 회사 역시 수입과 투자 유치 모두에 좋은 전망을 일구고 있다. 마침 이 원고를 쓰던 차에 인터뷰 기사로 읽은 김인기 대표의 말을 옮겨 본다. "과거에 무슨 일을 했고, 어떤 백그라운드를 가졌는지는 상관없다. 코드스테이츠는 본인이 가진 잠재력을 발휘해 유망한 IT 분야에서 커리어를 쌓을 수 있도록 도와주는 교육 서비스를 제공하고 있다. 취업에 성공하기 전까지는 어떤 비용도 받지 않는다. 수강생의 학습비·생활비에 투자해 그분들이 미래 커리어에서 필요한 준비를 할 수 있도록 시스템을 구축하고 있다."[3]

프라이머는 여러 분야의 창업자를, 코드스테이츠는 IT 분야의 구직자를 만난다는 점을 제외하고는 똑같이 투자로서의 교육, 교육으로서의 투자를 하고 있다. 어쩌면 코드스테이츠는 프라이머의 교육철학을 사업의 힌트로 삼았는지도 모르겠다. 사람에 대한 투자와 교육을 통해 미래 가치를 창출한다는 점 외에도 공통점이 두 가지 더 있다. 각 분야 선배가 직접 자기 경험을 나누는, 이를테면

도제식 교육을 통해 후배를 돕는다는 점, 사업 자본이나 학습비 등을 조달할 걱정을 덜어 줌으로써 자기 자신과 일을 탐색하고 공부하는 데에, 즉 '진짜'를 찾는 데 집중할 수 있도록 한다는 점이다.

갈수록 복잡해지고 변화의 속도도 빨라지는 지금 사회에서는 그만큼 각 학문·사업 분야에 국한되지 않는 통합적인 배움과 유연성이 필요하지만, 동시에 흔들림 없이 자기 자리를 지키기 위한 구체적이고 현장에 기초한 배움과 단단함 역시 필요하다. 이런 현실에서 대학 밖의 대학에서 든든한 조력자와 함께 이루어지는 이와 같은 선후배 간의 긴밀한 교육의 필요성과 가치는 더없이 크다.

대학과 '대학 밖 대학'의 시너지를 꿈꾸며

결론을 대신해, 대학에서의 배움을 다시 한번 생각해 보고자 한다. 대학생 스스로 과제를 설정해 크고 작은 연구를 수행한다는 것은 초등학교나 중·고등학교와 다른 방식으로 강의를 듣고 숙제를 한다는 것만을 뜻하지는 않을 것이다. 무엇을 전공으로 삼아 어떤 강좌로 시간표를 채울지 고민하는 시점에서부터 이미 이전과 다른 배움이 시작된다. 다양한 관점에서 같은 주제를 탐구하는 학과 내에서, 또한 서로 다른 학문적 배경을 가진 이들이 모인 동아리 등에서 선후배가 한데 어울려 토론하고 공부하는 것은 그 자체로 이미 대학 안에 있는 '대학 밖 대학'이라 해도 좋을 것이다.

이 글이 말하는 '대학 밖의 대학'이 자기 자신을 찾고 스스로 목표를 설정하며 그것을 추구하는 능력과 자세를 토대로 하는 것이라면, 또한 그 자체로 남의 기준에 맞추어 숙제를 하는 습관과 끊임없이 싸워 나가는 과정이라면, 다른 한편 대학이 정해진 지식을 습득하는 곳이 아니라 다양한 사람들과 지식들 사이에서 자신의 길을 찾아 나가는 곳이라면, 이 둘은 결코 별개가 아닐 것이다. 한쪽에서 배울 수 없는 것을 다른 한쪽에서 배우는 상보적인 관계가 아니라 삶의 여러 국면이 모두 이 같은 배움의 장으로서 순환 고리를 이룬다고 할 수 있겠다.

필자가 만나는 청년 창업가들이 '아웃라이어'라 불린다는 사실은 역으로 일반적이라 여겨지는 어떤 삶의 방식이 사회 전체에 퍼져 있다는 뜻이기도 하다. 취업문이 좁아지면서 소위 '스펙'이라는 명목으로 누구나 반드시 맞추어야 하는 기준이 갈수록 늘어나고, 너른 배움의 터였던 대학은 취업의 관문으로 그 의미가 축소되고 있다고들 말한다. 주어진 기준을 맞추는 것이 아니라 자기 자신의 '진짜', 스스로의 '본질'을 찾아 나가는 이들의 '대학 밖 대학'은 우리 사회에 다른 길이 있다는 말을 건넨다. 가까이서 이끌어 주고 기댈 곳이 되어 주는 존재가 있을 때 청년들이 어떤 시도를 할 수 있는지, 얼마만큼의 새로운 가능성을 찾아낼 수 있는지 알려 준다.

아직은 여전히 작은 규모로만 존재하는 이런 곳들이 사회 곳곳에 만들어질 수 있다면, 그리고 학문과 배움의 전당으로서 사회 변화에도 불구하고 역사와 저력을 지니고 있는 여러 대학과 어떤 식으로든 만나고 협력할 수 있다면, 우리 사회 전체에 새로운 배움과 새로운 삶이 가능하지 않을까. 그런 시너지가 펼쳐질 수 있기를 희망한다.

1. 사전적인 의미는 '집단 내 표본 중 다른 사람과 유의하게 구분되는 통계적인 관측치'를 의미한다. 말콤 글래드웰(Malcolm Gladwell)이 『아웃라이어(*Outlier*)』라는 책에서 '보통 사람의 범주를 넘어 성공을 거둔 사람'이라는 의미로 사용한 바 있다.

2. 이런 경우, 창업자는 물론 투자자도 재정적 손실을 입는 셈이지만, 다른 소수의 팀들이 가져다주는 이익이 그 손실 이상이기에 프라이머는 재정적으로도 지속 가능한 상태를 유지하고 있다.

3. 「IT 공부하세요, 돈은 취업 후에 받습니다」, 『아주경제』, 2020년 10월 22일 자.

대학의
자유와 윤리

중세 파리 대학의 자유와 저항

학문의 자유와 발언의 자유

대학에서의 앎과 윤리-김우창의 초기 비평을 중심으로

중세 파리 대학의 자유와 저항

박홍식

"대학은 모든 독단적이고 불의한 것에 대한
비판적인 저항의 공간이 되어야 한다."
- 자크 데리다, 『조건 없는 대학』

유럽에서 출현한 대학은 중세에는 종교 권력과 국가, 계몽주의 시대 이후에는 시장 가치가 지배하는 사회에 저항하며 문명을 견인하는 고유한 주체로 기능해 왔다. 흔히 근대 대학이 국가의 통제에서 벗어나 자유로운 사상을 추구하기 위해 노력한 바는 상찬하면서도 중세 대학에서 전개된 자유를 위한 저항은 폄하하는 경우가 많다.[1] 시대적 조건과 상황의 차이로 인해 중세와 19세기 이상주의 철학자들이 주창하던 대학의 자유[2]는 그 성격이 달랐을지라도 모두 대학의 이상을 정립하려는 시도였다. 이 글에서는 파리 대학을 중심으로 형성기의 대학이 '자유와 특권'을 얻는 과정과 상황을 되짚어 보고, 당대에 대학인들이 교회의 학문에 대한 통제, 나아가 시대의 모순에 어떻게 저항하며 그들의 권리를 확장해 갔는지 살펴볼 것이다.

대학의 출현

중세 서유럽에서 교육은 수도원과 성당 등 종교기관이 독점하고 있었다. 12세기 전후 도시에는 그와 같은 기관에 소속되지 않은 자유로운 교사와 학생들이 출현했다. 자크 르 고프Jacques Le Goff는 이러한 '지식인의 탄생'을 노동의 분업에 따른 '도시혁명'의 일환이라고 평가했다.[3] 즉 사회적·경제적 변화를 배경으로 지식에 대한 열망을 지닌 새로운 시민들이 등장했다고 본 것이다. 이들의 초기 활동은 '최초의 교수'라 불리는 피에르 아벨라르Pierre Abélard의 지적 여정에서 잘 드러난다.[4] 이 무렵 이탈리아와 에스파냐 일부 지역에서 전개된 지적·문화적 운동이 '12세기 르네상스'라는 전 유럽적 현상으로 확산되었던 사실은 지식이 급격히 팽창하고 있던 상황을 보여 준다.[5] 초기 대학인들은 진리와 지식에 대한 순수한 열망에 사로잡혀 있었다. 이는 교육 이수가 직업이나 사회적 지위를 보장하지 않던 사실이나, 파리 대학에서 직업적 전망과 연관된 신학, 법학, 의학 등 상위 학부보다 고전과 일반 교육 기초과정을 가르치는 학예 학부에 학생들이 훨씬 많았던 사실에서도 확인된다. 당시 대부분의 학생은 기초과정으로 만족했다.

'최초의 대학'이라 불리는 볼로냐 대학과 파리 대학의 초기 모습에 대해서는 정확한 정보를 얻을 수 없다. 그렇지만 12세기에는 학생들이 유럽 전역에서 이들 도시로 몰려들어 도시 전체가 활기를 띠었던 사실이 확인된다. 도시 입장에서는 대학인들이 크게 늘면서 소비와 세금 수입 등이 증가했지만, 크고 작은 분란이 끊이지 않아 골칫거리이기도 했다. 시민들은 타지에서 온 사람들을 상대로 세를 놓고 영업을 하며 수익을 얻었지만, 학생들은 불이익을 받

유럽에서 가장 오래된 대학 중 하나인 소르본 대학. 성왕 루이의 고해신부였던 로베르 드 소르본이 가난한 파리 대학 신학생들을 위해 설립한 작은 기숙 시설로부터 기원한다.

는 경우가 많았다. 시민들과 달리 도시법으로 보호받지 못하던 대학인들은 취약한 삶의 조건을 개선하기 위한 보호와 특권이 절실했다.[6] 볼로냐의 일부 교사들은 1155년 대관식을 치르기 위해 로마로 가던 중 그곳에 잠시 머문 신성 로마 제국의 프리드리히 1세(재위 1152-1190)에게 도움을 요청했고, 황제는 그로부터 3년 후 대학 도시로 여행하는 학생들의 안전 통행권과 대학인이 도시에서 소송에 연루될 경우 해당 도시의 법정을 피해 교사 혹은 주교의 법정을 선택할 권리를 부여했다. 이 법령(Authentica Habita)은 대학에 대한 현존하는 가장 오래된 특권이라는 데에 의의가 있지만, 선언적 의미에 그쳤을 뿐 대학인들의 처지를 실질적으로 개선하지는 못했다.[7]

학생들은 자신들을 보호하고 학업 성취를 용이하게 할 조직이 필요했다. 당시 도시에서는 상인이나 수공업자 길드처럼 동업조합 방식의 결사체가 일반적이었다. 하지만 학생들은 대부분 시민권을 소유하지 않은 외지인이었기에 조합 결성이 허용되지 않았다. 그 대안은 동향인들끼리 연합한 동향단同鄕團, natio의 결성이었다. 볼로냐의 경우 초기에는 동향단이 지역별로 세분화되어 있었으나, 12세기에 잉글랜드, 독일, 프로방스, 롬바르디아 등 상당한 규모를 갖춘 조직으로 확대되었다. 파리에도 프랑스, 피카르디, 노르망디, 잉글랜드 등의 단위로 동향단이 결성되었다. 대학인의 초기 활동은 동향단에 기반을 두었으나, 이후 포괄적이고 체계적인 지식 전수를 도모하던 중 '대학universitas'이라는 영속적인 공동체로 발전했다. 대학은 동업조합과 달랐지만 점차 자율권을 획득하게 되었다.

파리 대학의 자치권

12세기 초 프랑스 국왕 루이 6세(재위 1108-1137)는 파리 주변에 대한 장악력을 높이고, 국왕의 행정 업무를 주로 파리에서 처리함으로써 파리를 권력의 중심지로 조성했다. 필리프 2세(존엄왕, 재위 1180-1223)는 그 여세를 몰아 파리를 명실상부한 프랑스의 수도로 삼았다. 루브르 궁전의 신축과 노트르담 주교좌성당의 건설은 이런 변화를 상징적으로 보여 준다.[8] 이 무렵 대학 공동체도 명성을 얻어 학생이 수천 명에 이를 정도로 성장했다. 교수들은 '라틴어 구역'이라 불리던 시테 지역에서 합법적으로 가르치려면, 주교좌성당에서 문서 행정과 교육을 총괄하는 상서尙書, cancellarius로부터 교수 면허를 발급받아야 했다. 교수들은 차츰 결속해 그들의 대표가 교과과정을 비롯해 학교 운영을 상서와 협의했다. 파리의 대학인은 대부분 성직자였기에 교회의 사법권에 속했고, 라틴어로 교육을 했다. 이러한 사법적·언어적 특성으로 인해 대학은 지역에 활동 기반을 갖고 있으면서도 국제적 네트워크와 연결되었다. 주교가 학위 취득자에게 발행하던 교수 면허는 얼마 후 교황에 의해 유럽 어느 곳에서나 가르칠 수 있는 특권으로 확대되었다.[9] 이런 특성들은 대학이 소속 도시에 대항할 토대가 되었다.

대학이 차츰 세력화되자 도시 및 시민들과의 갈등도 심화되었다. 1200년 파리에서 발생한 폭력 사태가 그 대표적인 사례다. 한 선술집에서 독일 학생의 몸종이 폭행을 당하자 동료 학생들이 몰려가 폭력을 행사했고, 질서 유지를 책임진 파리 총감과 무장한 시민들은 학생들의 근거지를 습격해 학생 여러 명을 살해했다. 교수들은 폭력을 행사한 시민들의 처벌뿐 아니라, 총감이 연루된 것을 문제 삼으며 책임과 보상을 국왕에게 요구했다.[10] 필리프 2세는 대학인들이 타 도시로 이주할 것을 우려해 파리 대학에 최초로 특권을 하사했다. 그는 대학인의 법적 지위를 성직자에 준하는 것으로 인정해 주교 법정에 귀속시켰으며, 더불어 학생들을 위한 안전 조치와 폭력 행위에 대한 엄단을 약속했다. 이를 계기로 학생들에 대한 체포와 재산 압류 등이 제한되었다.[11]

파리 대학은 여러 권위와 세력에 둘러싸여 있었다. 직접적으로는 도시 정부와 주교의 관할 아래 있었고, 조금 떨어져서 프랑스 국왕과 교황이 영향력을 행사하고 있었다. 대학의 자유와 권리는 이들의 인식과 상호 이해관계 속에서 확보되거나 제한을 받았다. 이런 상황에서 국왕 필리프 2세의 조치와 보호는 대학의 자율성과 자치권 확보에 중요한 토대가 되었다. 파리의 대학인들은 국왕으로부터 특권을 받게 되어 큰 용기를 얻었으며, 대학의 자율성을 확보하기 위해 더욱 결집했다. 이들은 대표를 선출하고 내부 규정을 정할 수는 있었으나, 그 이상의 권한은 없었다. 도시의 길드가 시참사회市參事會의 통제를 받듯이, 대학은 교수 자격과 교육 활동 전반에 대해 주교와 상서의 통제하에 있었다. 하지만 국왕의 조치로 인해 주교와 상서의 권한도 일부 제한을 받게 되었다. 교황과 세속 군주 사이의 대결 구도로 인해 성속聖俗의 지배자는 대학에 영향력을 확대하려 경쟁하고 있었다. 대학은 이러한 상황을 이용해 스스로 해결할 수 없는 문제가 발생할 경우 적극적으로 보호를 요청했다.

교황은 이미 12세기 말부터 파리 대학을 보호하기 위한 조치를 시행했다.[12] 대학은 상업 활동을 본업으로 삼는 길드와 달리 경제적으로 의존적이었다. 대학인들이 생계에 충분한 성직록을 지급받는 경우는 소수에 불과해 경제적으로 열악했으며, 교수들에게 지불되는 강사료도 넉넉지 않았다. 그런 상황을 고려하여 1179년 제3차 라테라노 공의회에서는 무상교육 원칙을 선포하고 궁핍한 학생들에게 수업료를 면제하고, 교수들에게 성직록을 지급하도록 했다.[13] 이러한 조치가 대학인들의 사정을 어느 정도 개선했는지는 분명치 않지만, 이런 노력은 교회가 대학의 활동을 지지하고 있음을 확실히 보여 주었다. 파리 대학이 신학의 영역에서 명성을 얻을수록 교황들은 대학에 대한 영향력을 높이려 했고, 교황청의 꾸준한 지원과 관심은 파리 대학이 권리와 자유를 확대하는 지렛대 역할을 했다.

교황의 영향력 확대

교황권이 절정에 달했던 인노켄티우스 3세 재위기(1198-1216)에 교황과 파리 대학의 관계는 더욱 긴밀해졌다. 대학은 파리 주교 및 상서와 갈등을 빚을 때면 교황에게 도움을 요청했다. 예를 들어 상서가 교수 자격증에 수수료를 부과하려 하자 교수들은 교황에게 호소했고, 1208년 교황은 쟁점이 된 사안을 대학과 논의해 조정할 것을 지시했다.[14] 그 후에도 교황은 수시로 파리에 인력을 파견하며 지속적인 관심을 보였다. 인노켄티우스 3세의 특별한 관심은 1215년 교황 특사 로베르 드 쿠르송Robert de Courçon을 통해 파리 대학에 학칙을 부여한 사례에서 정점을 이루었다.[15] 그 내용에는 당시 현안이었던 교수의 성직록과 급료, 교과과정 구성, 교수 자격, 총장의 권한, 수업료, 복장 및 사망 시 장례 규정 등 대학 내부의 다양한 사안들이 포함되어 있었다. 이로써 파리 대학은 주교 혹은 상서의 직접적인 통제에서 벗어나 학칙에 의해 운영할 수 있는 길이 열리면서 상당한 자치권을 확보하게 되었다. 여기서 보듯, 당시 대학이 누리던 특권은 학문 혹은 사상의 자유와 거리가 있었다. 그보다는 구성원들이 대학을 운영하는 과정에서 부딪히는 각종 애로사항을 해소해 주는 시혜에 가까웠다.

대학 도시에서 시민들과 학생들 사이의 분쟁은 일상적인 일이었다. 하지만 1229년 초 사육제 기간에 파리에서 일부 학생이 선술집 주인과 술값 때문에 벌인 시비는 며칠 사이 예상치 못한 사태로 발전했다. 시민들과 학생들 사이에 유혈 폭동이 전개되어 그에 가담하지도 않은 일부 학생이 희생되는 불상사가 벌어졌다. 섭정을 맡고 있던, 루이 9세(재위 1226-1270)의 모친 카스티야의 블랑슈는 강경 진압을 지시한 상태였고, 파리 주교는 대학인들이 자신의 사법적 통제 아래 있다며 대학인들을 자극했다. 파리 대학은 조속히 적절한 조치를 요구했음에도 받아들여지지 않자 결연히 이주를 결정했다. 대부분의 교수는 파리를 떠나 프랑스 내 다른 도시 혹은 잉글랜드 대학으로 이주했다.[16] 중세 대학은 특정 공간이나 건물을 가리키는 것이 아니었기에 이동에 큰 장애가 없었다. 대학인들은 분쟁이 발생할 경우 강의 중단은 물론 아예 대학을 타 도시로 이주하며 투쟁하는 경우가 빈번했다.[17]

사태가 장기화되자 파리 시는 큰 경제적 손실을 입었으며, 왕국의 위상에도 흠집이 생겼다. 1231년 8월 사태 수습에 나선 루이 9세는 앞서 필리프 2세가 파리 대학에 부여한 특권을 재차 보증했고, 독립성과 세속적 권한을 확대해 주었다. 이로써 대학 총장은 관할 아래 있는 대학인들에게 사법권을 행사하게 되었고, 대학에 물품을 공급하는 상인 및 수공업자 길드에 대해서도 감독권을 갖게 되었다. 이 위기 때도 대학은 교황에게 도움을 요청했고, 그레고리우스 9세(재위 1227-1241)는 든든한 후원자가 되었다. 그는 서신을 통해 파리 주교에게 지시하는 한편, 프랑스 국왕에게도 사태 해결에 적극 나설 것을 촉구했다. 결국 파리 대학은 성속의 경쟁구도를 효과적으로 이용하면서 자유와 권한을 확대해 나갈 수 있었다.

이단 문제는 13세기 초 기독교 세계의 가장 큰 근심거리였다. 교황청은 이단을 대적하기 위해 도미니쿠스와 프란체스코 두 탁발 수도회를 인가하며 적극 대응했다. 이단으로 판정되었으나 교세가 확장되고 있던 카타르파Cathars 중심지와 가까운 툴루즈에 1229년 교황이 대학을 설립한 것도 그런 이유에서였다. 파리 대학 신학부는 신학을 정립하고, 엘리트 성직자를 양성하는 역할을 담당했기에 교황이 충성스러운 일꾼으로 활용할 수 있었다. '대학의 대헌장'이라 불리는, 그레고리우스 9세가 1231년에 포고한 교서(Parens scientiarum)에는 파리 대학에 대한 기대와 신뢰가 잘 드러나 있다.[18] 그는 대학을 '지혜의 특별한 작업장'이라 지칭하며 인재 양성의 성과를 치하하고, 주교와의 분쟁을 종식시키기 위해 더 큰 권한을 부여했다. 즉 교수 선발 시 상서의 자의적 결정을 제한해 교수단의 권한을 신장시켰으며, 교수들에게 학칙의 결정과 집행에 완전한 자유를 보장했다. 그 외에 총장 선출권, 강의 정지권과 자유 이주권, 불법 투옥 및 채무로 인한 체포 금지, 집세 산정 권리의 대학 귀속 등도 포함되었다. 교황은 그 누구라도 이와 같은 내용에 반박하거나 위반하는 것을 허용하지 않는다고 못박았다. 이처럼 대학인의 결속력과 교황의 적극적인 후원에 힘입어 파리 대학은 자율성과 자치권을 확대할 수 있었다. 그 핵심은 대학인들이 선출한 총장이 그 구성원들에 대한 재판권을 행사하게 된 사실이다.

학문의 자유를 위한 시험대
— 아리스토텔레스의 『자연학』과 『형이상학』

파리 대학은 교회와 국가로부터 지원과 보호를 받았지만, 성과 속 모두와 일정한 거리를 두며 고유한 주체로 활동했다. 대학인들이 대부분 성직자 신분이라 하더라도 학업에 종사하는 동안에는 교회의 감독에서 상당히 자유로웠으며, 신학 혹은 신앙 문제에 대한 여러 사상을 접할 수 있었다. 그와 같은 상황에서 학문의 자유에 대한 이상도 점차 성숙해질 수 있었다. 그렇지만 대학은 여전히 교육 내용에 대해 교회의 감독을 받는 처지였다. 13세기에 교회가 가장 경계하던 지식은 유럽에서 재발견된 고대 그리스 철학자 아리스토

파리 대학에서 열린 학자들의 회의 ("Chants royaux" manuscript, 1537)

텔레스의 자연학과 형이상학에 대한 가르침이었다. 기독교 세력이 에스파냐 중부를 재정복한 후 톨레도에서는 대주교 라이문두스 Raimundus의 지원 아래 그리스 고전과 그에 대한 아랍인들의 해석이 라틴어로 번역되었다. 12세기 초까지도 라틴어로는 아리스토텔레스의 논리학 관련 저작들만 소개되었으나, 12세기 중반에 『자연학』과 『형이상학』 등이 번역되었고, 13세기 전반에는 그의 거의 모든 저작을 라틴 세계에서 연구와 교육에 이용할 수 있었다.[19] 아리스토텔레스의 가르침은 대학에서 7 자유학예artes liberales(문법, 수사학, 논리학, 산술, 기하학, 음악, 천문학) 중심의 학문 체계를 재편해야 할 정도로 지적 충격을 주었으며, 파리 대학의 일부 교수는 이미 13세기 초 그의 『자연학』을 강의하기 시작했다.[20]

파리 대학이 신학과 신앙의 보루로서 역할을 해주기를 기대했던 가톨릭교회는 이교적 지식의 확산을 우려했다. 교회 지도자들은 아리스토텔레스의 『자연학』과 『형이상학』이 기독교적 세계관에 본질적인 도전이 된다고 판단하여 1210년 상스에서 개최된 상스 시노드(교구 사목회의)에서 파리에서 그의 저술 및 주해서 읽는 행위를 금하고, 위반 시 파문당할 수 있다고 위협했다.[21] 동일한 인식은 쿠르송이 파리 대학에 부여한 1215년 학칙에도 반영되었다.[22] 이는 대학의 교육 내용을 둘러싼 최초의 본격적인 충돌이었다. 교황청은 이단 사상이 파리 대학에 스며드는 것을 저지하려 했으나, 아직 아리스토텔레스의 저작에 대한 본격적인 논의가 이루어지기 전이었기에 이런 조치가 면밀한 학문적 검토를 거친 결론이라고 할 수는 없다.

시노드의 금지령과 파리 대학의 조치는 의도와 달리 아리스토텔레스의 가르침에 대한 호기심을 오히려 자극하는 결과를 초래하여 그의 사상이 확산되는 추세를 막을 수 없었다. 학예학부 교수들에게 관련 강의는 금지되었지만, 그의 저작들을 읽고 연구하는 활동은 용인되었다. 그리고 파리를 벗어나면 툴루즈, 옥스퍼드, 나폴리 대학 등에는 그와 같은 제한 조치가 적용되지 않아서, 오히려 아리스토텔레스에 대한 논의가 활기를 띠었다. 파리 대학에서 툴루즈 대학으로 이주한 한 교수에게서 아리스토텔레스의 『자연학』 강의 개설이 '학문의 자유'에 대한 상징으로 인식되는 태도를 발견할 수 있다.[23] 파리 대학 내에서도 교회의 통제에 다양한 방식으로 대응했다. 아리스토텔레스에 심취한 학예학부 교수들은 수업에서 다루지는 않았으나, 아베로에스Averroës[24]의 주석에 따라 그의 『형이상학』과 『자연학』을 이해하면서 이교적인 자연주의 우주관에 경도되었다. 반면 신학부는 금지령을 존중하는 신중한 입장이었다. 1245년 파리 대학 교수로 초빙된 알베르투스 마그누스Albertus Magnus는 교회의 우려가 근거 없는 것이 아님을 인식했다. 아리스토텔레스가 우주와 자연, 인간과 신학의 영역에 대해 절대자를 전제하지 않고 단지 이성에 의존해 사고하기 때문이다.[25]

이후에도 강의금지령이 여러 차례 반복된 것으로 미루어 볼 때, 그 효과가 미미했던 듯하다. 도시의 개방성과 지식인들의 네트워크가 금지령을 무력화시켰던 것이다. 파리 이외의 대학들에서 강의와 연구가 활발하게 이루어졌을 뿐 아니라, 아리스토텔레스의 가르침이 신앙과 조화를 이룰 수 있다는 인식도 생겨나고 있었다. 금지령이 철회되기 전에 쾰른으로 돌아간 알베르투스 마그누스가 그곳 도미니쿠스 형제들에게 아리스토텔레스 저작 전체에 대해 주해한 사실은 당시 그의 저작에 담긴 정확한 의미를 알리는 것이 필요하다는 인식 때문이었다.[26] 논란 속에서 1255년 3월 19일 발효된 파리 대학 학예학부의 새로운 학사 규정은 아리스토텔레스의 모든 저작을 정규 수업에 사용하도록 허용했다. 이는 학예학부 교수들이 결국 교회와 보수적인 성직자들에게 승리했음을 의미한다.

1277년 금지령과 파리 대학의 저항

금지령 폐기로 파리 대학에서 아리스토텔레스를 자유롭게 학습하게 된 후 브라방의 시제르Siger de Brabant로 대표되는 일부 교수들은 기독교의 진리와 충돌하는 지점까지 나아갔다. 반면 프란체스코회를 대변하던 보나벤투라Bonaventura는 그 사상이 내포하고 있는 이교적 위험성과 오류들을 부각시키며 아리스토텔레스에 대한 비판을 주도했다. 한편 1256년부터 수년간 파리 대학에서 가르친 뒤 1268년 다시 파리로 돌아와 후학을 지도하던 토마스 아퀴나스는 계시된 진리와 이성의 진리를 모두 존중하면서 아리스토텔레스의 자연학과 기독교 신앙을 통합하려는 노력을 기울였다.[27]

그 상황에서 보수적 입장에 있던 파리 주교 에티엔 탕피에Etienne Tempier가 1270년 세계의 영원성을 비롯한 아리스토텔레스의 오류를 13개의 명제로 정리해 단죄했다. 이 조치로 파리 대학에서 학예학부 교수와 보수 신학자 사이에 찬반 논쟁이 다시 격화되었다. 교황 요하네스 21세(재위 1276-1277)는 1277년 1월 파리 주교에게 분쟁 관련 내용을 조사해 보고하도록 지시했으나, 탕피에는 불과 한 달 만에 교회에 위협이 된다고 판단되는 219개 명제를 작성한 후 직권으로 금지령을 공포했다. 왜 그가 교황에게 보고하는 절차를 거치지 않고 직접 포고했는지는 알려져 있지 않다. 그 명제들에는 기독교 신앙이나 교리를 부정하는 것은 물론 이성을 강조하는 합리적·자연주의적 경향까지도 포함되었다. 아퀴나스의 주장들도 포함된 것으로 미루어 교회 당국과 보수 신학자의 그에 대한 반감이 반영되었다고 추측된다.[28]

극단적인 '1277년 금지령'은 영향력이 매우 컸다. 잉글랜드의 캔터베리 대주교도 같은 시기에 이단 금지령을 발표했기에 이 논란은 옥스퍼드 대학으로도 확대되었다.[29] 금지령 포고 후 파리 대학 학예학부 교수들은 신학 논쟁을 삼가겠다고 서약했고, 신학자들의 학문적 작업도 위축되었다. 이 금지령은 파리 대학에 대한 가톨릭교회의 가장 큰 간섭이자 중세 과학과 종교의 관계를 보여 주는 결정적 사건으로 평가된다.[30] 그렇지만 당시 신학자들이 학예학부 과정에서 아리스토텔레스의 『자연학』을 필수로 이수했음을 감안하면 과학 자체를 부정하려는 시도로 평가하는 것은 부적절하다. 교회는 아리스토텔레스의 가르침을 제거하려던 것이 아니라, 철학에 '신학의 시녀' 역할을 요구하면서 자율적인 학문으로 발전하는 것에 반발했다.[31] 당시에는 진리가 연구에 의해 발견되기보다는 계시에 의해 이미 주어져 있기 때문에 단지 해석될 수 있을 따름이라는 관념이 지배적이었다. 중세 대학에서는 신학의 영역을 침범하지 않는 한 비교적 자유롭게 연구할 수 있었기에 이 시기를 제외하면 과학과 철학 사이에 첨예한 충돌은 없었다.

주교와 보수 신학자들이 아리스토텔레스주의자의 자연세계에 대한 탐구를 하느님의 전능성을 제한하는 것으로 간주해 금지령을 시도했으나, 약 반세기 후인 1325년 아퀴나스의 신학이 입지를 확고히 하면서 금지령은 폐지되고 파문 판결도 모두 무효화되었다. 금지령은 한동안 학문 활동에 부정적 영향을 미쳤으나, 탁월한 학자들이 연이어 배출되고 한층 합리적이며 설득력을 지닌 사상이 대학의 학풍을 지배하면서 학문의 내용을 철저히 통제하려던 교회의 시도는 좌절되었다.

중세 말의 변화와 대학의 위기

중세 대학은 자치조직으로 시작했으며, 발전 과정에서 국왕과 교황으로부터 큰 지원을 받았다. 이는 대학이 지식 생산과 인력 양성에서 사회의 필요를 충족시켰고, 필요한 경우 대학 구성원들이 결집해 저항했기 때문이다. 국왕과 교황 간 성속의 갈등과 경쟁 상황은 대학이 독자적 영역을 확보하는 데 유리한 환경을 제공했다. 그렇지만 대학의 정신과 발전 방향은 군주나 교황이 결정한 것이 아니라, 대학이 현실을 타개하기 위해 분투하는 과정에서 산출된 소산이었다.

독자적인 사회 세력으로 인정받은 대학은 중세 말기에 외부 환경이 크게 변화함에 따라 위기를 맞았다. 13세기 이래 군주와 교황이 대학 설립에 적극 나선 이후 일종의 붐을 이루어 14세기 말에 이르면 유럽에 대학의 수가 30개를 넘었고, 15세기 말에는 70-80개에 이르렀다. 이제 한두 대학이 지식 생산이나 교육을 주도하거나 독점할 수 없게 되었다. 한편 교황권의 분열 및 쇠퇴로 대학의 자치권을 지탱해 주던 한 축이 무너짐으로써 대학이 누리고 있던 특권과 자유도 위태로워졌다. 대학에 대한 교회의 간섭은 줄어든 반면, 더욱 강력해진 군주들이 대학을 장악하면서 상당수 대학은 국가기구에 통합되었다.[32]

대학의 재정적 취약성도 문제였다. 학생들은 대학에 등록할 때부터 수업과 각종 시험 등 다양한 명목으로 수수료를 지불했다. 하지만 그와 같은 수입으로는 대학에 필요한 공간과 시설, 대학 운영에 필요한 재정 등을 모두 충당할 수 없었다. 일부 귀족 혹은 유력자들이 건물과 토지를 기부해 사숙私宿, college을 짓기도 했지만 드문 일이었다. 대학은 교회의 성직록이나 군주의 지원을 기대할 수밖에 없었다. 대학이 차츰 지역에 고착화되는 양상을 보이면서 속한 도시로부터 지원받는 재정의 비중도 크게 늘었다. 그러나 이와 같은 재정의 종속은 대학이 구성원의 보호와 자유를 위해 저항하는 것마저 불가능하게 만들었다.

더불어 대학은 제도화되는 과정에서 사회를 개혁적으로 변화시키기보다 다른 조합들처럼 기득권에 안주하거나 집착하는 경향을 보였다. 사회적 수요가 늘어나 대학교육이 출세와 지위 상승에 유리하게 작용하면서 졸업생들은 주로 성직자, 관료, 법률가, 의사 등으로 진출했다. 이러한 세속적 성취는 대학을 직업교육의 장으로 인식하도록 해 초창기의 지적인 탐구정신을 약화시켰다. 한편 학생 중 일탈하는 사례도 많았으나, 대학은 관대한 판결로 종종 사법권을 남용했다. 이처럼 대학은 중세 말 이익집단으로 변모하면서 진정한 위기를 겪었다. 그 결과 15세기 이후 대학은 유럽 사회의 정신적 발전을 견인하지 못했으며, 지적 혁명이라 불리는 르네상스와 과학혁명도 대학과 거리가 먼 곳에서 꽃피었다.

중세 대학에도 교육과 학문의 자유에 대한 이상은 존재했지만, 현실의 다양한 요인들은 그 이상을 위협했다. 대학인들은 시대적 한계 속에서도 사상의 자유를 제한하려는 체제와 불의에 저항하며 대학의 전통을 정립했다. 그러나 기본적인 자유가 충족된 오늘날에는 대학인 스스로 시장이나 자본에 매몰되거나 적극적으로 타협하는 경우가 일상이 되고 있다. 대학이 미래에 어떤 공간으로 남을지는 무엇이 올바른지 고민하며 행동하는 대학인들에 의해 좌우될 것이다.

1. 서보명은 중세 대학에서는 생각하고, 글을 쓰고, 권력의 간섭 없이 스스로를 관리할 수 있는 자율은 물론 학문의 자유도 없었다고 단정한다. 그는 이러한 대학의 자율이 근대 이후 계몽주의 시대를 거치며 등장했다고 주장한다. 서보명, 『대학의 몰락』(동연, 2011), 74-75쪽.

2. 19세기 베를린 대학 창립과 그 전후로 공론화되던 '대학의 자유'에 대해서는 이광주, 『대학사』(민음사, 1997), 369-408쪽 참조.

3. 자크 르 고프, 『중세의 지식인』(최애리 옮김, 동문선, 1999), 12-13쪽.

4. 자크 르 고프, 『중세의 지식인』, 73-90쪽.

5. C. H. 해스킨스, 『12세기 르네상스』(이희만 옮김, 혜안, 2017), 18-27쪽.

6. 볼로냐 대학의 초기 상황은 김유경, 「중세 유럽 대학의 자유」, 『서양사론』 74(2002), 43-48쪽 참조.

7. Olaf Pedersen, *The First Universities: Studium Generale and the Origin of University Education in Europe*, trans. by R. North (Cambridge University Press, 1997), pp. 138-141.

8. 박용진, 「중세 파리의 변화: 국왕의 처소에서 왕국의 수도로」, 『서양사론』 86(2005), 42-47쪽.

9. Hastings Rashdall, *The Universities of Europe in the Middle Ages*, vol. I (Oxford University Press, 1936), pp. 9-13.

10. Rashdall, *The Universities of Europe*, pp. 294-295.

11. 특허장 전문은 C. H. 해스킨스, 『대학의 기원』(김호권 옮김, 삼성미술문화재단, 1986), 173-178쪽 참조.

12. 대학인에게 부여된 특권에는 경제적 사안도 포함되었다. 교황 루키우스 3세(재위 1181-1185)는 고액의 집세를 요구하는 주인들로부터 학생을 보호했다. Pedersen, *The First Universities*, p. 142.

13. 이광주, 『대학사』, 201쪽에서 재인용.

14. 이석우, 「중세 대학의 형성과 지배세력」, 대학사연구회 편, 『전환의 시대 대학은 무엇인가』(한길사, 2000), 309-310쪽.

15. Rashdall, *The Universities of Europe*, p. 309. 쿠르송 학칙의 내용은 다음 웹사이트의 자료 참조. Statutes Of Robert De Courçon For Paris, 1215, https://salemcc.instructure.

com/courses/121/pages/statutes-of-robert-de-courcon-for-paris-1215 (2020. 12. 22. 접속).

16. Rashdall, *The Universities of Europe*, pp. 334-337.

17. 그룬트만, 『중세 대학의 기원』(이광주 옮김, 탐구당, 1977), 51-54쪽.

18. 교황 교서 전문은 해스킨스, 『대학의 기원』, 178-186쪽 참조.

19. 이 당시 이루어진 번역 활동에 대해서는 박승찬, 『서양 중세의 아리스토텔레스 수용사』(누멘, 2010), 96-117쪽 참조.

20. 박승찬, 『서양 중세의 아리스토텔레스 수용사』, 121쪽.

21. Fernand van Steenberghen, *Aristotle in the West: The Origins of Latin Aristotelianism* (Humanites Press, 1970), p. 67.

22. 쿠르송은 여러 해 동안 이단 관련 업무에 전념한 인물이다. Peter Classen, *Studium und Gesellschaft im Mittelalter*, ed. by J. Fried (Anton Hiersemann, 1983), pp. 159-160.

23. 요하네스 드 갈란디아(Johannes de Garlandia)는 파리 대학에서 툴루즈 대학으로 이주했는데, 동료에게 서신을 보내 그곳에서는 파리에서 금지된 아리스토텔레스의 『자연학』 강의가 허용되고 있다며 자부심을 피력했다. Classen, *Studium und Gesellschaft*, pp. 241-242.

24. 에스파냐에서 출생한 이슬람 학자로서 본명은 이븐 루시드(Ibn Rushd, 1126-1198)다. 그는 아리스토텔레스에 대한 방대한 주석을 통해 그의 사상을 확산시키는 데 공헌했다. 13세기 초 그의 저작이 라틴어로 번역된 후 서방에서는 한동안 아리스토텔레스에 대한 주류적 해석으로 인정받았다.

25. 박승찬, 『서양 중세의 아리스토텔레스 수용사』, 120-126쪽.

26. 박승찬, 『서양 중세의 아리스토텔레스 수용사』, 125쪽.

27. 박승찬은 아리스토텔레스에 대한 13세기 중반의 주요 입장을 혼합주의(보나벤투라와 로저 베이컨), 비판적 수용(알베르투스 마그누스와 토마스 아퀴나스), 극단적 아리스토텔레스주의(라틴아베로에스주의, 브라방의 시제르와 파리 대학 학예학 교수들)로 나눠 정리했다. 박승찬, 「아리스토텔레스 철학의 수용과 스콜라 철학의 발전」, 『가톨릭철학』 3(2001), 131-139쪽.

28. 박승찬, 『서양 중세의 아리스토텔레스

수용사』, 132-134쪽.

29. 볼프강 E. J. 베버, 『유럽 대학의 역사』(김유경 옮김, 경북대학교출판부, 2020), 74-75쪽.

30. 성영곤, 「1277년의 아리스토텔레스 금지령과 중세과학의 향방」, 『서양중세사연구』 15(2005), 63-89쪽 참조.

31. 박승찬, 「아리스토텔레스 철학의 수용과 스콜라 철학의 발전」, 149-152쪽.

32. 베버, 『유럽 대학의 역사』, 89-90쪽.

학문의 자유와 발언의 자유

이준웅

전쟁터가 된 대학

진리의 상아탑, 낭만의 캠퍼스, 이론의 산실. 모두 현실과 일정한 거리를 두고 자유롭게 진리를 탐구하고 전수하는 대학을 지칭하는 표현이다. 그러나 21세기 대학은 더 이상 이런 표현이 어울리지 않는 어떤 다른 것으로 변하는 중이다. 자율적 지식인들이 모여 자치적 지배구조를 갖춘 공동체를 운영하면서 학문의 자유를 누리는 대학은 더 이상 실현될 수 없는 이상처럼 들린다. 대학은 점차 전쟁터가 되고 있다.

백인 우월주의자 리처드 스펜서가 2017년 8월 샬러츠빌에서 연설하기 전날, 미국 전역에서 온 그의 지지자들은 버지니아 대학 캠퍼스에 모여 횃불 집회를 열었다. 반대하는 시민들도 집회로 맞대응에 나섰고, 두 집단 간 대결은 격화해서 다음 날 가두시위로 이어졌다. 시위 도중 한 백인 우월주의자가 반대편을 향해 차량을 몰아 사상자들을 냈건만, 리처드 스펜서는 그해 여름 플로리다 대학을 비롯한 전국 대학의 학생 단체로부터 초청받아 백인 우월주의를 설파하는 강연을 이어 갔다.[1]

백인 우월주의에 반대하여 샬러츠빌의 버지니아 대학 캠퍼스에서 열린 촛불 집회

사상자를 초래하는 폭력 사태까지는 아니더라도, 지금 세계의 대학에서는 학문의 자유와 발언의 자유에 도전하는 저강도 투쟁이 지속되고 있다. 동료 교수와 학생 집단이 서로의 발언을 인종주의, 여성주의, 민족주의, 애국주의 등을 이유로 비판하고, 규탄하고, 때로는 매도하며 담론 투쟁을 벌인다. 대결은 때로 집단적 실력행사로 이어진다. 대학 당국은 일상적으로 명예훼손, 차별, 괴롭힘 등에 대한 진상조사 요구를 받고 있으며, 때로 가해자를 가려내 징계해야 한다는 청원을 받기도 한다. 대학 내 갈등을 해결하기 위해 국가의 형벌권을 동원해 형사처벌해야 한다는 생각이 득세하고 있다.[2]

대학 내에 담론 투쟁, 즉 논쟁이 없었던 적은 없다. 서로 다른 이념과 가치를 전제로 삼아, 경쟁적으로 이론과 해석을 제시하고, 누구의 이론이 참이고 어떤 해석이 그럴듯한지 겨루는 일은 대학의

일상이다. 논쟁에 두려움 없이 임하는 학자야말로 진리 탐구라는 대학의 목적을 구현하는 자다. 논쟁이 치열할수록 그리고 반본적일수록, 대학은 독자적 문화와 기풍을 형성하고 고유한 규범을 만들어 학문 후속 세대를 육성하는 데 성공할 가능성이 높다. 서로 논쟁하는 가운데 새로운 가설을 제시하고 더 많은 자료를 수집해서 기존 이론에 도전하는 연구자들이 등장한다. 그중에는 당대 문화와 불화하거나 정치적으로 저항적인 자들도 있기 마련인데, 대학은 외부 압력으로부터 이들을 보호하는 것이 자율성을 확보하는 길이라고 생각했다.

그러나 최근의 담론 투쟁은 기존과는 다른 양상을 보이고 있다. 무엇보다 대학 내 동료들을 억압하기 위해 외부 정치세력 및 사회 집단과 결탁한다. 대학 내 일상의 발언은 물론 학술 발언에서도 투쟁의 단초를 만들어 낸다. 대학에서 불씨를 만들어 대학 밖에서 영향력을 행사하려 한다. 투쟁에 골몰하는 자들은 대학을 교육과 연구를 위한 자유로운 기지로 만드는 데에는 처음부터 관심도 없었다는 듯 행동한다. 이들은 또한 대학 내 반대 진영을 억압하기 위해 대학 정책을 만들고 내규를 남용하듯이 전략적으로 활용하는데, 그로 인해 대학의 정책과 내규가 지향하는 자율성의 이념을 오히려 왜곡하고 훼손하는 결과를 초래한다.[3]

대학이 정치적이고 문화적인 투쟁의 장으로 변하면서, 학문의 자유를 위협하는 억압의 구조도 달라지고 있다. 억압이 달라지니 저항의 방식도 바뀐다. 과거의 저항은 주로 대학의 연구 역량과 규범적 영향력을 통제하려는 정치적 탄압이나 상업적 유인, 또는 대학의 이념 자체를 무시하는 비합리적 전통과 권위의 강요를 거스르는 것이었다면, 지금은 대학 내부에서 만들어지는 나쁜 이념과 사악한 이론, 그리고 이를 표현하는 '해로운 발언'을 겨냥한다. 누구나 '발언의 해악'의 직접적인 피해자로서 호소할 수 있는데, 그 해악이란 정체성에 대한 위협이나 존엄성에 대한 훼손을 포함하기에 미세하고도 광범위하다. 위협받는 정체와 훼손된 존엄이란 도대체 무엇이고 그에 대한 위협과 훼손은 어째서 해악이 되는지, 저마다 이해와 설명이 다르다는 점은 간단히 무시된다. 주요 개념에 대한 별도의 이해와 탐구, 그리고 서로 다른 이해와 설명에 대한 논쟁조차 필요 없다는 식이다. 결국 논쟁은 사라진 채 싸움만 남게 된다.[4] 방법론적인 원칙을 준용하여 합리적이고 예절 바른 토론 방식으로 이루어졌던 논쟁의 규범 자체가 허물어지는 대학의 현실이 비극적이다.

자율성과 학문의 자유

역사적으로 학문의 자유는 대학이 자율적으로 확보한 관할권에 뿌리를 두고 발전했다고 한다.[5] 역사적으로 형성된 이념이라 할지라도 그것을 어떻게 이론적으로 정당화할 수 있는지 검토해 볼 필요가 있는데, 이를 위해 학문의 보편적 존재 방식 중 하나인 다양한 분과에 주목해 보자. 학문 분과란 고유한 방법론을 갖추고 고유한 이론들을 축적하는 담론 영역인 동시에 학술적 역량을 지닌 사람들이 모여 상호작용하는 실천 영역이기도 하다. 분과는 느슨하면서도 구멍이 뚫린 경계를 끊임없이 재설정하는 방식으로 분화하고 통합하면서 존재한다. 요컨대, 분과란 학문의 주제를 결정하고, 방법론을 확립하며, 이론과 역량의 탁월함을 평가하는 전문성의 담지체라고 할 수 있다. 대학, 학회, 연구기관 등 학술 기구들은 모두 고유한 이론적 전통과 방법론적 규범을 갖춘 분과를 단위로 제도화된다.

무엇이 참이고 거짓이며, 타당하고 타당하지 않은지, 누가 천재적인지 아닌지 등을 평가하는 일이 학문의 일상이다. 이런 평가에서 분과를 경계로 하는 해당 학문의 전문가 집단에 속한 사람이 결정을 내린다는 생각이 곧 자율성의 근거가 된다. 어떤 논문이 탁월하다거나 어떤 연구자의 역량이 천재적이라는 평가를 내리기 위해서는 그런 탁월함과 천재성을 인식하고 인정해 줄 수 있는 평가 기준과 규범이 전제되어야 하는데, 그런 평가 기준을 만들어 규범으로 내면화한 전문가의 집단이야말로 자율성을 구현한다. 학문의 자유는 이 자율성을 이념으로 포착한 것이다. 이는 진리 탐구와 전수라는 스스로 정한 임무를 수행함에 있어서 학술적 전문성을 지닌 학자들 이외에 다른 어떤 권위나 권력도 최종적인 결정권을 행사할 수 없도록 경계한다는 것을 의미한다. 요컨대, 역사적으로 학문의 자유는 대학이라는 기구가 국가나 교단으로부터 독자적 관할권을 확보해 제도화한 결과라지만, 이론적으로 보면 진리 탐구와 전수라는 이념을 실현하기 위해 전문성을 주장한 집단이 해당 집단의 평가 규범과 실천적 관습을 정당화한 것이라고 할 수 있다. 이런 의미에서 로버트 포스트Robert C. Post는 『민주주의, 전문성, 학문의 자유 *Democracy, Expertise, and Academic Freedom*』에서 학문의 자유란 학술 활동을 하는 전문직역의 자율적 규범에서 출발한다고 보았다.[6]

전문직역의 자율적 규범으로서 학문의 자유는 학술적 담론에 대한 통제를 통해 보호된다. 학자들은 집단적으로 자신들의 발언을 규제하는 규범을 만들어 왔는데, 대학이나 학회와 같은 학술 기구는 바로 그 규제 규범을 제도화한 결과로 성립한다. 국가 권력, 종교적 권위, 문화적 관습, 사적 친분 등 어느 것도 진리를 탐구하고 전수하는 일에 개입할 수 없도록, 진리 탐구 및 전수와 관련한 담론 양식을 대학과 학회가 스스로 규제해 온 것이다. 대학 내 학술적 발언에 대한 규제가 이루어지는 방식을 보면, 통제를 통해 자유를 확보한다는 명제의 요점을 명확히 파악할 수 있다.[7]

첫째, 학술 분과는 학술적 발언의 주제 영역을 규제한다. 작게는 연구 논문의 주제나 세미나 참석자를 제한하고, 크게는 학과나 학회 분과 활동의 전공 적합성에 대한 판단을 내릴 때 규제가 이루어진다. 담론 주제의 적합성 평가는 온전히 학과나 분과의 자율적 판단의 관할에 속한다. 예컨대, 어떤 대학의 경제학과 교수회의에서 정한 커리큘럼을 놓고, 외부자가 특정 경제학파를 소개하는 과정이 누락되어 있다는 이유로 해당 학파에 대한 배제이며 따라서 학문의 자유를 억압한 것이라고 주장할 수 없다. 사실 논변은 정반대로 작동한다. 외부에서 그 학과에 특정한 커리큘럼을 강요한다면 학문의 자유에 대한 침해가 된다. 유사하게, 특정한 주제와 방법론을 공시한 수업이나 세미나에 아무나 참석해서 해당 학술적 주제와 무관한 발언을 개진하면서 학문의 자유를 실천하는 것이라고 주장할 수 없다.

둘째, 학술 분과는 학술적 업적이나 역량을 평가함에 있어서 세심한 규범을 갖추고 있으며, 그런 규범의 한계 내에서 학술적 권능을 보장한다. 대학이나 학회는 교수 임용에 필요한 연구 업적 심사, 동료 연구자의 연구 성과 평가, 자신이 출제한 과제를 수행한 학생의 보고서 평가 등에 대한 원칙과 규범을 갖추고 있다. 따라서 규범에 반대하며 저항하거나, 원칙의 내용을 비틀어 훼손하려는 발언을 섬세하게 규제하는 일은 학문의 자유에 속한다. 예컨대, 교수 임용 결정에 반발하거나, 학술지 게재 불가 판정에 저항하거나, 과제물에 대한 성적 변경 시도를 생각해 보자. 누구나 학술적 결정에 불만을 표현할 수 있고 불공정 의혹도 제기할 수 있지만, 그런 의혹과 불만 제기도 학술 담론의 규범에 따라서 해야 한다.

셋째, 학술 담론은 고도로 양식화된 예절 규범을 따른다. 흥미롭게도 이 규범 가운데 가장 중요한 몇 가지는 어디에도 명확하게 명문화되어 있지 않은데, 바로 이 때문에 예절 규범의 관습성과 침투성을 짐작할 수 있다. 학술 공동체 구성원은 그런 예절 규범을 열성으로 준수할 뿐만 아니라 학문 후속 세대에 전수한다. 이 규범은 단순히 학자들 간의 호칭, 연구 업적을 소개하는 어투, 세미나에서 발표자와 토론자가 교류하는 방식 등에 한정되지 않는다. 논문의 서술 방식, 다른 업적을 인용하는 방식, 논문 심사 요청문과 심사 요지의 논조, 세미나 발표와 토론문의 구성 등까지도 각 분과 또는 학회가 채택한 규범을 따른다. 이렇게 학술적 예절 규범을 따르는 행위를 그저 과시적이라거나 의례적이라고만 치부할 수는 없는데, 왜냐하면 규범 준수를 통해 학술적 소통을 효율적이고 효과적으로 수행하기 때문이다. 예컨대, 연구자의 학술적 역량과 진정성을 존중하는 방식으로 발언함으로써 학술 상호작용에 필수적인 대담한 주장과 결정적 비판, 학파의 옹호와 다른 이론 진영에 대한 반격 등과 같은 임무를 충실하게 수행할 수 있다.

민주정과 발언의 자유

우리가 요즘 언론과 출판의 자유, 표현의 자유, 발언의 자유 등으로 교차해서 칭하는 이 자유는 원래 하나가 아니라 두 종류였다. 고대 그리스에서 그중 하나는 '누구나 동등하게 말할 수 있다isegoria'는 시민의 평등한 권리에 가까운 개념이었고, 다른 하나는 '무엇이라도 거리낌 없이 말할 수 있다parrhesia'는 표현적 진정성을 의미했다.[8] 현대의 '발언의 자유freedom of speech'도 단일하지 않은 복잡한 이론적 갈래를 갖는데, 특히 다음 몇 가지 중 하나 혹은 여럿을 동시에 의미한다.[9]

첫째, 발언의 자유가 성립하는 이유를 제시한 이론 중 권력 감시 기능을 강조하는 권력비판론이 있다. 국가나 지배자의 권력 남용을 감시하기 위해 시민들은 권력은 물론 그 주변에 대해 묻고 따지고 청원하는 행위를 하는데, 이런 발언을 권리로 보장해야만 권력의 부패를 막을 수 있다는 것이다. 발전한 민주정에서 언론이 수행하는 탐사보도나 비판적 논평이 이 기능을 제도화한 것으로 간주된다.[10]

둘째, 발언의 자유를 보장함으로써 인간의 성장을 도울 수 있다는 자기실현론이다. 이 이론은 인간이 독립적인 인격체로 성장하고, 주변 사람들과 교류 관계를 맺으며, 집단 정체성을 형성하는 데 자기표현과 타인의 발언에 대한 경청이 중요하다는 전제에서 출발한다. 자기실현론은 발언의 자유를 보장하는 일이 개인의 자기 형성을 넘어 민주적 덕성과 합리성을 갖춘 시민의 형성에 기여한다는 논지로 발전하기도 한다. 민주정이 타락하지 않기 위해서는 주권자인 시민의 능력과 덕성이 중요한데, 공적 사안에 대한 의견 표

명과 타인의 의견 경청, 그리고 여론 형성이 시민의 민주적 역량을 계발한다는 것이다.[11]

셋째, 미국의 헌법학에서 발전한 민주적 자치정부론에 뿌리를 둔 민주적 정당성 이론이다. 알렉산더 미클존Alexander Meiklejohn은 1920년대 이후 '사상의 자유시장론'을 주장한 올리버 웬들 홈스Oliver Wendell Holmes 판사의 견해를 비판하면서, 발언의 자유란 진실을 발견하기 위한 것이라기보다 여론을 형성하기 위한 것이며, 여론에 기초한 정부만이 자치적이고 정당하므로 발언의 자유가 보장되어야 한다고 주장했다.[12] 이 주장은 미국 수정헌법 제1조와 관련한 일련의 판례법을 지탱하는 이론적 기초로 활용되면서, 결국 민주정을 정당화하는 인민의 자기결정성을 확보하기 위해 발언의 자유를 보장하는 게 필수적이라는 이론으로 발전했다.[13]

그리고 하나 더 있다. 오래된 자유주의 이념을 배경으로 하며, 잘 알려져 있지만 그만큼 오해도 많은 '사상의 자유시장'에 대한 비유를 차용한 이론이다. 요약하자면, 이 이론은 진실을 주장하는 이들이 공개적으로 의견을 표명할 수 있게 하면, 의견들의 경쟁을 통해 진실에 이를 수 있다는 논지를 따른다. 얼핏 이는 진리 탐구와 전수를 위한 학문의 자유와 일맥상통하는 것처럼 보인다. 그러나 발언의 자유가 보장하는 진리 발견 기능이 의심스럽다는 반론이 강력하다. 예를 들어, (1) 자유롭게 의견을 교환한다고 해서 반드시 진실을 발견할 수 있는 것은 아니고, (2) 자유로운 의견 교환을 보장하는 의견의 시장을 경험적으로 확보하고 유지하기 어려우며, 결정적으로 (3) 애초에 발견할 수 있는 객관적 진실이 존재하지 않거나, 그런 것이 있더라도 발견할 가능성이 희박한 경우에는 '사상의 자유시장'이란 비유를 따르는 진리발견론을 적용할 수 없다는 비판 등이 그것이다.[14] 이런 비판들을 수용한다면, 진리발견론에 의거해 발언의 자유 이념으로부터 학문의 자유를 도출하거나 정당화하기는 어려울 것이다.

발언의 자유를 정당화하는 데 진리발견론이 아니더라도 권력비판론, 자기실현론, 민주적 정당성 이론 등이 있으므로 그것으로 충분하다고 우회할 수 있다. 그러나 이렇게 되면 발언의 자유가 학술적 담론을 통제하는 규범으로 구체화되는 학문의 자유로 어떻게 이어지는지 연결점을 찾기가 쉽지 않다. 실제 공공 영역에서 발언의 자유와 학술 영역에서 학문의 자유는 서로 구분될 뿐 아니라 무관하다고 주장하는 이론가도 있다.[15] 그러나 대학 내에서 담론적 실천 행위를 보면, 두 자유 간에 접점이 아예 없는 것도 아니다. 첫째, 자유를 주장하는 주체를 보면 그렇다. 학문의 자유가 제도화된 학술 기관에 참여할 자격을 갖춘 연구자들이 누리는 자유라면, 발언의 자유는 모든 사람, 즉 인민이 주장하는 자유다. 전자는 후자에 속한다. 둘째, 학문의 자유는 진리 탐구와 전수를 위한 전문적 판단에 외부 세력의 개입을 막기 위한 것인데, 이렇게 보호받는 학술적 담론은 그 자체로 권력을 비판하고 감시하는 기능을 수행할 수도 있고, 시민적 역량을 기르는 데 기여할 수도 있으며, 결국 개인의 의견과 여론을 형성하는 데 영향을 미치기도 한다.[16]

자유를 실천하는 대학과 대학인

대학인은 연구자, 교육자, 또는 학생으로서의 정체성만 갖는 게 아니다. 그는 동시에 시민이며 다양한 집단이나 공동체에 속한 구성원이기도 하다. 대학 내에서 연구자는 시민으로서 정치 활동을 수행하고 여러 공동체와 집단의 구성원으로서 친교한다. 대학 내에서 벌어지는 활동 가운데 교육 및 연구 활동과 직접적인 관련이 없는 일들도 있다. 예컨대, 대학 내에는 정치적 결사체나 취미 집단이 있으며, 대학 구성원은 이런 조직에 속해서든 아니든 다양한 활동을 한다. 이런 정치적 실천이나 교류 활동에 대해서도 학문의 자유에 기초한 학술적 담론 규범을 우선적으로 적용해야 한다고 주장하기는 어렵다.

교수 중에 전통적인 언론 매체는 물론 트위터나 페이스북과 같은 교류 매체를 통해 활발하게 정치적 의견을 개진하는 자들이 있다. 그중에는 자신의 신조와 양심에 따라 대중적으로 인기 없는 의견을 피력하는 자도 있는데, 때로 그런 발언이 사회적 물의나 정치적 파장을 유발하기도 한다. 학생 중에도 사적 영역에서 자율적으로 정체성에 기초한 모임이나 취미 집단을 구성해 교류 활동을 하는 이들이 있다. 이 중에는 자신의 정체성과 본원성에 따라 일반인들은 쉽게 납득하기 어려운 행위를 진심으로 실천하는 자도 있는데, 때로 이런 행위가 사회적 물의를 유발하기도 한다. 대학 당국은 대학 밖의 공론장은 물론 대학 내 공론장에서 활발하게 정치적 활동을 하는 행위를 가로막을 권리도 없고, 학문의 자유에 근거한 합당한 이유도 없다. 해당 발언이 현행법을 위반한 불법 행위에 속하거나, 대학이 미리 정한 민주적인 절차를 거쳐 채택한 규범에 어긋나는 것이 아니라면 말이다.

대학 내 발언이 이루어지는 영역을 관찰해서 그것이 공적인 의견 교환 영역에 속하는지, 사적인 친밀한 영역에 속하는지, 아니면 전문적 학술 담론 영역에 속하는지 세심하게 구분할 필요가 있다. 대학은 전문적 학술 담론에 대해 직접적인 통제 관할권을 갖는다. 그런데 이렇게 영역을 먼저 구분한 뒤, 다른 영역에 속한 것은 다르게 대처한다는 원칙을 적용하는 것마저 간단하지만은 않다. 학문의 자유와 발언의 자유를 증진하기 위한 대학의 노력이라는 관점에서 다음과 같은 몇 가지 실천적 요점을 도출해 보았다.

첫째, 대학은 학술 영역을 적극적으로 보호할 책임이 있다. 따라서 별도의 정치적 공론장에서 벌어진 사태나 사적 행위라고 하더라도 사후적으로 공개된 사건이 학술적 담론을 방해하거나 학술적 토론장 자체를 훼손할 위험에 대해 적절하게 대응해야 한다. 예고된 학내 시위는 그 자체로 정치적 공론장이다. 그러나 그 시위에 맞대응하는 반대 시위가 같은 장소에서 같은 시간에 예정되어 있고, 두 시위에 참석할 것으로 알려진 인사 중에 폭력도 불사하겠다고 공언한 사람이 있다면 사정은 달라진다. 대학은 이 특정 사태에 대해 발언의 자유를 보장해야 한다는 이유로 대학 내에서 폭력 사태가 벌어지는 것을 그대로 두고 봐서는 안 된다. 학술적 공동체로서 적절하게 대응할 최선의 방법을 찾아야 한다. 예컨대, 강연자의 관점이나 강연 내용을 문제 삼아 규제하는 것이 아니라, '시간, 장소, 방법에 의거한 발언 제한'을 들어 규제할 방법은 없는지 모색할 수 있다.[17]

둘째, 대학은 학문 영역 내부의 전문적 판단에 함부로 개입해서는 안 된다. 학술적 담론 중에는 내용적으로나 실천적으로 비상식적으로 여겨지는 것들이 있기 마련이다. 그렇더라도 학술적 담론의 주제나 내용을 문제 삼거나 행위적 과잉을 이유로 해당 학문 분과의 자율적 판단에 거스르는 규제를 가하지 않도록 주의해야 한다. 예컨대, 한 학과가 개설한 과목 소개에 제시된 표현을 문제 삼거나 강의 계획서에 포함된 참고 도서 목록의 적절성을 심사하겠다고 나설 수는 없다. 세미나에 초청된 연사의 전공을 문제 삼거나 그의 발언이 타당한지 심사하겠다고 나설 수도 없다. 이런 일에 대한 판단은 해당 학과나 세미나 주관 단위의 관할에 속하며, 그 주체가 아닌 외부 세력이 판단에 개입하지 못하게 보호하는 일이 학문의 자유를 보장하는 길이다. 특히 연구 성실성 위반, 직장 내 괴롭힘, 혹은 미리 정한 학내 민주적 절차에 따라 규정한 품위 위반 등에 해당하지 않는 학술적 비정상성에 개입하는 경우에 그렇다.

셋째, 대학은 학문의 자유와 발언의 자유를 증진하는 데 필요한 학술적 역량을 키울 수 있도록 힘써야 한다. 실은 이 문제는 대학 당국의 과제이기도 하지만, 그보다는 연구자와 학생 등 대학 구성원의 책임에 속한다. 대학 내 담론의 전쟁터에 등장하는 모든 사상, 이념, 이론은 대학인의 지적 도구다. 자유, 인권, 차별, 억압, 해악, 정체성, 자율성, 존엄성, 정치적 올바름, 그리고 무수한 주의가 모두 억압과 차별의 도구가 될 수도 있고, 해방의 도구가 될 수도 있다. 이 개념들의 의미와 활용 중 자명한 것은 하나도 없다. 대학이란 바로 이 도구들을 가다듬고, 사용의 적절성과 타당성을 따져 묻고 답하는 곳이다. 학자란 개념들이 충분히 명확하게 정의되었는지, 상황에 적절하게 사용되었는지 문제 삼고 검토하는 일에 전문적 역량을 가진 자들이다. 증오와 혐오의 차별적 효과를 분석하고, 지위로서의 존엄과 자율성으로 존엄을 구분하고, 민족과 인종 정체성의 작용과 부작용을 탐색하여 인간과 제도에 대한 함의를 드러내는 일이 연구자가 하는 일이다.

대학에 속한 학자라고 해서 현실의 차별과 억압으로부터 구분된 세상에 사는 것은 아니다. 대학에는 차별과 억압을 연구하고, 그렇지는 않더라도 스스로 양심에 따라 저항과 투쟁에 참여하는 학자도 있다. 그러나 차별과 억압이든 뭐든 자신이 사용하는 개념을 다루는 데 서투르고 현실에 적용하는 데 어려움을 겪는 학자란 음정을 모른 채 연주하겠다는 악사와 다르지 않다. 얼마든지 연주는 할 수 있겠지만, 역시 들어 주기는 어려운 것이다. 하물며 자신과 이념이 다르다는 이유로 동료 학자를 정적으로 낙인찍고, 그의 발언으로 피해를 입었다고 주장하며 발언 상대를 가해자로 몰아가는 자들이라면 어떨까. 앞서 말했듯이 대학에서 논쟁과 대립은 일상적이며, 그중에는 심각한 정치적 함의를 갖는 것도 있다. 대학은 그러나 정치적 투쟁을 포함한 모든 인간적 상호작용을 위한 가치와 이념을 발굴해서 벼리는 곳이며, 모든 투쟁의 도구인 개념과 방법을 개발하는 곳이기도 하다.

1. 주립 대학인 플로리다 대학은 공립 대학이기에 발언의 자유 원칙을 따라야 했다. 따라서 인송수의 강연이라고 할지라도 신청 절차가 적법하다면 관점이나 내용에 따른 차별적인 기준을 들어 거절할 수 없었다. 사태 전개에 대한 플로리다 대학 총장의 해명에 대해 다음 기사를 참고하라. Annalisa Merelli, "The University of Florida Is Allowing Richard Spencer to Speak Because It Has To," *Quartz*, October 17, 2017. 샬러츠빌 사태를 겪은 버지니아 대학의 대응에 대해 발언의 자유 관점에서 논의한 것으로는 다음을 참고할 수 있다. Erwin Chemerinsky and Howard Gillman, *Free Speech on Campus* (Yale University Press, 2017), pp. x-xi.

2. 사태의 심각성과 그에 따른 희비극성을 다음 세 가지 사례를 통해 짐작할 수 있다. (1) 2016년 미국 오리건 대학의 한 백인 교수가 핼러윈 파티에서 흑인 분장을 하고 등장했다. 동료 교수와 일부 학생들이 이를 문제 삼아 그 교수의 사임을 요구했고, 대학은 즉각 조사위원회를 열어서 문제의 행동이 차별반대정책을 위반했다는 보고서를 발표했다. 문제의 교수는 1년간 연구년을 마치고 학과로 돌아왔다. (2) 2002년 미국 버클리 대학 영문과에서 〈팔레스타인 저항의 정치와 시학〉이란 수업을 개설했는데, 과목 소개에 '이스라엘 군대의 잔인한 점령'이란 용어를 비롯한 정치적 견해가 담겨 있었다. 학내외에 논란이 일자, 영문과는 과목 소개를 수정하고 수업에 정교수가 참관해서 학술적 기준에 맞춰 수업을 진행하도록 조치를 취했다. 버클리 대학 총장은 헌법학 교수 로버트 포스트(Robert C. Post)에게 정책 보고서를 제출해 달라고 요청했고, 포스트는 '학문의 자유와 인티파다 커리큘럼'이란 제목의 보고서에서 수업을 정치적 교설의 수단으로 삼아서는 안 된다는 경고와 함께 이미 내려진 학과와 대학의 조치를 고려했을 때, 문제의 수업은 학술적 기준을 충족할 가능성이 높다고 판단했다. 수업은 계획대로 진행됐고, 참여 학생들로부터 좋은 평가를 받았다. (3) 2017년 미국 펜실베이니아 대학 법대 교수 에이미 왁스(Amy Wax)는 『필라델피아 인콰이어러』와의 인터뷰에서 1940-1960년대 '부르주아 문화의 붕괴'에 대해 논의했다. 같은 법대 교수 33명을 포함한 시민들은 인터뷰 내용을 비판하는 성명서를 내고, 한 시민단체는 왁스 교수의 견해가 백인 우월주의를 지지하는 것이라며 사임을 요구했다. 왁스 교수는 굴하지 않고 논쟁적인 견해를 계속 피력했고, 결국 2018년 펜실베이니아 대학 법대 학장은 왁스 교수가 신입생 수업을 가르칠 수 없도록 조치했다.

3. 대학 내 발언 규제의 동향과 문제점을 정리해서 제시한 최신 논의를 스탠리 피시(Stanley Fish)의 신간 『첫째』 제3장에서 찾아볼 수 있다. 피시의 요령 있는 사태 정리와 별도로 그의 견해, 즉 대학 내 학술적 담론을 둘러싼 논쟁에

발언의 자유 논리를 적용하는 것은 오류라는 견해도 접할 수 있다. Stanley Fish, *The First: How to Think about Hate Speech, Campus Speech, Religious Speech, Fake News, Post-Truth, and Donald Trump* (Atria, 2020).

4. 논란과 논쟁을 기피하고 안전하고 확립된 진실을 추구하는 교육이 초래하는 위험을 논의한 델파토어(Joan DelFattore)의 『만들어진 지식』을 참조하라. 이 저서는 1980년대 말부터 1990년대까지 미국 대학에서 추진했던 이른바 '대학 내 증오 발언'을 규제하기 위해 채택했던 일련의 발언 규제 준칙이 어떻게 그리고 어째서 사법부에 의해 격추되었는지 분석한 장을 포함하고 있다. Joan DelFattore, *Knowledge in the Making: Academic Freedom and Free Speech in America's Schools and Universities* (Yale University Press, 2010).

5. Geoffrey R. Stone, "A Brief History of Academic Freedom", in Akeel Bilgrami and Jonathan R. Cole (eds.), *Who's Afraid of Academic Freedom?* (Columbia University Press, 2015), pp. 1-9.

6. Robert C. Post, *Democracy, Expertise, Academic Freedom* (Yale University Press, 2012), pp. 63-68.

7. 이하 제시한 학술 담론의 세 가지 규제 양식은 다음을 참조해 사례를 더한 것이다. Erwin Chemerinsky and Howard Gillman, *Free Speech on Campus* (Yale University Press, 2017), pp. 65-74.

8. 이준웅, 「제4장 노모스와 피지스: 레토릭을 통한 민주주의 정당화」, 『말과 권력』(한길사, 2011), 286쪽.

9. Rodney A. Smolla, *Smolla and Nimmer on Freedom of Speech*, SS2 (Thomson Reuters, 2015).

10. Vincent Blasi, "The Checking Value in First Amendment Theory," *American Bar Foundation Research Journal*, vol. 2, no. 3 (1977), pp. 521-649.

11. Rodney A. Smolla, *Smolla and Nimmer on Freedom of Speech*, SS2: 22-25; C. E. Baker, "Autonomy and Hate Speech", in I. Hare and J. Weinstein (eds.), *Extreme Speech and Democracy* (Oxford University Press, 2009), pp. 139-157.

12. Alexander Meiklejohn, *Free Speech and Its Relation to Self-Government* (Harper & Brothers, 1948).

13. Robert C. Post, "Participatory Democracy and Free Speech", *Virginia*

Law Review, vol. 97, no. 3 (2011), pp. 477-489.

14. C. Edwin Baker, "Ch. 1: The Classic Marketplace of Ideas Theory", *Human Liberty and Freedom of Speech* (Oxford University Press, 1989), pp. 6-24.

15. Stanley Fish, *The First: How to Think about Hate Speech, Campus Speech, Religious Speech, Fake News, Post-Truth, and Donald Trump* (Atria, 2020).

16. 포스트는 이를 학문의 자유를 보장함으로써 기대할 수 있는 '민주적 역량 강화'라고 한다. 포스트는 민주정이 대학과 학회의 학술 활동과 같은 전문지식 생산과 유통을 보호해 왔으며, 또한 그럴 이유가 있다고 주장하는데, 그 이유는 전문가들이 생산한 지식이 공론장에서의 의견 교류에 기여함으로써 결국 민주정의 정당성을 강화하기 때문이다.
Post, *Democracy, Expertise, Academic Freedom*, pp. 59-60.

17. 이는 내용 중립적인 방식으로 발언을 규제하는 방식 중 하나다. 예컨대, 공적 장소에서 발언한다고 해도 심야에 확성기를 사용할 수 없도록 규제한다든지, 장소의 제한으로 많은 시민의 시위 참여를 허락할 수 없다든지, 평화로운 유인물 제공이라고 해도 과도한 양을 살포하지 못하게 규제하는 것 등을 의미한다.

대학에서의 앎과 윤리
— 김우창의 초기 비평을 중심으로[1]

손유경

팬데믹과 '궁핍한 시대'

김우창金禹昌이 1973년에 쓴 한용운 시론의 제목이자 1977년에 출간된 그의 첫 평론집 표제이기도 한 '궁핍한 시대의 시인'은 독일 시인 프리드리히 횔덜린Friedrich Hölderlin의 시 「빵과 포도주」의 한 시구에서 따온 것이다. 횔덜린은 이 시에서 "이 궁핍한 시대에 시인은 무엇을 위하여 사는가"라는 물음을 던지면서 시인으로서의 번민과 소명의식을 강렬히 드러낸 바 있다.[2] 김우창 전집 2권 『지상의 척도』의 표제 역시 횔덜린의 시 「사랑스러운 푸르름 안에…」의 한 구절에서 비롯된다.[3] 2019년 만해문예대상을 수상한 김우창은 "횔덜린은 희랍 시대의 정신과 예술을 동경했고, 자신의 시대는 그런 삶의 아름다운 지혜가 사라져 궁핍한 시대"로 인식했다면서 "그리스도가 최후의 만찬 때 제자들에게 나눠 준 빵과 포도주가 상징적 물건으로 남아 그 이후에도 영적이고 장엄한 것을 보통 사람들이 나눠 갖도록 하듯이, 시인은 궁핍한 시대에 그 지혜를 최소한의 상징으로 보여 주는 사람"이라고 설명한다.[4] 한용운을 위시한 일제 치하의 여러 시인을 '궁핍한 시대의 시인들'로 명명하면서 그들의 예술혼에 주목한 김우창이야말로 유신과 군부독재 시기를 거치며 엄혹한 시절에 글쓰기를 시도한 '궁핍한 시대의 비평가'였다.

첫 평론집이 출간되고 20년 가까이 흐르는 동안에도 그의 시대 인식에는 큰 변화가 없었다. 1996년에 발표한 「궁핍한 시대의 이성」에서 그는 이성이 인간의 열정에 깊이 뿌리내린 내면의 영역임을 강조하면서 내면성 교육이 제대로 이루어지지 않았던 당시 현실을 개탄한다.[5] 이처럼 김우창의 시대 인식은 일관된 양상을 보였는데, 이는 그가 한 나라의 학문이나 예술의 근본 체질은 정권이 바뀌거나 대학(생) 수가 많아진다고 해서 쉽게 바뀔 수 있는 것이 아님을 절감한 비판적 지식인이었기 때문이다. 우리 민족이 "민족 전체로서 몰락하는 계급"이 되어 대다수가 "은둔도 현실 개조도 할 수 없는 뼈아픈 무력감에 사로잡혔"(「궁핍한 시대의 시인」, 179)[6]던 한용운의 시대나, "물질적 성장, 물질적 번영과 더불어 방출된" [인간의] "무한한 욕심과 지배 의지"로 인해 "일상생활에서 자라 나오는 불행 의식"(「궁핍한 시대의 이성」, 285)이 만연한 20세기 말이나 '궁핍한 시대'이기는 마찬가지라는 김우창의 판단이 지금 이곳의 대학교육에 시사하는 바는 무엇일까? 코로나19 팬데믹이라는 초유의 사태가 우리로 하여금 또 하나의 '궁핍한 시대'를 겪어 내게 하는 이 시점에, 대학에서 문학을 연구하고 가르치는 행위는 어떤 윤리적 의미 혹은 가치를 지니는가?

이 글은 이러한 물음을 바탕으로 1970년대와 1980년대에 집중적으로 쓰인 김우창 초기 비평의 문제성과 현재성을 밝혀 보는 데 그 목적이 있다. 이를 위해 김우창의 비평적 글쓰기를 어떤 '도달점'이 아니라 '경유지'를 중심으로 재구성해 보려 한다. '심미적 이성' 혹은 '구체적 보편성'이라는 목적지를 향한 도정에서 김우창이 남긴 사유의 편린과 족적들은 그 자체로 깊이 음미될 필요가 있다는 것이 이 글의 문제의식이다. 저자가 '말하려는 바'와 '말하는 과정에서 은연중 드러난 바'가 늘 조화를 이루는 것은 아니다. 요컨대, 문광훈이 "김우창은 이성을 중시하지만 […] 오히려 감각과 경험, 육체를 더 중시한다. 적어도 인식의 출발 또는 그 자료로서는 그렇"[7]다고 말한 대목을 이 글에서는 다음과 같이 다시 써보려는 것이다. '김우창은 이성을 중시하지만 감각과 경험, 육체도 중시하는데, **적어도** 인식의 출발 또는 자료로서 그러한 것이 아니라 이성 **자체**가 비이성적 요소(감각, 충동, 본능)에 뿌리내리고 있기 때문이다.' 그의 사유에서 인간의 감각, 충동, 본능, 직관은 이성(론)과 윤리(론)로 통합되기보다는 이성(론)과 윤리(론) 자체를 구성하고 그 성격을 결정하는 내면의 원리로 그려진다.

이 글에서는 인간의 이성과 감성에 관한 김우창의 이러한 이해가 팬데믹 시대 대학교육의 의미를 고민하는 지금 이곳의 우리에게 어떤 메시지를 던지는지 구체적으로 살펴보고, 그가 도달한 사유의 어떤 정점에 우리 스스로를 위치시킴으로써 지금 우리의 대학교육이 나아가야 할 방향을 모색해 보고자 한다.

'숨어 있는' 문학의 윤리

김우창의 대표적 비평 「궁핍한 시대의 시인: 한용운의 시」(1973)는 한용운이 살았던 일제강점기를 뤼시앵 골드만Lucien Goldmann의 『숨어 있는 신*Le dieu caché*』에 언급된 파스칼의 시대와 비교하면서, 파스칼과 한용운의 비극적 세계관에 대해 설명하는 것으로 시작한다. 파스칼이 속했던 17세기 프랑스의 몰락 계급 '노블레스 드 로브 Noblesse de robe'(법복귀족)는 관료제가 발전함에 따라 권력의 중심에서 멀어지게 되는데, 이들은 왕에게 경제적으로 예속되어 있었기 때문에 왕에게 저항을 할 수도 안 할 수도 없는 처지에 몰리게 된다. 여기서 김우창은, 파스칼의 계급이 처했던 이러한 상황이 민족 전체가 몰락하는 계급이 되었던 일제강점기에 한용운이 맞닥뜨린 현실과 유사하다고 판단한다. 즉 한용운과 파스칼은 "은둔도 현실 개조도 할 수 없는 뼈아픈 무력감"(「궁핍한 시대의 시인」, 179)에 사로잡혀 "진실의 관점에서는 세상을 완전히 거부하지만 현실의 관점에서는 그것을 완전히 받아들이는"(「궁핍한 시대의 시인」, 177) 비극적 세계관을 가질 수밖에 없었다는 것이다.

문제는 절대 선에 대한 비극적 인간의 요구가 크면 클수록 세상은 타락해 있다는 역설에 부딪히게 된다는 사실이다. 따라서 그의 입장에서 진실은 부재로써만 확인된다.

> 타락한 세상에 신은 있지 아니한다. 그러나 인간에게는 세상 이외의 신에 이르는 길이 없기 때문에 신은 오로지 부정과 부재로써만 확인된다. '참으로 신은 숨어 계시는 것이다.'(「궁핍한 시대의 시인」, 178)

김우창의 분석에 따르면 한용운 시에 가장 두드러지게 나타나는 것은 부재와 침묵의 부정적 현실이다. 「님의 침묵」에 등장하는 '님'은 골드만의 '신'처럼 부재로써 존재하며, 「당신을 보았습니다」에서도 '당신'은 부재하지만 반드시 존재해야 할 당위로서의 윤리 질서 또는 절대 선의 원리로 그려진다. 그러나 이러한 부재와 침묵

이 진실을 향한 인간의 갈구에 연결되어 있음을 알아차리라고 그는 주문한다. 이를테면 「찬송」에 드러나는 "빛과 사랑과 평화에 대한 열망"은 그의 다른 시편들에 드러나는 강렬한 "부재 의식의 강도"(「궁핍한 시대의 시인」, 199)에 비례하면서 그것의 다른 면을 이루고 있다는 것이다. 차단되었음에 대한 의식을 통하지 않고는 열린 것은 사유될 수 없다는 테오도어 아도르노Theodor Adorno의 통찰이 떠오르는 대목이다.[8] 빛이 존재하지 않는다는 뚜렷한 의식은 유토피아를 향한 열망의 다른 모습이라는 통찰을 김우창과 아도르노는 공유한 셈이다.

이처럼 김우창은 부정적 사고에 필연적으로 깃든 '유토피아적 핵심'을 강조하기 위해 부재와 침묵 같은 한용운 시의 부정적 국면을 폭넓게 검토하는 문학적 우회로를 밟은 후 다음과 같은 결론에 도달한다.

> 사실 부정적 사고는 […] 실제에 있어서 거기에 **유토피아적 핵심**이 없는 경우는 드물다. 다만 그것은 세상에 있어서 절대 선의 실현을 요구하는 까닭에 어떠한 차선이라도 그 지위를 찬탈하여 독단의 원리가 됨을 두려워할 뿐이다. […] 그러니까 한용운이 긍정적인 원리를 말할 때, 이것이 어떤 구체적인 것이라기보다 지극히 고양된 평면에 있는 형이상학적 시적 비전이 되는 것은 당연하다. 고도로 현실을 넘어서는 이상의 투사는 **적어도** 현실을 이상화하는 위험으로부터 우리를 구출해 주는 것이다.(「궁핍한 시대의 시인」, 198)(이하 강조는 인용자)

위 인용문의 '적어도'라는 부사어는 깊은 의미를 함축하고 있는

데, 궁핍한 시대의 시인에게서 발견되는 '유토피아적 핵심'에 대한 김우창의 윤리적 해석이 무엇을 지향하는지 암시되어 있기 때문이다. 즉 진리를 향한 열망이나 유토피아적 충동 같은 시인의 형이상학적인 시적 비전은 차선次善 따위가 함부로 군림하는 것을 막아 주고 우리로 하여금 주어진 현실을 섣불리 이상화하는 우를 저지르지 않게 하는 '최소한의 윤리'를 구성한다는 것이 위 글의 핵심이다. 부재함으로써 존재하는 절대 선은, 무엇을 하거나 하지 말도록 주문하지 않지만, 우리로 하여금 '적어도' 궁핍한 현실을 쉽사리 이상화하거나 합리화하지는 않게끔 한다. 차선이 최선인 양 군림하지 못하게 하는 최소한의 윤리란 바로 이런 것을 뜻한다.

김우창은 「산업시대의 문학」(1979)이라는 글에서 조세희의 『난쟁이가 쏘아올린 작은 공』을 분석하면서 그의 소설이 사회 현상에 대한 작가의 강한 분노를 담고 있는 현실 참여 계열에 속하면서도 통속적 도덕주의를 거부했다는 점에 주목한다.[9] 조세희는 도덕주의자로서 어떤 규칙을 제시하지 않지만, 현실에 대한 감출 수 없는 그의 분노에는 "크고 진지한 도덕적 정열"이 "숨어" 있다는 것이다(「산업시대의 문학」, 57).

> 작자는 도덕적 규범에 비추어서가 아니라 이 비전의 인간적 소박성에 비추어 우리의 현실이 얼마나 정당화될 수 없는 것인가를 보여 준다.(「산업시대의 문학」, 56)

마치 한용운이 추구한 절대 선(님, 당신)이 부재함으로써만 존재하는 골드만의 '숨어 있는 신' 같은 존재였듯이 조세희가 추구하는 높은 도덕적 정열 또한 그의 분노 뒤에 숨어서 존재한다는 것, 그리고 이런 도덕적 정열에 기반을 둔 평화와 행복에 대한 비전이야말로 우리의 비참한 현실을 비추어 주는 최소한의 윤리라는 것이다.

조세희의 도덕적 정열에 맞먹는 시인의 윤리로 김우창은 「예술가의 양심과 자유」(1976)라는 글에서 김수영에게서 발견되는 고행자적 양심을 꼽는다.[10] 그에 따르면 김수영에게 양심은 적극적이며 초월적인 독단의 원리가 아니라 "금지의 원리, 부정의 원리"이며, 그 핵심은 "어떤 원리를 부과"하는 것이 아니라 "정당화되지 않는 질서에 봉사하기를 거부"(345)하는 데 있다. 중요한 것은 예술가의 이러한 양심이 "어떤 사건이나 상황에 거의 **본능적으로** 동의하거나 거부하게 하는"(342) 속성을 지녔다는 점이다.

위에서 논의된 이 '작은 것'들은 「작은 것들의 세계: 피천득론」(1976)에서 인간을 '미치지 않게 하는 정신적 지주'라는 응축된 표현으로 등장한다.[11]

> **작은 것에의 사랑**은 그것대로의 폐단을 낳으면서도 **우리를 미치지 않고 살게 하는 유일한 지주**가 된다. 아무리 사람이 스스로의 운명을 만드는 존재라고 하더라도 개인적인 삶의 테두리에서 보면 **정말 아무것도 할 수 없는 상황**이 있고, 그런 상황에서 삶의 **작은 것들은 우리에게 삶을 견디게 하는 유일한 것**이 된다.(「작은 것들의 세계」, 329)

한용운처럼 민족 전체가 몰락하는 궁핍한 시대를 살지 않더라도 인간은 누구라도 '아무것도 할 수 없는' 절망적 상황에 휩싸이는 경험을 하게 된다. 한용운의 '숨어 있는 님'이 부조리한 현실을 손쉽게 수락하는 우를 범하지 않게 하는 최소한의 윤리적 보루가 되었듯, '숨어 있는 작은 것들'을 발견하고 사랑하는 일이야말로 상처받은 우리로 하여금 절망을 견디게 하는 작은 윤리가 된다는 것, 이것이 바로 김우창이 지금 이곳의 우리에게 던지는 '작은 메시지'인지도 모른다. 아도르노의 『미니마 모랄리아*Minima Moralia*』의 부제는 '상처받은 삶에서 나온 성찰'이다. "유토피아는 유토피아가 실현되지 않으리라는 저주 속에까지 파고든"[12]다고 한 것도 아도르노였다. 궁핍한 시대를 살았던 시인들과 작가들의 문서고에서 강렬한 유토피아적 충동을 발견한 김우창의 초기 비평은, 또 다른 의미에서 '궁핍한 시대'를 살아 낸 서구 철학자들과 그가 나눈 시공을 초월한 대화의 기록이자, 팬데믹 시대를 살아가는 우리에게 그가 던지는 작지만 강렬한 메시지다.

문학의 파토스·로고스·에토스

김우창의 윤리관이 마땅히 무엇을 해야 한다는 도덕주의에 대한 비판에서 출발하듯, 문학과 정치의 관계에 대한 그의 사유 역시 강령과 구호를 일삼는 정치주의 비판으로 시작된다. 그는 '순수 대 참여'라는 정치주의적 상상력에 사로잡힌 당대 비평계와 거리를 두고, 소박한 참여론은 결코 인간과 사회를 변화시키는 원동력이 될 수 없다고 주장한다. 거기에는 로고스와 파토스의 상호 규정성으로 특징지어지는 인간 내면에 대한 이해가 결여되어 있기 때문이다. 이는 김우창이 진정한 변화란 '의식'이 아닌 '무의식' 차원에서 이루어져야 한다는 헤르베르트 마르쿠제Herbert Marcuse의 해방론에 공명하고 있었음을 시사한다.

김우창은 「문학의 현실참여」(1978)에서 "단순한 도덕적 교훈이나 정치적 구호"로써는 "의식의 해방"(78)을 이룰 수 없다면서 구호나 강령 같은 의식의 언어는 정작 인간에게 가장 중요한 무의식의 문제에 별 의미를 갖지 못한다고 강조한다.[13] 우리의 내적 삶에 중요한 것일수록 무의식 속에 가라앉아 있다는 특징을 지니는데, 문학이 작용하는 것은 바로 이러한 무의식의 차원이며 "문학이 겨냥하는 것은 사회에 대한 사실적인 이해보다 그러한 이해를 가능하게 하는 심성의 계발"(69)이라는 것이다. 이런 지적은 "예술은 세계를 변화시킬 수는 없으나, 세계를 변화시키는 사람들의 의식과 충동을 변화시키는 데 기여할 수 있"[14]다고 한 마르쿠제의 견해를 자연스레 상기시킨다. 마르쿠제는 어떤 특정 도덕이 일단 사회규범으로 확립되면 그것은 '무의식적'으로 받아들여진다는 점을 강조하면서, 인간의 원초적 공격성을 승화시켜 생산에 동원하는 자본주의 사회 원리가 인간 본능의 구조에까지 힘을 뻗쳤다고 경고한 바 있다.[15]

「문학과 유토피아」(1984)에서도 김우창은 일단 문학의 유토피아적 핵심에 주목한다.[16] "어떤 위대한 사실적인 문학도 유토피아적 핵심을 가지고 있지 않은 문학은 없을 것"(293-294)이라고 전제한 후 그는 유토피아적 사회공학의 비전 실현에서 문학은 과연 어떤 역할을 담당할 수 있는지 묻는다. 흥미로운 것은, "리비도와 동시에 리비도의 승화를 이야기"하는 문학은 "**그 나름대로** 파토스에서 출발하여 로고스에서 끝난"(300)다는 구절이다. '그 나름대로'라는 말의 뉘앙스에 주목하여 김우창이 그리는 사유의 궤적을 좀 더 상세히 그려 보자면 이렇다. 문학도 언어를 사용하기에 '그 나름으로는' 파토스(충동과 욕망)에서 출발해 로고스(이성)로 향해 간다고 볼 수 있다. 이성이 "본래의 욕망과 충동에 제약을 가하"는 것은 사실이다. 그러나 "이때의 이성은 다시 정서적 호소를 통하여 작용"한다는 것도 그에 못지않게 중요하다. 로고스는 파토스를 제어하려 하지만, 정작 로고스의 동력은 파토스에서 나온다. 문학은 따라서 언어를 사용하지만 궁극적으로 기율보다는 해방에, 금욕이 아닌 욕망 충족에 더 가까이 있게 된다. 금욕주의를 내세우는 사회혁명 과정에서 "문학이 거의 필연적으로 박해의 대상이 되는 것"(297)은 이러한 맥락에서다.

'시적 충동'과 로고스(언어, 이성)의 관계를 심도 있게 논의하는 「시와 정치」(1979)에 따르면, 시적 충동에는 육체의 자각에서 비롯되는 "주어진 삶의 충실화"와, 주어진 상황을 초월해 "세계의 풍부함에로 나아가려는 정치적 지향"이 공존한다.[17] 시적 충동에 몸을 맡긴다는 것은 한편으로 세계를 풍요한 것으로 향수하면서 다른 한편으로는 보다 큰 세계로 초월한다는 것을 의미한다. 시적 충동의 이러한 전개 도상에서 시는 필연적으로 정치 공동체의 문제에 부딪히게 된다. 감각적 삶에 충실하고자 하는 욕망과, 주어진 삶의 테두리를 넘어 더 넓은 정치 공동체로 나아가려는 욕망은 동일한 시적 충동의 양면을 이룬다는 것이다. 시적 충동이 "시인으로 하여금 한편으로는 관능의 유혹에 쉽게 넘어가게 하면서, 다른 한편으로는 강렬한 정치적 행동주의를 추구하게 하"(65)는 것으로 설명되는 것은 이러한 맥락에서다.

중요한 것은, 김우창이 인간의 감각적 충동이나 육체적 욕망'도' 이성이나 윤리'만큼' 중요하다고 말하지 않는다는 사실이다. 파토스도 중요하다는 것이 아니라, 파토스가 로고스를 움직이게 한다는 것이 핵심이다. 김우창이 행하는 사유의 긴 도정에서 인간의 감각과 충동은 윤리와 정치를 구성하고 작동시키는 대체 불가능한 힘으로 묘사된다. 김우창이 엄격한 도덕주의나 소박한 참여주의를 비판하는 이유는 거기에 인간의 파토스에 대한 이해가 결여되어 있기 때문이다. 문학의 정치적 의미는 쾌락을 추구하는 인간의 본원적 충동과 그렇게 멀리 떨어져 있지 않다는 것이 그의 문학관의 토대를 이룬다.

예정된 수순처럼 김우창은 마르쿠제를 인용하면서 "욕망의 인정과 폭발이야말로 현실비판의 가장 신랄한 무기"(「문학과 유토피아」, 302)가 될 수 있음을 지적한다. 새로운 사회를 위해 필요한 의식의 변화는 정치적 의식의 개발 그 이상이 되어야 하는데, 급진적 변화에 대한 욕구는 인류의 내적 원천인 열정과 상상력, 양심 등에 뿌리박고 있기 때문이라는 마르쿠제의 해방론이 여기서 환기되고 있음은 물론이다.[18] 물론, 역시 마르쿠제가 지적했다시피, 자본주의 사회는 인간의 생본능과 자연스러운 욕망까지도 왜곡하고 억압하는 괴력을 발휘한다는 점에서 우리의 충동과 욕망이 전적으로 건강하다고 단정 짓기는 어렵다. 문학의 비판적 기능에는 "커다란 모호성이 깃들어 있"(「문학과 유토피아」, 303)음을 잊지 말아야 한다는 김우창의 당부는 이런 맥락에서 경청할 필요가 있다.

이와 같이, 김우창이 펼치는 사유의 향연에서 두드러진 역할을 하는 것은 프랑크푸르트학파 철학자들이다. 「실천적 관심과 이상적 언어」(1976)라는 글에서 김우창은 호르크하이머, 아도르노, 마르쿠제, 하버마스 등의 프랑크푸르트학파 철학자들의 작업을 개괄적으로 소개하면서 특히 하버마스의 비판 이론에 주목한다.[19] 그는 프랑크푸르트학파 철학자들이 한편으로는 비합리 철학에 대하여 이성의 권위를 옹호하고, 다른 한편으로는 자본주의 사회에서 변질되고 왜곡된 이성의 여러 형태를 들춰내 비판하는 이중 작업을 수행했다고 평가한다. 프랑크푸르트학파 철학자들에게 이성이란 주어진 사실을 초월하는 하나의 초월 원리이자 끊임없이 현실 속에 있으면서 현실을 넘어서는 부정의 원리였으며, 이들은 이성의 비판적 기능 회복을 통해 인간의 전면적 해방을 지향했다는 것이다. 여기서도 중요한 것은 김우창이 "과학주의적 이성이 절단해 버린 인간의 비합리적 차원을 회복하는 일"에 대한 프랑크푸르트학파 철학자들의 관심을 "이성에 보다 바른 내용을 주려는 노력"으로 의미화하면서, 여타의 마르크스주의자들과 달리 이들이 지녔던 "정신분석에 대한 관심"(「실천적 관심과 이상적 언어」, 557)이 이를 방증한다고 강조한다는 점이다.

마르쿠제의 해방론에 공감하며 김우창이 주문한 것은 '인간의 비합리적 차원에 대한 철저한 이해'였다. 이성을 움직이는 것은 감성이며, 문학은 의식이 아니라 무의식에 호소하는 것이기 때문이다.

움직이는 진리 – 차선의 군림을 막는 대학교육

추상적이며 독단적인 도덕주의와 정치주의를 비판했던 것과 유사하게, 김우창은 미리 주어진 고정된 진리란 존재하지 않으며 무엇이 문제이고 무엇은 문제가 아니라는 우리의 판단은 직관에 의해 주어진 패러다임에 의해 좌우됨을 강조한다. 「물음에 대하여: 방법에 대한 시론」(1976)에서 김우창은 학생들에게 답을 찾는 능력이 아니라 독자적으로 질문하는 능력을 함양하는 데 교육의 역할이 있다고 전제한 뒤, 과연 '문제'란 무엇이며 어디에서 발생하는지, 그리고 문제-해답과 물음-앎의 관계는 어떻게 구별되는지 단계적으로 고찰한다.[20] '문제'는 근본적으로 '상황'에서 발생한다. 예컨대 극장에 불이 나서 경보가 울리면 극장 안은 하나의 문제적 상황이 되며, 어떻게 그곳을 안전하게 빠져나올 수 있느냐가 중요한 문제가 된다. 그런데 "주어진 문제가 보다 적극적으로 우리의 관심 대상이 되게 하려면 이 상황 의식을 높여야" 하는데, 순환논법처럼 들리지만 상황은 문제에 의해 정의된다. 즉 상황이란 한 문제에 관련되는 사항들의 총체로서, 콘텍스트, 지평, 배경, 전체, 그릇, 테두리 등으로도 바꿔 쓸 수 있다. 요컨대 상황 의식을 높인다는 말은 문제의 콘텍스트에 대한 의식을 높인다는 말과 같고, 그것은 곧 총체적인 세계 이해와의 관련 속에서 문제를 파악한다는 것을 의미한다. 총체적 세계 인식은 그러나 콘텍스트의 '산술적 총화'를 뜻하지는 않는다. 그것은 '질의 총체'다.

> [콘텍스트의] 구성 요소나 범위는 **관점**에 따라서 달라진다. 문제의 테두리를 이루는 상황은, 듀이에 의하면, 분명한 생각으로보다는 **막연한 느낌**으로 주어지는 질quality의 의식으로 나타난다. **질의 총체**라는 것은 어떤 것인가? […] 문제에 있어서 **부분과 전체는 상호 삼투의 관계에 있다**고 말해 볼 수 있다.(「물음에 대하여」, 540)

널리 알려진 토머스 쿤Thomas Kuhn의 패러다임 이론을 소개하기 위해 김우창은 '막연한 느낌'으로 주어지는 '질의 총체'라는 개념을 설명하는 꽤 긴 우회로를 걸어온 셈인데, 『과학혁명의 구조*The Structure of Scientific Revolutions*』에서 강조된바 과학적 연구는 '직관적'으로 주어진 패러다임에서 연역된 것이며, 따라서 과학적으로 설명된 세계는 있는 그대로의 세계 전부가 아니라 "있을 수 있는 하나의 세계에 불과"(541)하다. 김우창이 패러다임 이론을 공들여 설명하는 이유는 "패러다임은 우리가 제기하는 문제를 선택"하며 "어떠한 물음은 물을 수도 없는 것이 되게"(540) 함에도 불구하고 우리에게 잘 의식되지 않기 십상이어서 쉽게 반성의 대상이 되지 못한다는 사실 때문이다. 만일 패러다임이 패러다임임을 깨닫지 못한다면, 주어진 문제에 대한 정해진 해답 찾기는 가능할지 몰라도 주체적 상황 판단에 입각한 물음을 스스로 던져 앎에 이르는 "인간의 이니셔티브"(549)는 상실할 수밖에 없다. 인문학이나 사회과학에서는 특정 패러다임의 수용이 이해관계에 결부되거나 강압적 이데올로기로 강요되는 일이 특히 빈번히 발생하므로, 인문학 교육의 목표는 당대 학문의 패러다임에 학생들이 입문하도록 돕고, 그 안에서 자유로운 물음을 만들고 그에 답할 수 있는 능력을 갖게 하며, 마지막으로는 이 패러다임이 패러다임임을 깨닫게 하여 그것을 넘어설 수 있는 기반을 마련해 주는 데 있어야 한다고 김우창은 주장한다. 또 다른 글에서 그는 "자연과학의 원리가 근본적으로는 증명할 도리가 없이 직관적으로 받아들여지는 '패러다임'에 기초"해 있다 하더라도 그것은 이론의 문제지 실제 우리 삶에 커다란 불안 요인으로 작용하지는 않는다면서 '상대화'란 "변덕에 의하여 단기적으로 일어나는 것이 아"님을 강조하기도 했다.[21]

문제의 질적 총체로서의 콘텍스트는 '관점'에 따라 달라진다는 위의 학술적 메시지는 「나와 우리: 문학과 사회에 대한 한 고찰」(1975)이라는 글에서 조금 다른 윤리적 뉘앙스를 띠고 변주된다.[22] 문학은 삶의 공통 근거를 통해 이루어지는 '나'와 '다른 나' 사이의 교감인데, 이것이 어떻게 가능해지는지 설명하기 위해 김우창은 자아의 구조를 탐색한다. 자아의 독특한 존재 방식은 무엇보다 세계로 열려 있다는 점이다. 우리에게는 "우리가 점유하고 있는 공간 이외의 자리에 우리를 놓을 수 있는 정신 능력"(518-519)이 있다. 이를 보여 주는 좋은 예로 김우창은 프랑스 철학자 피에르 카우프만Pierre Kaufmann이 사용한 원근법의 비유를 끌어온다.

> 원근법이 전제하고 있는, 한 관점에서 본 세계가 정말 2차원이라고 할 때, 우리는 어떻게 하여 거기에서 3차원의 풍경을 읽어 내는가? 3차원을 읽으려면 우리는 관점을 옮겨 두 개 이상의 관점을 종합화할 수 있어야 한다. 따라서 2차원적인 원근법이 3차원의 인상을 준다는 것은 그것이 하나 이상의 관점을 포함하고 있다는 말이 된다. 그러니까 원근법은 하나의 관점을 가지고 있되, 그 관점에는 **여러 다른 관점들이 귀신처럼 서려 있다**고 말하지 않을 수 없다. **여러 관점의 종합화** — 이것이 사실 우리의 일상적인 시각 작용인 것이다. […] **우리 자신의 관점에 늘 서려 있는 도깨비 같은 관점**들은 무엇인가? […] 카우프만에 의하면 이 원근법은 사실 **우리가 내면화하는 '타자'의 관점**이다. 따라서 **타자는 늘 "의미의 공동 수립자"가 된다**.(「나와 우리」, 519-520)

시적 언어가 시인의 개성적 언어인 동시에 세계의 요구에 화답하는 매체가 되는 근본 원리로 김우창이 제시하는 것은 일상적 차원에서조차 '나'와 '타자'는 '의미의 공동 수립자'가 될 수밖에 없다는 사실이다. 이 문제는 주체와 객체의 변증법에 관한 논의로 이어지는데, 객체적 조건은 결국 주체를 "신이 들듯이"(528) 차지한다는 인상 깊은 구절이 함축하듯, 김우창은 이 지점에서 철저히 타자의 윤리를 따르는 태도를 취한다.

패러다임을 중심으로 학문의 방법론을 다루고, 원근법의 비유를 통해 문학예술의 사회성을 논하는 김우창의 시도를 통해 유추해 볼 수 있는 것 중 하나는 변화에 대한 그의 태도다. 그의 글에는 문학의 윤리와 학문적 진리를 지키려는 보수적 발상이 엿보인다. 그러나 다른 한편으로 김우창이, 특정 윤리가 선험적 도덕주의로 군림하거나 어떤 앎이 불변하는 진리 행세를 하지 못하게 하는 작업을, 양보할 수 없는 지식인의 책무로 여긴다는 점에서, 그의 인식은 다분히 반골적이다. 「대학과 진리」(1990)에서 그가 학문의 신념은 신념을 버리는 과정을 경유한다고 강조한 것을 떠올려 보자.[23] 학문의 정신이란 곧 세계에 대해 비판적 거리를 유지하는 정신을 뜻한다면서 그는 진리의 정신은 주어진 것에 대한 회의와 부정에서 출발한다는 점을 들어 "진리는 움직임"(455)이라고 정의한다.

하이데거의 진리관을 경유해 김우창이 얻은 통찰은 움직이는 진리는 "접근될 뿐이지 완전한 형태로 드러나지는 아니한"(460)다는 사실이다. 중요한 것은 이러한 접근, 즉 진리를 향한 움직임을 가능케 하는 것이 바로 우리 '안'에 있는 파토스라는 사실이다. "[그러한 접근에서] 중요한 것은 우연적인 요소 그리고 정서적인 요소"이므로 진리는 "로고스의 현상임에 못지않게 파토스의 현상"(460)이라는 것이다.

위 문장에 대한 화답처럼 읽히는 "이성은 무엇보다도 사람의 안으로부터 나오는 깊은 요청의 하나"라는 표현이 등장하는 「궁핍한 시대의 이성」에는 앞에서 살펴본 김우창의 문학관, 윤리관, 진리관이 '내면성 교육'이라는 화두로 수렴되는 과정이 담겨 있다. 인간의 내면성을 ① 세계의 참모습에 대한 형이상학적 직관을 지향하는 플라톤적 이성, ② 이성의 질서 속에서 포착되기 어려운 인간 심리의 어두운 진상, ③ 성리학에서 중시되는 도덕적 이성 등의 몇 가지 유형으로 나눈 뒤, 김우창은 인간의 이러한 내면성을 어떤 목적지에 이르기 위해 거쳐 가야 할 장소가 아니라 "인간과 진리가 구성되는 공간"(305)으로 볼 것을 주문한다. 정체성 구성에서 중요한 것은 이러한 과정 자체인데, 여기서 김우창이 역점을 두는 것은 이성과 정념, 윤리 간의 관계성에 대한 다음과 같은 인식이다.

> 정열 또는 정념적인 것은 **이성의 테두리에 가두어 둘 수만은 없는 감각과 감정**으로 이루어진 내면 과정의 특징이다. […] 사회적 전형의 형성에서나 개인적 정체성의 획득 과정에서나, **이성도 그 근원적 행위에서는 정열적 요소를 갖는다.**(「궁핍한 시대의 이성」, 305)

이어지는 페이지에서 이성은 불확실성 속에서 여러 가능성 중 하나를 선택하는 능력이며, 이 중 가장 근원적인 역할이 바로 '도덕적 선택'에 있다고 서술된다. 이성과 양심이 공존한다고 볼 수밖에 없는 이유다. "우리가 여기에서 강조하고자 하는 것은 […] **이성의 양심에의 착근**이다. 이성은 내면성 속에 **양심과 공존**한다."(318)

이론과 실천을 쉽사리 분리하는 이들을 향해 "올바른 것을 원하지 않는다면, 도대체가 올바른 관념을 사유할 수 없는 법"[24]이라고 한 것은 아도르노였다. 올바름(윤리)을 원하지 않는다(감정)면 올바름에 대한 사유(이성)도 가능하지 않다는 아도르노의 사유에 깊이 공명하는 듯 보이는 이 대목에서 우리는 진리, 로고스, 파토스의 관계에 대한 김우창의 간명한 정리를 다시 한번 떠올리게 된다. "진리는 로고스의 현상임에 못지않게 파토스의 현상이다."

내면 공간이 점차 사라진 결과 우리는 자기 자신에게로 돌아가 스스로를 돌아볼 여유를 갖지 못하게 되었다면서 김우창은 대학에서 내면성 교육이 절실히 요구된다는 견해를 피력한다. 이런 결론에 이르기 위해 그가 거쳐 온 사유의 도정에서 빛나는 지점은, 어둡고 충동적이며 비합리적인 인간 내면의 어떤 측면을 이성이 통과해 버린 정거장이 아니라 이성을 움직이게 하는 연료로 묘사하는 대목들이다. 김우창의 글쓰기에서 인간의 이성과 감성과 윤리는 서로가 서로를 구성하고 결정한다. 어느 것에도 전권이 주어져 있지 않지만 매 순간 그 각각은 내면 전체를 차지한다. 「궁핍한 시대의 시인」에서 김우창은 한용운을 "어떤 때는 종교가, 어떤 때는 혁명가, 어떤 때는 시인이 아니라, 그는 어느 때나 이 모든 것이기를 원했다."(200)라고 묘사한 바 있다. 이 문장을 다시 써본다면 이런 표현이 가능하지 않을까? '인간 내면에서 어떤 때는 이성이, 어떤 때는 감성이, 어떤 때는 윤리가 승한 것이 아니라, 인간의 내면은 어느 때나 이 모든 것이다.'

대학에서 최고의 문학 텍스트를 읽고 쓰고 가르친다는 것은 무엇을 의미하는가? 한 걸음 더 나아가, 대학에서의 내면성 교육을 최선의 가치로 상정한다는 것은 무엇을 뜻하는가? 김우창은 아마

대학교육에서 추구되는 진정한 앎이란 우리로 하여금 차선 따위를 군림시키거나 궁핍한 현실을 이상화하는 우를 저지르지 않게 하는 윤리적 힘을 길러 준다고 대답할 것이며, 이것이야말로 팬데믹 시대에도 시가 쓰이고 읽히는 이유다.

1. 이 글은 필자의 「김우창 초기 비평의 '미니마 모랄리아'」(『인문학연구』 34, 인천대학교 인문학연구소, 2020)를 수정, 축약한 글이다.

2. 프리드리히 횔덜린, 『궁핍한 시대에 시인은 무엇을 위하여 사는가』(장영태 옮김, 유로, 2012), 323쪽.

3. 김우창 전집 2권 속표지에는 '지상의 척도'라는 표제를 '땅 위에 척도가 있느냐'라는 횔덜린의 한 시구에서 따온 것으로 되어 있으나 횔덜린은 그런 시를 남긴 적이 없다. '지상에 척도가 있는가?(Gibt es auf Erden ein Maß?)'는 횔덜린의 후기 산문시 「사랑스러운 푸르름 안에…(In lieblicher Bläue...)」에 등장하는 구절이다. "신은 알 수 없는 존재인가? 신은 하늘과 마찬가지로 열려 있는가? 나는 이 후자를 오히려 믿는다. 그것이 인간의 척도이다. […] **지상에 척도는 있는가? 없다.** 다시 말해서 그 창조자의 세계들은 뇌우의 진행을 방해하지 않는다. 또한 한 송이 꽃도 그것이 태양 아래에서 피기 때문에 아름답다."(강조-인용자) 횔덜린, 『궁핍한 시대에 시인은 무엇을 위하여 사는가』, 380-381쪽.

4. 박해현·양승주·구본우, 「만해문예대상 수상자 인터뷰-김우창」, 『조선일보』, 2019년 8월 5일 자.

5. 김우창, 「궁핍한 시대의 이성」, 『정치와 삶의 세계』(삼인, 2000).

6. 김우창, 「궁핍한 시대의 시인」, 『궁핍한 시대의 시인』(민음사, 2017), 179쪽.

7. 문광훈, 『김우창의 인문주의: 시적 마음의 동심원』(한길사, 2006), 465쪽.

8. 테오도르 아도르노, 『부정변증법 강의』(이순예 옮김, 세창출판사, 2012), 254쪽.

9. 김우창, 「산업시대의 문학」, 『지상의 척도』(민음사, 1981).

10. 김우창, 「예술가의 양심과 자유: 김수영론」, 『궁핍한 시대의 시인』(민음사, 2017). 이하 본문에서는 괄호 안에 면수만 밝힌다.

11. 김우창, 「작은 것들의 세계: 피천득론」, 『궁핍한 시대의 시인』(민음사, 2017).

12. 테오도르 아도르노, 『부정변증법』(홍승용 옮김, 한길사, 1999), 65쪽.

13. 김우창, 「문학의 현실참여」, 『지상의 척도』(민음사, 1981).

14. 헤르베르트 마르쿠제, 『반혁명과 반역』(박종렬 옮김, 풀빛, 1984), 43쪽.

15. "저항은 이러한 '제2의 본성'에, 즉 내면적인 성장의 양식에까지 이르지 못하면 사회적 변화는 '불완전'하고

심지어 자기 파괴적인 것으로 남게 된다.” 헤르베르트 마르쿠제, 『해방론』(김택 옮김, 울력, 2004), 25쪽.

16. 김우창, 「문학과 유토피아: 문학적 상상력의 정치적 의의에 대한 한 고찰」, 『시인의 보석』(민음사, 1993).

17. 김우창, 「시와 정치: 한국 현대시의 한 측면에 대한 고찰」, 『시인의 보석』(민음사, 1993).

18. 마르쿠제, 『반혁명과 반역』, 26쪽.

19. 김우창, 「실천적 관심과 이상적 언어: 하버마스의 비판 이론」, 『궁핍한 시대의 시인』(민음사, 2017).

20. 김우창, 「물음에 대하여: 방법에 대한 시론」, 『궁핍한 시대의 시인』(민음사, 2017). 이하 본문에서는 괄호 안에 면수만 밝힌다.

21. 김우창, 「예술 형식의 사회적 의미에 대하여」, 『지상의 척도』(민음사, 1981).

22. 김우창, 「나와 우리: 문학과 사회에 대한 한 고찰」, 『궁핍한 시대의 시인』(민음사, 2017).

23. 김우창, 「대학과 진리」, 『법 없는 길』(민음사, 1993). 이하 본문에서는 괄호 안에 면수만 밝힌다.

24. 아도르노, 『부정변증법 강의』, 114쪽.

대학교육의 미래와 새로운 가능성

4차 산업혁명과 대학의 미래-온라인 교육의 기술정치를 중심으로

디지털 시대의 고전 연구와 교육

이미지 문명과 이미지 문맹

4차 산업혁명과 대학의 미래
— 온라인 교육의 기술정치를 중심으로

천현득

2020년 『네이처』 지에 '코로나 위기 이후 대학은 결코 동일하지 않을 것이다'라는 제목의 글이 실렸다.[1] 코로나19 팬데믹은 사회 전반에 여러 형태로 영향을 미칠 뿐 아니라 대학에도 영구적인 변화를 야기해, 앞으로 대학은 그전과 같을 수 없다는 것이다. 교육 분야에서 가장 두드러진 변화는 온라인 교육으로의 전환이다. 『뉴욕 타임스』에 보낸 오피니언 기고문에서 뉴욕 대학 경영대학원의 한스 타파리아Hans Taparia 교수는 코로나19의 세계적 대유행으로 인해 가상교실로의 이동이 가속화되고 있으며, 팬데믹 종식 이후에도 이를 지속하는 것이 유용하다고 주장한다.[2] 그는 대학의 미래가 온라인에 있다고 선언하면서, 그것이 더 저렴하다는 점을 내세운다. 이는 우리에게 '온라인 교육을 선택하는 것이 바람직한가?'라는 논점을 던져 준다. 우리에게 아직 선택의 기회가 남아 있는가? 물론 팬데믹으로 인해 선택의 기본값이 변경되기는 했다. 팬데믹이 아니었다면, 우리는 전통적인 교육 방식을 고수할 것인가, 아니면 온라인 교육 중심으로 전환할 것인가 물었을 것이다. 이제 우리는 팬데믹이 종식된 후에도 코로나19로 인해 갑작스레 도입한 온라인 중심 교육 방식을 유지할 것인가, 아니면 종래의 전통적인 교육 방식으로 돌아갈 것인가를 묻게 된다. 여전히 선택과 판단이 요청되는 문제로, 이 글에서는 온라인 교육으로의 전환이 대학이 현재 처해 있는 위기 상황을 타개할 바람직한 변화인지 검토해 본다.

대학이 처한 상황과 '신자유주의 개혁'

현재 대학이 처한 어려운 상황에서 논의를 시작해 보자. 학생들은 비싼 등록금과 교육비로 인해 재정적 부담을 호소하고 있으며 많은 청년이 학자금 대출로 인한 빚을 안은 채 사회에 진출하고 있다.[3] 학생들의 교육 만족도가 낮은 것도 문제로 지적된다.[4] 대학도 학령인구 감소, 유학생과 등록 학생 감소, 여러 해에 걸친 등록금 동결 등으로 재정 압박과 함께 구조 조정의 압력을 받고 있다. 기업들은 자신들이 필요로 하는 인재를 대학에서 양성하지 못하고 있으며 신입 사원들을 재교육하는 데 많은 비용이 들어간다는 불만을 표출한다. 또한 새로운 지식이 빠른 속도로 축적되고 지식 생태계가 변화함에 따라 지속적인 재교육과 평생교육의 필요성도 제기되고 있다.

4차 산업혁명은 대학이 처한 이러한 어려움을 한층 더 가중시키고 있다. 4차 산업혁명의 핵심 기술인 인공지능과 사물인터넷 등이 발달하면서 화이트칼라 노동자들의 직무가 인공지능 알고리듬에 의해 대체되거나 보완될 것으로 예상된다.[5] 주로 대학교육을 통해 배출되던 중산층과 전문직 노동자들의 일자리가 직무의 자동화와 알고리듬화로 인해 위협받고 있다는 사실은 대학교육의 효능을 의문시하도록 만든다. 대학이 졸업생들의 취업을 보장하지 못하는 것은 새로운 일이 아니지만, 그러한 경향성이 심화될 여지가 커진 것이다.

서구에서는 이미 1960년대와 1970년대를 거치면서 대학의 황금시대가 지나가고, 대학이 겪는 여러 어려움을 타개하기 위해 1980년대부터 소위 '신자유주의 개혁neo-liberal reform'이 새로운 경향으로 자리 잡아 여러 측면에서 대학에 영향을 미쳤다. 그 내용은 크게 다섯 가지로 요약할 수 있다.[6] 첫째는 연구 자금에서 국가 지원금보다 민간 지원의 비중이 커지고 대학의 연구 기능이 사회와 기업에 통합된 점이다. 그 결과 대학의 연구 기능은 공공재의 성격을 지니기보다 기업의 이익에 봉사하는 경향이 가속화되고, 장기 연구보다는 단기적인 성과를 낼 수 있는 연구에 집중하게 되었으며, 자연스레 인문학이나 사회과학에 대한 지원은 축소되었다. 둘째는 교육의 탈전문화de-professionalization다. 대학은 재정 압박에 대응해 정년보장심사를 받을 수 있는 전임교수 대신 비정년직·비전임 교수와 튜터를 채용하기 시작했다. 이로 인해 교수 인력의 탈숙련화에 대한 우려가 제기되었고, 학문 후속 세대는 자신의 선생들이 밟아 온 학문적 이력을 더 이상 기대하기 어렵게 되었다. 셋째는 위에서 언급한 바 있는 학생들의 재정적 부담 증가다. 넷째는 대학의 관료화다. 치열한 경쟁 상황에서 대학 당국은 기업 스타일의 관리 체계를 도입함으로써 구성원들을 효과적으로 통제할 수 있게 되었다. 마지막으로, 가장 두드러진 특징인 교육 전달education delivery의 자동화다. 이것은 간혹 신자유주의 개혁 전체를 대표하는 것처럼 묘사되기도 한다.

대학의 위기 속에서 우리는 대학의 존재 의미와 미래를 고민할 수밖에 없다. 물론, 전통적인 대학의 이념이나 가치를 훼손하면서까지 대학을 단순한 직업훈련소로 만드는 변화는 바람직하지 않을 것이다. 그러나 대학에서 학생들에게 필요한 교육을 제공하고 있는지, 사회적 수요와 동떨어진 채 대학 구성원들의 이해 때문에 유지되는 부분은 없는지 자문해 보아야 한다. 그렇게 할 때, 대학이 현대 사회에서 필요한 핵심 역량을 학생들에게 길러 주어야 한다는 담론은 상당한 설득력을 가진다.

대학이 학생들을 어떤 역량을 가진 인재로 양성하여 배출해야 하는지, 그리고 그러한 역량은 어떻게 배양할 수 있는지 많은 이가 고민하고 있다. 이때 역량이란 한 학과나 전공 단위에서 교육할 수 있는 특정한 전문 지식이 아니라, 논리적·비판적 사고능력, 창의적 문제해결능력, 소통능력과 협업능력, 그리고 리더십과 같은 것들이다. 대학에서 하나의 전공을 전문적으로 공부한다고 하더라도 전공을 살려 취직하는 비율이 낮고, 자신의 전공에 맞는 직장에 취업한다고 해도 평생 동일한 분야에서 일한다는 보장도 없다. 사람들이 평생 동안 여러 직업에 종사할 수 있다는 점을 고려하면, 정말 필요한 것은 배우는 법을 배우는 것이다. 문제는 이러한 역량 중심의 교육이 올바른 방향으로 보일지라도, 온라인 교육 기술의 도입이 해결책이 될 수 있느냐는 것이다.

부분적 해결책으로서 온라인 교육 기술의 도입

온라인 교육은 대학이 처한 어려운 상황을 타개하는 데 도움이 될 해결책으로서 큰 기대를 받고 있다. 온라인 교육 기술들은 이미 여러 형태로 도입되어 활용되고 있는데, 방송통신대학과 같은 플랫폼을 통한 원격수업을 비롯하여 블랙보드blackboard와 같은 온라인 학습관리 시스템, 세계 유수의 대학들이 참여하고 있는 MOOC 등을 그 예로 들 수 있다. 녹화 강의와 실시간 토론이 결합된 혼합형 학습blended learning이나 거꾸로 학습flipped learning 등이 시도되고 있으며, 코로나19로 인한 팬데믹을 맞아 실시간 화상 수업도 급증했다. 이와 같은 다양한 형태의 교육 기술을 통해 '신자유주의 개혁'에서 언급되는 교육 전달의 자동화가 이루어질 수 있다. 교육 전달의 자동화는 전달력이 좋은 저명 교수들의 영상 강의와 읽기 자료, 내용을 이해했는지 간단히 확인하는 퀴즈, 상호작용적 시험, 학생 간 상호 토론과 피드백, 튜터의 지도로 이루어지는 온라인 토론 등으로 구성된다. 강의 동영상과 읽기 자료 자체는 일방적으로 주어지고, 평가는 주로 교수보다 학생 간 상호작용이나 튜터를 통해 이루어진다는 점에서, 한편으로는 일방향적인 수업 전달 모형과 닮았지만 다른 한편으로는 (튜터가 지도하는) 동료 간 독서 및 토론 모임과도 유사하다고 볼 수 있다.

그럼에도 이러한 형태의 온라인 교육이 대학교육 전체를 대체해, 대학이 소멸할 것이라는 전망이 우세하지는 않다. 세계적으로 이름 난 대학의 저명 교수들의 강연을 손쉽게 접근할 수 있는 MOOC 수업의 경우, 수강생의 중도 탈락률이 매우 높아 성공적으로 수업을 이수한 학생은 10퍼센트 미만으로 알려져 있다.[7] 지속적인 학습에 대한 동기부여 없이는 집중력을 발휘하기가 쉽지 않고, 수업을 이수한 학생 중에는 이미 해당 분야 지식을 어느 정도 가진 사람도 상당수 있다. 물론 온라인 교육을 통해 대학교육을 확장하려는 시도도 있다. 예컨대, 애리조나 주립대학이나 조지아 공과대학에서는 컴퓨터공학이나 데이터사이언스를 전공하는 온라인 석사 학위 과정을 개설하여 운영하고 있다. 이는 정원을 확대하고 대학의 재정을 확충하는 한 방안이 될 수 있다.

미네르바 대학은 온라인 교육을 둘러싼 논의에서 주목받는 대학의 한 형태를 보여 준다. 우리 언론에서는 '캠퍼스 없는 온라인 대학', '하버드 대학보다 들어가기 어려운 대학'으로 보도되기도 했다. 미네르바 대학의 몇 가지 특성을 살펴보자.[8] 이 대학은 완전한 형태의 온라인 대학으로 보기 어렵다. 물리적인 공간으로서의 캠퍼스가 없다는 점에서 온라인 교육이 강화된 것은 맞지만, 모든 학생은 세계 일곱 개 도시(샌프란시스코, 베를린, 서울, 부에노스아이레스 등)에 설치된 기숙사를 옮겨 가면서 생활한다. 기숙사는 생활의 장소일 뿐 아니라 학생들이 모여서 함께 토론하고 각 도시와 연관된 현장 프로젝트를 진행하는 학습의 거점이기도 하다. 교육은 거꾸로 학습 형태로 이루어진다. 교수 한 사람이 20명 이내의 학생을 온라인에서 만나 수업을 진행하며, 수업 전에 동영상 강의를 시청하고 수업 시간에는 지식 전달을 위한 강의가 금지되어 있으며 대부분의 시간을 토론에 전념한다. 이 대학의 교육 이념은 실제적인 지식 습득에 있으며, 이를 위해서 역량 중심 교육을 실시하고 있다. 특히 과목 개발과 운영, 피드백 등 교육이 이루어지는 모든 단계에서 구성원들 사이의 상호 협력이 발생한다는 점이 흥미롭다. 예컨대, 새로운 교과과정을 개발할 경우 학장이 개요를 작성하면 교수와 컨설턴트가 구체적인 강의계획서를 만들고 이를 내외부 전문가들이 심의한 후, 최고교무관리자chief academic officer가 검토하는 과정을 거친다. 각광받는 만큼 장점이 많지만, 일부 단점도 노출되고 있다.

예컨대, 거꾸로 학습 상황에서 학생들의 학업 부담과 피로도가 높고, 일부 학생들의 경우 학습 부진을 보이기도 한다(물론 이는 미네르바 대학만의 문제는 아닐 것이다). 또한 미네르바 대학을 교양교육을 지향하는 자유교양대학liberal arts college의 일종으로 볼 수도 있고, 전공이 없지는 않지만 세부적이거나 포괄적이지 않아서 한 분야에 대해 심도 있는 전문성을 갖추기 어렵다는 지적도 있다.

지금까지 온라인 교육의 현황과 함께 대학이 처한 위기 상황에서 온라인 교육이 하나의 대안으로 제안된 배경 등을 살펴보았다. 온라인 대학으로의 전환, 더 정확히 말해 온라인 교육 기술을 통해 교육 전달을 자동화함으로써 대학의 체계를 개편하는 일에 대해서는 크게 두 가지 해석이 엇갈린다. 긍정적으로 해석하는 이들은 온라인으로의 전환은 현재 대학이 처한 여러 구조적·재정적 어려움을 해결하기 위해 채택할 수 있는, 비교적 손쉽고 보편적으로 적용 가능한 대안이라고 본다. 무엇보다 온라인 교육에 소요되는 비용이 적다는 점이 큰 장점으로 언급된다. 학생들은 저렴한 비용으로 교육적 필요를 채울 수 있고, MOOC와 같은 온라인 과정의 경우 다른 대학에 개설된 양질의 교과과정을 이수함으로써 전문성을 획득할 수도 있다. 대학 입장에서는 교육 전달에 들어가는 비용을 줄일 수 있고, 온라인 학위 과정 개설을 통해 더 많은 학생을 확보하고 등록금 수입도 늘릴 수 있다. 반면, 온라인으로의 전환을 반대하는 이들은 그러한 전환이 단지 기술적인 변화가 아니라 신자유주의적 개혁의 일환으로 교수를 소외시키고 탈숙련시키며 학문 생태계를 훼손하는 대학 상업화의 이면이라고 파악한다. 대학에서 가르치는 일은 더 적은 급여를 받는 비정년직·비전임 교수들과 튜터들의 일로 대체되고, 대학 당국은 구성원들에 대한 더 큰 통제권을 확보하게 된다는 것이다. 아마도 진실은 두 가지 극단적 해석 사이 어디엔가 위치할 것이다.

본질주의적 해석을 넘어 – 온라인 교육의 기술정치

더 섬세하면서도 현실성 있는 해석을 위해서는 무엇보다 (온라인 교육 기술을 포함해) 기술에 대한 통념에서 탈피할 필요가 있다. 온라인 교육으로의 전환을 옹호하는 이도, 반대하는 이도 은연중에 빠질 수 있는, 온라인 교육 기술에 대한 본질주의적·결정론적 시각을 우리는 경계해야 한다. 그러한 시각에 따르면, 기술은 기술적 가치 자체에 의해 평가될 수 있고, 여러 기술 중에서 기술적으로 가장 뛰어난 것이 채택되기 마련이며, 그러한 기술을 사용하는 사람들에게 이득이 주어진다. 그러나 기술의 본성에 관한 철학적·역사적·사회과학적 탐구들은 그러한 시각이 우리를 오도한다는 점을 설득력 있게 보여 준다.[9] 우선, 기술적 인공물이 어떤 형태로 설계되고 제작되어 어떻게 배치되는지는 그 기술이 가진 본질에 의해 결정되지 않는다. 그것은 그 기술을 둘러싼 여러 이해당사자의 이해가 반영되고 절충된 결과로서 나타난다.[10] 다른 한편, 일단 어떤 기술이 특정한 행태로 제작되고 특정한 방식으로 배치되면 그것은 그 나름의 정치적 함의를 가지기 마련이다.[11] 기술의 사회적 구성을 옹호하는 이들이 전자를 강조한다면, 후자의 입장에 선 사람들은 기술의 정치성을 강조한다. 이러한 논의는 온라인 교육 기술의 도입에도 적용된다.

온라인 교육으로의 전환이 현대 대학이 처한 모든 문제를 해결

팬데믹으로 대학교육에
빠르게 도입된 온라인 강의

하는 만병통치약이 될 수 없고, 반대로 온라인 교육의 채택이 교수를 일방적으로 소외시키는 것인지도 의문이다.[12] 그렇더라도 어떤 식으로든 온라인 기술이 교육 현장에 도입되면 일종의 정치적 효과를 가질 수 있다는 점을 염두에 둬야 한다. 온라인 교육의 모든 측면을 검토할 수는 없지만,[13] 그것이 재정 문제에 대한 좋은 해결책인지 간략히 살펴보자.

대학의 재정이 감소하는 상황에서 온라인 학위 과정을 개설함으로써 정원 확대 효과를 누릴 수 있고, 온라인 교육으로의 전환을 통해 비교적 적은 비용으로 만족도 높은 수업을 개발하고 운영할 수 있다면, 분명히 대학에 재정적으로 도움이 될 것이다. 그러나 만족도 높은 온라인 수업을 개발하기란 쉽지 않다. 저명한 교수의 강의를 녹화해서 재상영하는 것이 능사는 아니며, 온라인 플랫폼에 알맞은 교육 및 평가 방식이 요청되기 때문이다. 팬데믹 상황에서는 수업의 질이 기대에 못 미치더라도 어느 정도 용인되지만, 팬데믹 종식 이후에도 지속적으로, 그리고 본격적으로 온라인 수업을 시도한다면, 기존 오프라인 수업을 뛰어넘는 만족도를 충족시킬 수 있는 수업을 제공해야 할 것이다. 또한 생산된 디지털 콘텐츠를 관리하는 데도 복제 방지나 저작권 관리 문제 등으로 인해 비용이 발생할 것이다. 결국 비용 문제도 기대되는 수업 만족도와 새로운 환경하에서의 사후 관리 비용 등에 의해 영향을 받는다.

온라인 교육 기술의 설계와 배치는 본질적으로 고정된 것이 아니다. 어떠한 기술을 어떻게 설계하고 배치하는 것이 우리가 꿈꾸는 미래 대학의 비전에 적합한지 생각하고 그에 맞추어 기술적인 명세specification를 요구하는 것이 올바른 순서일 것이다. 예컨대, MOOC도 활용하기에 따라 강의 중심의 전통적 교육 방식을 온라인상에서 구현한 것에 머무를 수도 있다.

미래 대학의 구체적인 모습을 그려 볼 때, 일단 온라인 교육 기술이 도입되면 그 양상에 따라 모종의 정치적 효과를 가질 수 있다는 점을 고려해야 한다. 이때의 '정치'란 교실 내에서의 미시정치를 포함한다. 교실 내에서 누가 주도권을 쥐고 누가 통제하는가의 문제라고 말할 수도 있겠다. 미네르바 대학의 사례를 검토하면서, 우리는 교과과정을 개발하는 매 단계에서 공동체 구성원들의 상호 협업이 이루어진다는 것을 확인했다. 아마도 온라인 교육으로의 전면적인 전환은 교육과정에 관한 통제권을 다른 교육 주체들과 공유하도록 촉진할 개연성이 크다. 이는 한 수업의 내용과 목표, 강좌 운영 방식 등이 교수자 개인의 자율적 선택에 맡겨지기보다는 공동체가 함께 논의하고 결정한다는 것을 의미한다.

효과적인 온라인 교육을 위해서는 교수학습 설계 전문가와의 적극적인 협업이 필요할 것이다. 그러나 온라인 교육으로의 전환은 대학 당국의 통제권 강화라는 결과를 가져올 수 있다. 그렇게 되면 개별 교수의 커리큘럼 및 수업 운영 통제권은 현 상태대로 유지되기 어려울 수도 있다. 물론 개별 교수의 수업 통제권을 다른 구성원들에게 분산하는 것 자체는 나쁘지 않다. 그러나 분산 방향이 중요하다. 교수자의 권한이 교육 수용자인 학생들이나 동료 교육자들과 공유되느냐, 아니면 대학 당국이나 자금을 지원하는 후원자들에게 이양되느냐는 다른 함의를 가질 것이다. 따라서 팬데믹 이후 대학의 온라인 교육을 설계하기에 앞서서 교실 내에서의 통제력을 어떤 방식으로 분산할 것인지 고민하면서, 그와 연동하여 어떤 형태의 온라인 교육 기술이 바람직한지도 함께 논의해야 한다.

1. Alexandra Witze, "Universities Will Never Be the Same after the Coronavirus Crisis", *Nature*, 582 (2020), pp. 162-164.

2. Hans Taparia, "The Future of College Is Online, and It's Cheaper", *New York Times*, May 25, 2020.

3. 신혜연, 「"잘못 살았나 싶다"… 졸업과 동시에 '빚 수렁' 빠진 청년들」, 『중앙일보』, 2019년 4월 18일 자.

4. 정지용, 「비싼 등록금 냈는데… 대학교육 만족도 낮다」, 『한국일보』, 2015년 1월 22일 자; 유연숙 외, 「4년제 대학의 교수·학습 역량진단」, 연구보고 RR 2014-10, 한국교육개발원.

5. David H. Autor, "Why Are There Still So Many Jobs? The History and Future of Workplace Automation", *Journal of Economic Perspectives*, vol. 29, no. 3 (2015), pp. 3-30; Melanie Arntz et al., "The Risk of Automation for Jobs in OECD Countries: A Comparative Analysis", *OECD Social, Employment and Migration Working Papers*, no. 189 (2016).

6. Andrew Feenberg, "The Online Education Controversy and the Future of the University", *Foundations of Science*, vol. 22 (2017), pp. 363-371.

7. Lori Breslow et al., "Studying Learning in the Worldwide Classroom: Research into edX's First MOOC", *Research & Practice in Assessment*, vol. 8 (2013), pp. 13-25.

8. 미네르바 대학에 대한 몇 가지 정보는 다음 문헌에 기대고 있다. 이혜정 외, 「4차 산업혁명 시대 대학교육 혁신 방안 탐색: 미네르바스쿨 사례를 중심으로」, 『평생학습사회』 제15권 제2호(2019), 59-84쪽.

9. Trevor F. Pinch and Wiebe E. Bijker, "The Social Construction of Facts and Artefacts: or How the Sociology of Science and the Sociology of Technology Might Benefit Each Other", *Social Studies of Science*, vol. 14 (1984), pp. 339-441; Langdon Winner, "Do Artifacts Have Politics?", *Daedalus*, vol. 109 (1980), pp. 121-136.

10. 기술의 역사에는 기술적으로 더 훌륭했다고 평가받을 수 있는 인공물이 채택되지 않거나 뒤늦게 채택된 경우도 많다.

11. 이때 '정치'란 제도 정치나 정당 정치 등을 뜻하기보다 권력 관계 일반을 가리킨다. 예컨대, 계단이라는 인공물

설치는 장애인의 보행을 방해하는 효과를 가지고, 원자력 발전과 같은 기술을 채택하면 중앙집권적이고 위계적인 통제 시스템을 요청하게 된다.

12. 예컨대, 줌이나 구글과 마이크로 소프트의 화상회의 소프트웨어를 사용하여 실시간 화상 수업을 진행하는 경우, 대학의 인력 구조에 변화를 가하지 않을 뿐 아니라, 교수는 여전히 교육 내용, 커리큘럼, 평가 방식을 관장하고 수업에서의 발언권도 통제할 수 있다.

13. 이 글과 같은 문제의식에서 온라인 교육 기술이 도입된 역사를 단계별로 검토한 글로는 다음을 참조할 수 있다. Edward C. Hamilton, *Technology and the Politics of University Reform* (Palgrave Macmillan, 2016).

디지털 시대의 고전 연구와 교육

김지현

팬데믹 시대의 대학교육에서 가장 첨예한 문제로 떠오른 것은 교수와 학생이 물리적으로 만나지 않고 어떻게 가르치고 배울 것인가 하는 점이다. 각 대학에서 전면적인 비대면 수업을 실시하면서 인터넷 화상회의 솔루션을 통해 학생들과 만나고 소통하게 되었는데, 이 모든 것이 가능했던 것은 20세기 기술 혁신과 발달을 통한 지식 전달 플랫폼의 변화 덕분이다. 한국에서는 1990년대 이후 개인용 컴퓨터와 인터넷 서비스가 각 가정에 보급되기 시작했고, 최근 10년 사이 작은 컴퓨터라고 부를 수 있는 스마트폰이 보급되면서 현대인의 생활에 큰 변화를 가져왔다. 이것이 가진 함의는 막대하다. 통화와 짧은 메시지 소통을 위한 수단이었던 휴대용 전화기가 인터넷과 연결되면서 사실상 세계의 정보와 지식이 개인의 손안에 들어오게 된 것이다.

인터넷 보급에 기반해 재택 근무 및 수업을 위한 웹엑스Webex, 줌Zoom, 구글미트Google Meet 등의 화상회의 솔루션이 제공되면서 코로나19 팬데믹 속에서도 새로운 교육 방식이 가능해졌다. 팬데믹이 대학의 교육 현장에 가져온 큰 변화 중 하나는 수업 시간에 핸

드폰을 끄라는 지침이 사라진 것이다. 학생들은 온라인으로 진행되는 수업을 듣고 토론에 참여하기 위해 스마트폰의 화상회의 솔루션을 사용했고, 교수자들은 스마트폰과 화상 카메라를 사용하여 실시간으로 혹은 사전 녹화 방식으로 수업을 진행했다. 강의실에서 교수자와 텍스트에 집중하던 고전적인 지식 전수 플랫폼은 화상, 음성, 텍스트 등 모든 자료가 디지털화된 가상공간으로 전환되었다. 이 글에서는 인문학 교육에서 핵심을 이루어 온 고전 교육에 주목하여 디지털 시대의 고전 연구와 교육의 모습은 어떠할 것인지에 대해 생각해 보고자 한다.

매체의 변화와 고전

'고전古典'이란 '오래된 책' 혹은 '고대의 제도와 규범'을 뜻하는데, 근대 이후로는 서양의 '클래식classic'을 의식한 번역어로 사용되고 있다. '클래식'이란 특정한 '부류division'를 뜻하는 라틴어 '클라시쿠스classicus'에서 기원한 말로, '최상의 부류'에 속하는 가르침, 또는 이를 담은 책을 가리키는 말이다. 즉 고전이란 동서고금을 통틀어 가치 있다고 여겨 널리 읽히는 책이라고 할 수 있다. 인간은 유아에서 성인에 이르기까지 일생을 통해 반복해서 다양한 고전을 만난다. 한 인간은 고전을 통해 인간으로서 사유방식의 틀과 가치관을 형성하고, 나아가 어떻게 살아야 할 것인가를 반추하고 삶의 양식을 모색한다. 고전이 삶의 전범典範과 모델이 되어 준다는 의미에서 다양한 문명권에서 고전은 경전經典, sutra, canon으로 불리기도 한다. 이렇게 오래된 책들은 디지털 시대에 어떤 변화를 맞이하고 있을까?

『논어』 사본(6세기)

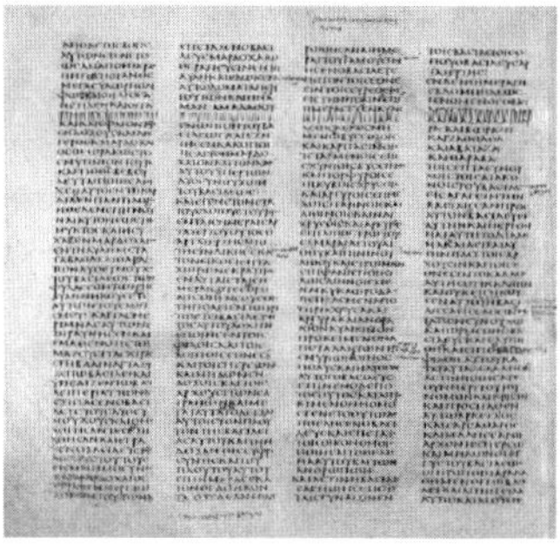

Codex Sinaiticus(4세기)

결론부터 말하자면, 디지털 시대에도 고전이 버려지는 일은 발생하지 않았다. 오히려 고전을 접하는 방식이 획기적으로 변화하고 접근 방식이 훨씬 용이해졌다. 통시적으로 보자면 고전의 내용을 담은 매체가 다변화되었다. 기록의 역사가 생겨나기 전에는 말과 노래를 통해 구전되던 것이 금속이나 나무에 새겨 기록되었고, 종이나 양피지에 손으로 기록한 필사본manuscript 형태에서 목판 인쇄 및 활자로 인쇄된 책의 형태로 변화했다. 그러던 것이 디지털 시대에 이르러서는 휴대 가능한 문서 형식portable document format인 PDF와 디지털 신호로 코드화된 전자 텍스트로 진화한 것이다.

사실 고전의 디지털화는 1960년대 슈퍼컴퓨터의 개발 초창기부터 시작되었으며, 미국에서는 1970년대부터 그리스 라틴 고전문학 작품들을 중심으로 디지털화가 진행되었다. 그러한 결실 중 대표적인 것이 1972년 캘리포니아 어바인 대학에서 시작한 TLG Thesaurus Linguae Graecae로, 기원전 8세기 호메로스의 작품부터 15세기 작품에 이르기까지 그리스 고전 전문 데이터베이스를 구축했고,[1] 1985년

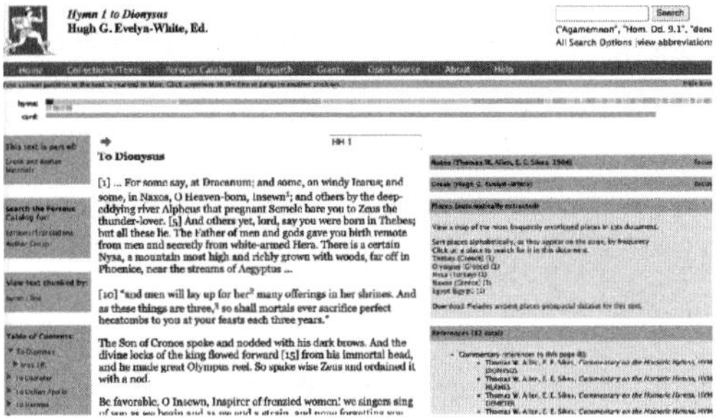

페르세우스
디지털 라이브러리

터프츠 대학에서는 페르세우스 디지털 라이브러리를 구축하여 그리스 라틴 고전에서 시작해 르네상스 시기의 작품들과 19세기 미국 작품들의 디지털화를 진행하고 있다.[2]

한편 동아시아 각국에서는 한문으로 된 고전의 디지털화가 활발히 이루어지고 있다. 대만에서는 1984년부터 대만중앙연구원에서 시작된 사서史書의 디지털화 작업을 바탕으로 1990년대 말에는 한적전자문헌漢籍電子文獻의 기본 틀을 갖추어 주요 경사자집經史子集 문헌의 원문 검색 서비스가 제공되고 있다.[3] 여기에는 유교 경전 십삼경주소十三經注疏, 이십오사二十五史, 주요 제자서諸子書 및 문학 작품 등이 포함된다. 중국에서도 1990년대 말부터 고전의 데이터베이스화가 본격화되어, 고대부터 청대에 이르기까지 중국 고전의 선본들을 엮어 낸 사부총간四部叢刊, 청대 건륭 연간에 편찬된 사고전서四庫全書의 데이터베이스화를 필두로 거의 모든 한문 자료를 디지털화하려는 노력이 계속되고 있다. 중국 기업 아이루성愛如生에서 제작한 중국기본고적고中國基本古籍庫는 가장 방대한 한적 데이터베이스로 손꼽힌다.[4] 다만 이러한 전자 텍스트 서비스는 대부분 상당한 고가여

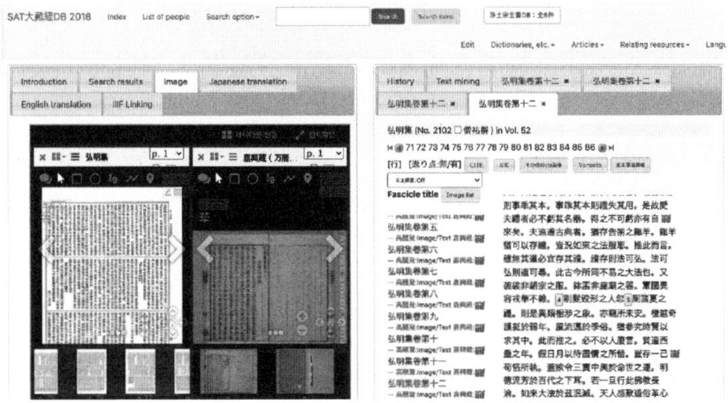

도쿄 대학 SAT 대장경 데이터베이스

서 일부 대학과 연구기관에서만 계약을 통해 이용되고 있다.

불교 및 도교 문헌에 대한 전자 텍스트화도 활발하게 진행되었다. 1998년경부터 기획되어 2000년대에 본격화된 도쿄 대학의 SAT 대장경 데이터베이스는 고려 대장경을 저본으로 삼고 중국의 송·명·청판 불장경을 바탕으로 교감한 일본의 대정신수대장경大正新修大藏經 및 일본 불교 문헌의 전문 검색 서비스를 제공하고 있으며,[5] 대만에서는 중화전자불전협회中華電子佛典協會, 즉 CBETA에서 대정신수대장경을 바탕으로 중국국가도서관의 선본 불전들과 장외 불전, 석각 자료들을 망라한 전자불전집성電子佛典集成을 만들어 원문 검색 서비스를 무료로 제공하고 있다.[6] 도교 문헌의 일체경一切經은 뒤늦게 데이터베이스화가 진행 중인데, 일본 소재 대만 기업 카이시凱希 미디어 서비스에서 제작한 정통도장正統道藏과 도장집요道藏輯要 데이터베이스 CD가 시판 중이다. 영국 더럼 대학의 도널드 스터전Donald

Sturgeon 교수가 운영하는 차이니즈 텍스트 프로젝트는 제자서를 중심으로 유가서와 도교 문헌을 망라한 한적 데이터베이스를 제공 중이며,[7] 일본 교토 대학의 크리스티안 비테른Christian Wittern 교수가 운영하는 간세키 리포지터리Kanseki Repository는 사부총간과 사고전서를 기초로 한 경사자집에 더해, 도경과 불경의 원문 서비스를 제공하고 있다.[8]

한국에서도 1995년 세종대왕기념사업회와 민족문화추진회를 중심으로 이루어진 『국역 조선왕조실록』의 디지털화와 2003년 완성된 표점 교감본 전자문서를 바탕으로 2005-2007년에 걸쳐 국사편찬위원회에서 한문 원전과 국역본 『조선왕조실록』 전문 검색이 가능한 온라인 서비스를 구축했고,[9] 2000년부터 2015년에 걸쳐 방대한 조선시대 역사기록물인 『승정원일기』를 디지털화하여 2015년부터 데이터베이스를 제공하고 있다.[10] 국사편찬위원회 한국사데이터베이스는 이 외에도 고대사부터 현대사에 이르는 다양한 역사기록물을 제공하고 있으며,[11] 한국고전번역원의 한국고전종합 데이터베이스는 한국문집총간韓國文集叢刊을 바탕으로 국사편찬위원회의 데이터베이스와 연계하여 한국 고전 문헌의 한문 원문 및 국역 전문 검색과 열람 서비스를 제공하고 있다.[12]

이러한 데이터베이스들은 대부분 대학의 연구자나 학생뿐 아니라 일반인도 접근 가능한 것으로, 고전 연구와 교육의 신세계를 열어 주고 있다.

고전 연구의 신세계

고전의 데이터베이스화를 통해 연구자들에게는 각 지역과 세계 각국 도서관을 찾아가야 볼 수 있는 귀중한 자료를 개인 컴퓨터 화면에서 사진 자료와 함께 전자 텍스트로 열람할 수 있는 전대미문의 연구 환경이 조성되었다. 특히 고전은 지적 재산권이 적용되지 않기 때문에 번역과 가공 및 자료의 공유가 자유롭다. 연구자의 소속 기관에 따라 제공받을 수 있는 데이터베이스 서비스에 제한이 있겠지만, 무상으로 검색과 열람이 가능한 자료가 점점 많아지고 있고, 언제 어디서나 귀중한 자료들을 탐색하고 비교하고 연구할 수 있게 되었다.

고전 데이터베이스를 이용하면서 가능해진 새로운 연구법에는 어떤 것이 있을까? 가장 중요한 변화로는 관념사History of Ideas 부문의 혁신과 정교화를 들 수 있다. 가령 '단어 구름word cloud' 기능을 사용하여 같은 사상 계통의 텍스트에서 어떤 개념어가 많이 사용되는지 묶어서 볼 수 있고, 문건들을 시대별로 나열하여 같은 단어가 어떤 용법으로 사용되는지 추적하며 수백 권의 책장을 일일이 넘기지 않고도 관념의 변화 추이를 단시간에 비교하고 연구할 수 있게 되었다. 조금 더 깊이 들어가 보면, 어떤 단어들이 전혀 사용되지 않는 시기와 빈번하게 사용되는 시기가 있고, 또 이후 크게 변용된 의미로 사용되는 시기가 있다. 이렇듯 특정 시기에 따른 단어들의 사용 추이를 데이터베이스 검색을 통해 쉽게 파악하게 된 것이다. 저자나 연대기가 확실한 단어 사용례를 근거로 저작 연대가 불확실한 문헌의 연대기를 추정할 수도 있게 되었다. 또 우리가 하나의 서적으로 취급하는 고전, 예를 들면 『상서尙書』나 『장자莊子』 안에 다수의 저자가 존재한다는 것도 전자 텍스트의 면밀한 분석을 통해 검증하고 보다 정교한 구분이 가능하게 되었다. 무엇보다

차이니즈 텍스트 프로젝트의 도가 문헌 단어 구름

놀라운 것은 이 모든 것이 연구자 개인이 자리한 곳에서 전자매체와 기기를 통해 수백, 수천 년의 시간과 공간의 차이를 허물고 고전의 심해에 접속할 수 있다는 점이다.

물론 이러한 서술은 내용 연구 측면에만 들어맞는 이야기라고 할 수 있다. 사실 고전 연구는 내용 연구만큼이나 고전이 가진 물질성을 파악하는 것이 중요하다. 성립 연대가 확실한 문헌의 경우에는 상관없지만, 그렇지 않은 경우는 책의 재질, 형태, 크기, 장정 스타일 등, 문헌이 가진 물질적 정보에 의존하여 역사적 위치를 가늠하기 때문이다. 또한 해당 고전이 어떻게 향유되고 유통되었는가 하는 문화사적인 앎도 디지털화된 텍스트 분석만으로는 얻을 수 없다.

디지털시대 대학의 고전 교육

그렇다면 대학에서의 고전 교육에는 어떤 변화가 있었을까? 물론 대학에서만 고전을 배울 수 있는 것은 아니다. 사실 고전은 유아 때부터 이야기와 동화책 형태로 접하기 시작해서 중·고등학교의 문학 시간에서 배울 수 있고, 사회인을 대상으로 제공하는 인문학 강좌 또는 평생교육원을 통해서도 만날 수 있다. 따라서 고전 교육은 대학에서만 가능한 것도 아니고 대학교육에서만 누릴 수 있는 특권도 아니다. 다만 특수한 고등학교를 제외하고는 대학에서 처음으로 그리스어, 라틴어, 산스크리트어, 한문 등 원어로 고전을 읽고 이해하는 학습을 한다는 것이다.

이러한 수업을 흔히 원전 강독이라고 한다. 물론 '원전' 혹은 '원본'이 존재하는가에 대해서는 학자에 따라 입장이 분분하다. 『겐지모노가타리源氏物語』나 『춘향전』 같은 고전은 다양한 판본을 가진 것으로 유명하다. 인류의 고전인 『성경』도 어느 것이 원본인지 따지고 들어가면 특정할 수 없는 경우가 있다. 다만 이러한 판본 문제를 포함하여 원어로 쓰인 텍스트를 직접 접하고 이를 다루는 훈련을 할 수 있는 본격적인 교육기관이 대학이며, 대학에서 고전 연구 훈련을 받은 전문가들을 통해 고전의 표준 텍스트가 생산된다는 점에는 쉽게 동의할 수 있을 것이다.

그렇다면 디지털 시대에 고전어로 쓰인 원전을 어떻게 읽고 배울 것인가 하는 문제를 생각해 보자. 고전의 디지털화는 문자인식기OCR를 통해 문자 형태를 자동으로 읽고 판독하는 과정을 거친 것이 많다. 이러한 자동인식에는 오류가 수도 없이 많다. 알파벳의 경우는 숫자 0과 알파벳 o가 오판되는 경우가 많고, 한자의 경우는 官(관리 관)과 宮(집 궁), 已(이미 이)와 己(자기 기), 巳(뱀 사)와 같이 형태가 유사한 글자들은 뒤바뀌기 일쑤라서, 앞서 소개한 데이터베이스들은 전문 연구 인력이 오류 수정을 한 것이지만 완전무결하지는 않다. 사실 한문으로 된 데이터베이스는 대부분 이런 문제를 안고 있다. 따라서 전자 텍스트를 배포하여 수업에 사용하더라도 원전 종이책 혹은 화상 파일 버전과 대조 작업이 필수적이다.

번역의 경우 기존 번역 성과들을 바탕으로 인공지능 기술로 고전어를 순식간에 현대 한글로 번역할 수도 있을 것이다. 최근 2억 자가 넘는 『승정원일기』를 인공지능으로 번역하는 사업이 진행되고 있다고 보도된 바 있다.[13] 딥러닝deep learning 기술로 번역 수준도 점점 향상되고 있다고 한다. 그러나 대학의 고전 교육이란 완성된 번역을 이해하는 것이 아니다. 텍스트가 말하고자 하는 내용뿐만 아니라 텍스트가 탄생하게 된 배경과 후대의 영향과 수용사에 이르기까지, 한 인간의 생애를 이해하듯 하나의 생명체로서 고전의 시작부터 끝까지 전 과정을 이해하는 것이다.

그렇게 고전 원전을 스스로 읽고자 하는 대학생의 경우, 원전의 문장 독해 연습부터 시작하게 된다. 이때 필요한 것이 사전인데, 중요한 사전류 역시 많은 경우 전자화가 이루어졌다. 문자의 발음을 알고 축자적 의미를 이해하는 것 역시 이러한 전자사전 검색을 통해 단시간에 해결할 수 있게 되었다. 다만 사전에 표시된 뜻이 반드시 그 텍스트에 쓰인 단어의 정확한 의미라는 법은 없다. 사전은 확인 가능한 선에서 어떠한 단어가 생성되어 쓰인 가장 오래된 용례의 뜻부터 이후 파생된 뜻을 순차적으로 나열하고 있을 뿐이다. 따라서 고전을 읽는 학생들은 사전에서 단어의 초기적 의미를 이해하고, 의미의 변천 과정을 직접 찾아보고 해당 텍스트의 문맥에 맞는 가장 적절한 뉘앙스를 파악해야 한다. 사실 고전 데이터베이스가 생긴 이후 고전 교육 방식에서 일어난 변화는 학생들에게 사전만 찾게 하는 것이 아니라 데이터베이스에서 같은 단어들의 수많은 용례를 확인해 가며 의미 변천 과정을 스스로 확인하도록 하는 것이다.

그다음은 번역과 해석의 문제다. 단어의 뜻을 안다고 해서 쉽게 고전어 번역이 되는 것은 아니다. 번역이 어려운 것은 문장과 문장 사이의 연결, 맥락, 글의 전체 흐름을 파악해야 하기 때문일 것이다. 또 한 가지 번역을 어렵게 하는 것은 문장이 그 안에 나타나 있지 않은 다른 상황을 참조하거나 다른 문장, 즉 전거典據를 사용하기 때문이다. 예를 들어 송대의 대유大儒 주희朱熹의 어록에는 공자孔子의 언행을 담은 『논어論語』를 전거로 사용한 예가 많다.

> 선생께서 안자(안회)에게 '극기복례'를 말씀하신 것은 다만 바로 '시청언동'일 뿐이다.
>
> 夫子對顏子克己復禮之目, 亦只是就視聽言動. (『朱子語類』)

여기서 주자는 공자가 안회에게 "극기복례克己復禮"(자신을 극복하여 예로 돌아간다)를 가르친 것은 "시청언동"일 뿐이라고 말하는데, 이 문장을 직역해서는 무슨 뜻인지 알 수 없다. "보고 듣고 말하고 행동한다"는 시視, 청聽, 언言, 동動의 네 글자가 쓰인 전거를 찾아보지 않으면 무슨 문맥인지 파악할 수 없다. 이는 『논어』「안연顏淵」편의 다음 구절을 전거로 삼은 것이다.

예가 아니면 보지 말고	非禮勿視
예가 아니면 듣지 말고	非禮勿聽

예가 아니면 말하지 말고　　　　非禮勿言
예가 아니면 행동하지 말라.　　　非禮勿動.

"시청언동"은 "비례물시, 비례물청, 비례물언, 비례물동"의 각 구절에서 마지막 한 글자씩 따온 것으로 '예가 아니면 ~하지 말라'는 공자의 잠언을 함축하여 관용어처럼 사용한 것이다.

고전 수업에서 많은 부분을 차지하는 것은 이렇듯 텍스트가 참조하는 또 다른 텍스트를 함께 살펴봄으로써 저자가 의미하는 바를 총체적으로 드러내는 작업이다. 이러한 작업은 사실상 디지털 시대에도 변함없이 고전 학습의 핵심적인 중추를 이룬다.

요컨대 대학의 고전 교육은 기술적 부분과 비기술적 부분으로 나누어 볼 수 있다. 기술적 부분에는 텍스트의 분류상 위치와 의의를 이해하는 목록학, 물리적 특징 파악을 통해 정보를 얻는 서지학, 데이터베이스 및 사전 등 공구서工具書 활용법, 언어·문자 해독 및 번역법 등이 속한다. 디지털 플랫폼과 데이터베이스는 고전 연구와 교육의 기술적 부분 향상, 특히 검색과 발굴 시간의 단축을 가져왔다고 할 수 있다. 비기술적 부분은 텍스트 간 상호 참조를 통해, 그리고 텍스트가 자리한 역사와 철학 등 배경지식이 되는 다른 영역의 내용에 대한 이해를 바탕으로 문장 하나하나의 문맥뿐만 아니라 작품 전체를 역사·문화적 문맥에서 이해하는 것인데, 이 역시 예나 지금이나 대학의 고전 수업에서 핵심적인 부분이다.

언어와 문자에 대한 적정한 지식을 바탕으로 문맥과 행간을 파악하는 번역과 해석 연습을 통해 텍스트를 이해하게 되면, 그다음은 고전에 대한 학생 개인의 재해석과 창조 작업으로 넘어간다. 연구를 좋아하는 학생은 고전에 대한 분석적·비판적 읽기를 계속해 나갈 것이다. 이러한 고전 연구 역시 '지금 여기'의 자리에서 학생(연구자) 자신의 관점으로 고전 읽기가 행해지는 과거와 현재에 대한 비판 작업으로서, 매우 창조적인 작업임을 강조하고 싶다. 사회로 나간 사람들은 자신의 삶 또는 문화예술 콘텐츠를 다루는 일을 통해, 그리고 만화, 영화, 음악, 미술 등 다양한 방식으로 고전에 대한 새로운 읽기를 통해, 고전에 바탕을 둔 상상으로 자신이 생각하는 미래와 새로운 형태의 고전을 만들어 나갈 것이다.

고전 읽기 경험

마지막으로 강조하고 싶은 것은 고전 읽기 경험에 대한 것이다. 고전의 재해석과 창조적 작업이라고 하면 너무 거창하게 들릴지 모르겠다. 그러나 사실 고전 읽기의 모든 경험은 매우 창조적인 작업이다. 이는 우리 개개인이 특별히 창의적이라서라기보다는 인격, 개성, 취향, 상상력의 차이를 지닌 개인이 저마다 특정한 지역과 시대라는 특수한 맥락에서 고전을 만나기 때문에 일어나는 일이다.

한 개인에게 일생은 한 번 주어지고, 그 삶 속에서 고전을 읽는 순간의 '자신'은 한 번도 같지 않다. 어릴 때의 내가 다르고 성인이 된 내가 다르다. 그 '내'가 처한 사회적·문화적 환경 역시 다르다. 고전을 읽는 그 시점의 내가 느끼고 이해한 고전의 맛, 뉘앙스, 메시지는 그 순간 그 시점에만 존재하는 것이 아닐까? 다도茶道의 말을 빌리자면 이를 '일기일회一期一會'라고 한다. 고전을 읽고 그 메시지를 내 삶에 의미 있는 것으로 통합하는 경험은 바로 고전을 읽고 이해한 '지금 이 순간' 누리는 유일무이한 경험이다. 이러한 고전 읽기 경험은 대학교육에서 사라질 수 없는 가장 핵심적인 부분이 아닐까?

디지털 시대 대학의 고전 교육은 전자기기와 데이터베이스의 도움을 받지만 여전히 학생들의 비판력으로 과거와 현재를 바라보게 하고, 상상력으로 더 나은 미래를 그리도록 하는 매우 고전적인 작업을 계속할 것이다.

1. 미국 캘리포니아 어바인 대학의 TLG 데이터베이스: http://stephanus.tlg.uci.edu/tlg.php

2. 미국 터프츠 대학의 페르세우스 디지털 라이브러리: https://www.perseus.tufts.edu/hopper/collections

3. 대만중앙연구원의 구 한적전자문헌은 현재 서비스를 종료하고 새로운 버전의 한적전자문헌자료고(漢籍電子文獻資料庫)로 전문 검색 서비스를 제공 중이다. http://hanchi.ihp.sinica.edu.tw/ihp/hanji.htm

4. 중국의 사부총간 및 사고전서, 중국기본고적고 데이터베이스는 매우 고가로 판매되고 있으나, 그중 주요한 부분은 kanripo.org나 ctext.org에서 사용 가능하다.

5. 일본 도쿄 대학 디지털 대장경 텍스트 데이터베이스: https://21dzk.l.u-tokyo.ac.jp/SAT/

6. 대만 중화전자불전협회(CBETA) 대장경: https://www.cbeta.org/intro/origin.htm

7. 영국 더럼 대학의 스터전 교수가 운영하는 차이니즈 텍스트 프로젝트(Chinese Text Project): https://ctext.org/

8. 일본 교토 대학의 비테른 교수가 운영하는 간세키 리포지터리: http://www.kanripo.org/

9. 국사편찬위원회의 『조선왕조실록』 데이터베이스: http://sillok.history.go.kr/

10. 국사편찬위원회의 『승정원일기』 데이터베이스: http://sjw.history.go.kr/

11. 국사편찬위원회의 한국사 데이터베이스: http://db.history.go.kr/

12. 한국고전번역원의 한국고전종합 데이터베이스: https://db.itkc.or.kr/

13. 「한문 AI 떴다, 『승정원일기』 3245권 번역 30년 빨라진다」, 『조선일보』 2018년 3월 2일 자.

이미지 문명과
이미지 문맹

박상우

카메라라는 장치와 그 작동자인 인간은 매일 수많은 사진과 동영상을 생산한다. 이렇게 생산된 이미지들은 다양한 기계적 복제 수단(인화, 제판, 프로젝션, 전송, 디지털 복제 등)에 의해 무한급수로 복제된다. 현대인들은 이처럼 무한히 밀려드는 시각 정보에 항상 노출되어 있으며, 이 같은 '초과잉 이미지' 현상은 주목을 끌지 못할 정도로 만연해 있다. 넘쳐 나는 이미지는 이제 우리 눈에 보이지 않는 물질적·정신적 시각 환경이 되어 버렸다. 이처럼 이미지가 인간의 존재 조건을 구조화하는 새로운 환경으로 변했음에도, 현대 이미지 철학에서 이미지 수용론, 즉 이미지가 그것을 보는 사람에게 어떻게 지각, 해석되는가에 대한 논의는 충분히 전개되지 않았다. 다시 말해, 오늘날 인간은 최첨단 미디어에 의해 매 순간 사진과 동영상이라는 이미지에 끊임없이 노출되지만, 이 이미지들을 어떤 방식으로 수용하는가에 대한 철학적 논의가 충분히 이뤄지지 않았다.

이런 상황에서 이미지 수용 문제에 누구보다 천착했던 사상가 빌렘 플루서Vilém Flusser는 사진, 영화, 비디오, TV, 디지털 이미지 등 테크놀로지를 통해 제작된 이미지, 즉 "장치에 의해 생산된 이미지"를 "기술 이미지image technique"라고 지칭한다.[1] 그는 오늘날 대중이 기술 이미지를 합리적으로 받아들이기보다는 '마술적'으로 수용한다고 단언한다. 그리고 그 결과로서 텍스트 문맹을 대신하는 새로운 문맹인 '이미지 문맹' 현상이 나타났다고 지적한다. 이 글의 문제의식은 다음과 같다. 인간은 이미지를 어떻게 수용할까? 인간이 이미지를 마술적으로 수용하는 것은 무엇 때문일까? '이미지 문맹'이란 무엇이며 이미지 문맹을 발생시킨 근본 원인은 무엇일까? 개념적 코드인 텍스트는 과연 이미지의 마술적 수용과 문맹을 타파할 수 있을까? 이미지 문맹을 타파하기 위한 이미지 교육은 무엇일까?

이미지와 마술

우선 눈과 뇌라는 인간의 시지각 시스템이 앞에 놓인 이미지를 어떻게 해석하는지 살펴보자. 플루서에 따르면, 이미지는 "의미를 지닌 표면"이다.[2] 그리고 이미지의 '의미'는 이미지의 표면 위에 존재한다. 이미지가 지닌 심층 의미를 파악하기 위해서는 이미지를 단번에 봐서는 안 되고 찬찬히 훑어야 한다. 플루서는 이미지 표면을 차례대로 훑는 이 같은 시선의 움직임을 '스캐닝scanning'이라고 지칭했다. 그렇다면 이미지의 세계, 구체적으로 보는 이의 시선이 이미지를 해석하여 구축한 세계는 어떤 세계일까? 이미지 이론의 역사에서 이미지의 세계는 전통적으로 모사, 가상, 비현실, 환상의 세계를 의미했다. 플루서에게도 이미지의 세계는 이와 크게 다르지 않아 '마술의 세계'를 가리킨다. 하지만 그가 이미지의 세계를 마술의 세계로 제시하는 근거가 독창적이다. 플루서는 이미지가 속한 시공간이 마술적이기 때문에 이미지의 세계를 마술의 세계라고 말하면서 그 이유를 시공간 측면에서 각각 다음과 같이 제시한다.[3]

첫째, 보는 이의 시선은 이미지 구성 요소들을 훑으면서 그 요소들 사이에 '시간 관계'를 구축하는데, 이 시간 관계가 선적이지 않고 반복적이기 때문이다. 왜냐하면 보는 이의 시선이 이미지에서 이전에 보았던 요소로 언제든지 돌아올 수 있기 때문이다. 즉 "이전이 이후가 된다." 이처럼 이미지에 머무는 시선의 시간은 일직선이지 않고 순환적이다. 따라서 그는 보는 이의 시선이 이미지를 스캐닝하면서 구축한 시간을 니체의 표현을 사용해 '동일자의 영원 회귀의 시간Ewige Wiederkunft'이라고 불렀다.

둘째, 시선은 이미지의 구성 요소들을 스캐닝하면서 그 요소들 사이에 '의미 관계'를 구축하는데, 이 의미 관계가 일방적이지 않고 상호적이기 때문이다. 왜 상호적일까? 시선은 이미지를 구성하는 요소들을 훑으면서 이 요소들 간에 의미 관계를 구축하고 '의미 복합체'를 형성한다. 이 의미 복합체 내부에서 이미지의 한 요소는 다른 요소에 의미를 부여하고 동시에 그 다른 요소에서 자신의 의미를 부여받는다. 이미지에서 각 요소는 서로 의미를 부여하면서 동시에 부여받기 때문에 이미지의 의미 관계는 상호적이며 이미지의 공간은 '상호 의미의 공간'이다. 즉 "시선의 스캐닝이 구축한 공간은 상호 의미의 공간이다."

플루서는 이미지의 시공간에서는 이처럼 모든 것이 반복되고 모든 것이 의미화의 맥락에 참여하기 때문에 이미지의 세계는 마술의 세계라고 말한다. 그는 이미지가 지닌 이 같은 마술의 세계를 강조하기 위해 문자의 세계인 '역사적 세계'와 비교한다. 그는 이미지의 제의적 세계는 문자의 역사적 세계와 구조적으로 다르다고 강조한다. 그에 따르면, 문자의 역사적 세계에서는 어떤 것도 반복하지 않고 모든 것에는 반드시 원인과 결과가 있다. 그는 이 두 세계가 지닌 근본적인 차이를 설명하기 위해 '일출과 닭 울음'이라는 예를 든다. 그에 따르면, 문자의 역사적 세계에서는 해가 뜨면(원인) 닭이 운다(결과). 하지만 이미지의 마술적 세계는 해가 뜨면 닭이 울고, 닭이 울면 해가 뜬다. 이미지의 세계는 선적인 인과관계가 아니라 상호 의미의 관계로 이루어진다. 바로 이런 측면에서 "이미지의 의미는 마술적"이라고 그는 지적한다.[4]

이미지의 이 같은 마술적 속성은 이미지의 해석과 어떤 관계가 있을까? 플루서는 우리가 이미지를 해석할 때 이미지의 마술성을 항상 염두에 둬야 한다고 강조한다. 그는 우리가 이미지에서 '사건événement'을 보려고 하는 것은 잘못된 태도라고 지적한다. 왜냐하면 "이미지는 사건을 사태état de choses로 대체하고 사건을 장면scènes으로 번역하기" 때문이다.[5] 그렇다면 여기서 그가 사용하는 '사건'과 '사태' 혹은 '장면'이라는 개념의 의미는 어떻게 다를까? '사건'은 실재 세계에 연결된 구체적 현상(혹은 실재 자체)을 가리키고 '사태/장면'은 실재 세계에서 떨어져 나와 추상화된 현상이다. 따라서 이미지의 세계에서는 실재와 연계된 사건은 사라지고 추상화되고 탈맥락화한 사태 혹은 장면만 남아 있을 뿐이다.

이처럼 추상화된 사태와 장면으로 뒤덮인 이미지는 인간에게 과연 어떤 방식으로 수용될까? 플루서는 그 당시 장 보드리야르Jean Baudrillard, 롤랑 바르트Roland Barthes 등 유럽 사상가들과 마찬가지로 이미지가 인간에게 수용되는 방식을 매우 부정적으로 바라본다.

그에 따르면, 이미지는 인간에게 실재 세계를 재현해 주지 않고 오히려 이 세계를 가린다. 그것은 이 세계를 투명하게 반영하는 '창문'이 아니라 이 세계를 흐릿하게 막는 '스크린'이 된다. 하지만 인간은 이처럼 세계를 가리는 흐릿한 이미지를 마주했을 때 이 이미지를 찢어서 그 뒤에 있는 실재 세계를 보려고 하는 대신 이미지 해석을 포기하고, 해석되지 않은 이미지를 자신이 사는 외부 세계에 투사한다. 이를 통해 외부 세계 자체는 인간의 눈에 하나의 이미지(혹은 사태, 장면)로 탈바꿈한다. 플루서는 이 같은 이미지 기능의 전도顚倒(이미지가 세계를 반영하는 것이 아니라 세계를 가리면서 이미지 자체가 세계로 변해 버리는 현상)를 "이미지 숭배"라고 지칭했다.[6]

플루서는 전통 이미지를 대체한 기술 이미지가 지배하는 오늘날에는 이 같은 '이미지 숭배' 현상이 더욱더 강화되었다고 역설한다. 그에 따르면, 우리 삶의 모든 곳에 스며들어 있는 기술 이미지는 "우리의 현실을 마술적으로 재구조화하고 있으며 […] 실재를 이미지라는 전 지구적 시나리오로 탈바꿈하고" 있다.[7] 플루서는 기술 이미지가 실재하는 모든 것을 이미지로 바꾸고 이미지에 둘러싸인 인간은 진짜 실재 대신에 이미지의 실재만을 보고 살아간다고 지적한다. 이 지점에서 플루서는 '망각'에 대해 언급한다. 인간은 이 세계에서 자신의 좌표를 잡기 위해 이미지를 발명한 주체가 바로 자신이라는 사실을 망각한다. 따라서 인간은 이미지를 더 이상 해석하려 하지 않고 자신이 발명한 이미지에 의해 살아간다.

여기서 플루서가 '이미지를 생산하고 해석하는 독특한 능력'이라고 부른 '상상imagination'은 이미지를 해석하려 들지 않고 이미지를 실재로 착각하는 '환각hallucination'으로 탈바꿈한다. 이것이 바로 그가 의미하는 이미지의 마술적 수용 방식이다. 그렇다면 기술 이미지를 우리가 마술적으로 수용한 결과는 무엇일까? 그것은 바로 '이미지 문맹', 더 구체적으로는 '사진 문맹'이라는 인류 역사상 초유의 현상이다.

이미지 문맹

플루서는 현대인이 사진을 수용하는 방식을 제시하기 위해 기술 이미지 이전의 코드인 문자를 수용하는 방식과 비교한다. 그에 따르면, 19세기 서구에서 의무교육이 시행된 이래 거의 모든 사람이 문자를 읽고 쓸 줄 알게 되었고, 신문이나 소설도 읽을 수 있게 되었다. 마찬가지로 사진기가 점점 자동화되고 저렴해지면서 거의 모든 사람이 사진기를 소유하고 사진을 생산할 수 있게 되었다. 하지만 플루서는 사진을 생산할 줄 아는 사람이 반드시 사진을 읽을 수 있는 것은 아니라고 지적하면서, 이처럼 사진을 읽을 줄 모르는 새로운 종류의 현대 문맹을 '사진 문맹'이라고 지칭했다.

하지만 '사진 문맹'이라는 개념은 물론 플루서가 처음 제시한 것이 아니다. 이 개념은 20세기 전반 독일의 새로운 미디어 환경의 산물이다. 1920-1930년대 독일은 포토(사진)와 저널(미디어)이 결합한 현상인 포토저널리즘이 가장 만개한 곳이었다. 당시 독일 바우하우스 교수로 시각예술 교육에 큰 관심을 두었던 라슬로 모호이너지László Moholy-Nagy는 이 새로운 이미지 시대를 보면서 1927년 처음으로 이 개념을 사용했다. "사람들은 현재 모든 곳에서 광적인 열정으로 사진에 몰두하고 있다. 이 같은 사실은 미래의 문맹자는 사진의 문맹자가 될 것이라는 사실을 가리킨다."[8] 그리고 1931년 발터 베냐민Walter Benjamin은 자신의 논문 「사진의 작은 역사」에서 모호이너지의 유명한 이 문장을 다음과 같이 인용한다. “미래의 문맹자는 문자를 모르는 사람이 아니라 사진을 모르는 사람이 될 것이다.”[9]

모호이너지와 베냐민이 예측한 미래의 사진 문맹이라는 현상은 20세기 중반을 거치면서 현실화했다. 이들이 시대적 한계 때문에 사진 문맹 현상을 단지 예측하는 데만 머물렀다면, 20세기 후반 이미 만개한 사진 문맹 현상을 마주했던 플루서는 이 현상의 근본 원인을 탐구한다. 사진 문맹의 원인은 무엇일까? 그에 따르면, 글 쓰는 행위를 하기 위해서는 우선 언어의 철자와 문법을 습득해야 한다. 그러나 사진을 찍는 행위를 하기 위해서는 굳이 사진의 문법을 배울 필요가 없다. 카메라의 간단한 작동 방법을 익히거나, 그것도 아니면 셔터 버튼만 누를 줄 알면 된다. 사진기 기술이 발달함에 따라 사진 촬영 행위는 점점 더 단순해지고 점점 더 많은 사람이 사진 행위에 참가한다. 플루서는 이와 같은 사진 행위의 일반화가 바로 사진 문맹을 확산시킨 요인이라고 설명한다. 즉 그는 사진기의 자동화 때문에 사진 행위의 일반화가 발생하며, 바로 이 사진 행위의 일반화가 사진 문맹을 확산시킨다고 진단한다.

다음으로, 사진 문맹은 사진 이미지가 속해 있는 ‘이미지 일반’이 지닌 마술적 속성 자체에서도 비롯된다. 전술한 것처럼, 플루서는 이미지가 지닌 ‘마술적’ 혹은 ‘비인과적’ 의미 관계 때문에 대중은 사진 이미지를 해독할 수 없다고 진단한다. 그는 이를 설명하기 위해 대중이 가장 많이 접하는 사진 중 하나인 보도 사진(1982년 레바논 전쟁 사진)을 예로 든다. 그에 따르면 이 사진의 표면을 스캐닝하는 대중의 시선은 사진 이미지 요소들 사이에 역사적 관계가 아니라 마술적 관계를 구축한다. 이 사진에서 의미 관계는 인과적이 아니라 '상호적'이다. 따라서 한 장의 사진에서 의미 관계가 요소들 간에 무한 조합하여 사진의 의미는 그야말로 '복합적' 양상을 띤다.

플루서는 사진 이미지의 표면에는 이미지의 의미를 나타내는 '비밀의 힘들'이 맴돌고 있다고 말한다. 예컨대 레바논 전쟁 사진의 경우 이 힘들은 제국주의, 유대주의, 테러리즘 등의 이름을 지니고 있다. 하지만 대부분 '비밀의 힘들'은 이름을 지니고 있지 않고, 플루서는 명명할 수 없는 이런 힘들이 사진 이미지에 "무어라고 정의할 수 없는 분위기"를 부여한다고 말한다.[10] 사진 이미지에는 우리가 언어로 의미를 부여할 수 있는 요소들도 있지만, 대부분은 의미를 파악할 수 없는 애매한 요소들로 가득 차 있다. 그는 바로 이처럼 사진에서 '정의할 수 없는 분위기'를 유발하는 '명명할 수 없는 힘들'이 사진에 '매력의 힘'을 부여하고, 우리가 사진 앞에서 제의적으로 행동하도록 프로그래밍한다고 말한다. 따라서 대중은 사진 이미지가 지닌 이 같은 의미의 복잡함과 애매함 때문에 사진 앞에서 깊은 문맹의 상태로 추락한다.

대중은 이처럼 사진을 해독하지 못하는 사진 문맹자일 뿐만 아니라 사진 이미지(나아가 모든 기술 이미지) 자체를 아예 해독할 필요조차 느끼지 않는다. 플루서는 그 이유로 두 가지를 제시한다. 첫째, 대중은 사진이 어떻게 생산되는지 너무도 잘 알고 있다고 생각하기 때문이다. "저기에 있는 세계가 이미지 위로 자동으로 각인되었다."라는 언급에서 알 수 있듯이,[11] 사진이 '자동으로' 생산된 이미지라고 생각한다. 둘째, 이처럼 사진 생산 방식을 잘 알고 있다고 착각하는 대중은, 바로 그런 이유로 사진이 무엇을 의미하는지도 잘 알고 있다고 생각하기 때문이다. 모든 사진은 명백히게 "저기에 있는 세계"를 의미하기 때문에 굳이 해석할 필요가 없다는 것이다.[12] 이처럼 사진을 읽을 줄도 모르고, 나아가 읽을 필요도 느끼지 못하는 대중은 사진에서 원인과 결과를 지닌 역사적 사건이 아니라 단지 마술적 의미 관계로 맴도는 이미지, 장면, 사태만을 볼 뿐이다.

하지만 기술 이미지가 현대인의 시각 환경을 전면적으로 지배한 20세기 후반에도, 그리고 플루서가 결코 경험하지 못한 21세기 첨단 이미지 환경에서도 텍스트는 완전히 사라지지 않고 있다. 특히 신문, 잡지 등 미디어에 실린 사진 옆에는 기사, 캡션 형태의 텍스트가 여전히 붙어 있다. 이미지의 "상상적 사유" 대신에 "개념적 사유"[13] 능력을 인간에게 부여한 텍스트는 과연 사진 이미지 수용 과정에서 이미지가 지닌 마술적 속성을 제거할 수 있을까? 플루서는 이 질문에 곧바로 대답하는 대신에 텍스트(기사)가 무엇인지부터 정의한다. "[그것은] 선적인 구조로 되어 있으며 [역사적 사건, 예컨대] 레바논 전쟁의 원인과 결과를 의미하는 개념들로 구성된 것이다."[14]

그러나 그는 이처럼 사건의 인과관계를 설명할 수 있는 개념들로 이뤄진 텍스트가 실제로는 사진을 설명하지 못한다고 지적한다. 이에 대해 플루서는 두 가지 이유를 제시한다. 먼저, 오늘날 미디어에서 텍스트의 기능(설명의 기능)이 이미지의 기능(마술의 기능)에 종속되었기 때문이다. 미디어에서 텍스트가 사진을 설명하는 것이 아니라 텍스트가 사진을 통해 설명되는 것에서 이를 잘 알 수 있다. "우리는 신문 기사를 사진을 통해 읽는다."[15] 다음으로, 미디어에서 텍스트가 이처럼 이미지를 설명하지 못하고 이미지에 종속될 뿐만 아니라 독자의 관심에서 아예 사라지기 때문이다. 플루서는 독자가 미디어에서 이미 오래전부터 텍스트로 된 설명에 지쳐 있으며 사진 이미지를 보는 것으로 만족한다고 지적한다. 그것은 독자의 죽음이며 '견자見者의 탄생'을 의미한다. 견자는 이제 미디어를 마주하면서 역사 시대의 낡은 유산인 개념적·설명적 사유를 할 필요가 없어졌으며, 미디어 앞에서 사건의 원인과 결과를 사고하는 수고를 덜게 되었다. 그리고 그는 이 같은 텍스트와 (사진) 이미지의 역전된 관계가 현대 사회의 주요 특징이라고 말한다.

플루서는 이처럼 텍스트가 이미지에 종속된 상황에서 실재는 상징 속으로 미끄러져 이미지라는 상징의 마술 세계로 진입한다고 말한다. 그에 따르면, 바로 이처럼 실재를 삼켜 버린 이미지-상징들은 현대인이 지닌 텍스트의 역사적·비평적 의식을 대체한다. 그리고 텍스트의 사유 의식을 잃어버린 현대인은 이미지 앞에서 마술적으로 행동한다. 이제 전면적인 이미지 문맹자가 된 인간은 점점 더 이미지를 통해 이 세계를 경험하고 살아간다. 그렇다면 이미지 문맹이 초래한 이 같은 종말론적인 상황을 극복하기 위한 이미지 교육은 무엇일까?

이미지 교육

이미지 교육에서 가장 선행되어야 할 교육은 역설적이게도 '문자 교육'이다. 하지만 여기서 의미하는 문자 교육은 과거의 문자 문명 시대의 교육과는 다르다. 그것은 이미지가 주도하는 새로운 문명 시대에 새로운 글쓰기와 글읽기 교육이다. 이를 통해 잃어버린 문자 사유, 비판적 사유, 즉 잃어버린 이성을 회복해야 한다. 그리고 회복된 이성을 통해 우리 시대가 당면한 이미지 문맹과 이미지의 마술성을 극복해야 한다. 다음으로, 이미지 교육을 위해서는 당연하게도 이미지 교육이 강화되어야 한다. 이 중에서도 우선 이미지 제작 과정에 대한 교육이 실시되어야 한다. 우리는 TV, 영화관, 컴퓨터 모니터, 스마트폰 액정 화면에서 이미지 프레임 내부만 본다. 하지만 이미지 교육에서 가장 중요한 것 중 하나는 '탈프레임의 사유' 능력을 배양하게 하는 것이다. 즉 우리가 보고 있는 이미지 프레임 밖에서 어떤 일이 벌어졌는지 사유하고 추론할 수 있는 능력이 필요하고, 이 능력을 기르기 위해서는 이미지 제작 과정에 대한 교육이 이루어져야 한다.

그리고 언어 교육에서 언어의 문법을 가르치는 것처럼, 이미지 교육에서도 이미지의 문법을 가르쳐야 한다. 예컨대 우리는 영상을 눈으로 보기만 하지, 영상을 구성하는 수많은 '단어', 즉 숏shot의 종류와 용도를 알지 못한다. 또한 언어의 의미가 단어를 연결하는 일정한 규칙을 통해 발생하는 것처럼, 영상의 의미도 숏을 연결하는 규칙을 통해 발생한다. 하지만 우리는 영상이 지닌 이러한 연결 규칙에 무지하며, 이 규칙을 알려고도 하지 않는다. 당연히 이 같은 이미지 문법에 대한 교육이 전면적으로 실시되어야 한다. 또한 이미지가 배포되는 장치인 미디어에 대한 교육도 필요하다. 왜냐하면 미디어란 이미지가 중립적으로 투명하게 통과하는 공간이 아니기 때문이다. 이미지가 미디어를 통과할 때마다 미디어는 이미지에 새로운 의미와 정체성을 부여한다. 예컨대 최초의 달 착륙 사진은 같은 사진이라 하더라도 시사 잡지, 천문학 잡지에 실리거나 미술관에 전시될 때 그 사진의 의미와 정체성은 달라진다. 시사 잡지에서는 보도사진, 천문학 잡지에서는 과학사진, 미술관에서는 예술사진으로 변한다.

마지막으로, 이미지를 어떻게 읽을 것인가에 대한 교육이 무엇보다 절실하다. 문자를 읽는 방법에 대한 교육은 학교에서 많이 실시하고 있으나, 이미지를 독해하는 방법에 대한 교육은 거의 부재한 실정이다. 한 장의 이미지를 올바로 독해하기 위해서는 이미지 표면에만 머물러서는 안 된다. 이미지를 마주하고 있는 시선은 표면뿐만 아니라 이미지를 탄생시킨 '이미지 이전'의 세계로도 향해야 한다. 이것은 결국 이미지 수용에서 '생산한 것'과 '생산된 것' 혹은 '이미지 생산'과 '이미지 수용'은 분리할 수 없다는 사실을 의미한다. 결국, 한 장의 이미지에는 다양한 주체(찍는 자, 찍히는 자, 배포하는 자, 보는 자)의 복잡한 의도들이 서로 겹쳐 있다. 우리가 이미지를 수용하고 해석한다는 것은 그물망처럼 겹쳐진 이미지 주체들의 의도를 치밀하게 분석함으로써 그 망의 전체 구조를 드러내는 데 있다.

1. Vilém Flusser, *Pour une philosophie de la photographie* (Circé, 1996), p. 92

2. Flusser, *Pour une philosophie de la photographie*, p. 9.

3. Flusser, *Pour une philosophie de la photographie*, p. 10.

4. Flusser, *Pour une philosophie de la photographie*, p. 10.

5. Flusser, *Pour une philosophie de la photographie*, p. 10.

6. Flusser, *Pour une philosophie de la photographie*, p. 11.

7. Flusser, *Pour une philosophie de la photographie*, p. 11.

8. László Moholy-Nagy, "Discussion autour de l'article d'Ernst KÁLLAI, «Peinture et photographie»", *Peinture, photographie, film: et autres écrits sur la photographie*, traduit de l'allemand par Catherine Wermester et de l'anglais par Jean Kempf et Gérard Dallez, préface de Dominique Baqué (Gallimard, 2008), p. 159.

9. Walter Benjamin, "Petite histoire de la photographie", *Études photographiques*, N° 1 Novembre 1996, [En ligne], mis en ligne le 18 novembre 2002, http://etudesphotographiques.revues.org/99.

10. Flusser, *Pour une philosophie de la photographie*, p. 68.

11. Vilém Flusser, *La diffusion photographique*, résumé de la conférence II dans l'École nationale supérieure de la photographie d'Arles, 15 Mars, 1984, p. 2.

12. Flusser, *Pour une philosophie de la photographie*, p. 66.

13. Flusser, *Pour une philosophie de la photographie*, p. 12.

14. Flusser, *Pour une philosophie de la photographie*, p. 66.

15. Flusser, *Pour une philosophie de la photographie*, p. 67.

다시 시작하는 서울대학교의 내일

경성제국대학과 서울대학교

대학의 거버넌스와 운영-법인화 이후의 서울대학교

미래를 위한 열린 교육 체제로의 전환

경성제국대학과 서울대학교

정준영

경성제국대학을 계승한 서울대학교?

경성제국대학. 이미 잘 알려져 있는 친숙한 이름이다. 일제강점기 식민권력이 허용했던 유일한 대학이었고, 한국 사회가 경험했던 최초의 근대적 대학이라고도 볼 수 있겠다. 그렇기 때문에 경성제국대학이 어떤 대학이었으며, 지금 우리 사회에 어떤 유산을 남기고 있는가와 관련해서는 여러 가지 이야기가 있을 수밖에 없다.

흥미로운 것은 이 유산과 관련해서 극단적으로 갈리는 평가가 존재한다는 사실이다. 한편에서 경성제국대학은 종종 '만악萬惡의 근원'처럼 대접받곤 한다. 학벌주의가 불러일으키는 폐해, 엘리트주의 및 입신출세주의의 부정적 측면들이 미치는 영향력, 지금도 남아 있는 지적 사대주의의 그림자들. 일제강점기의 '식민지' 교육체제로부터 비롯된 거의 모든 병폐적인 것들이 이 교육체제의 정점에 있었던 경성제국대학이라는 이름 속에서 이어져 온 것 아니냐는 지적이다. 일본인들이 세웠고, 일본인들이 가르쳤으며, 학생의 절반 이상이 일본인이었던 대학에 대한 공식적인 평가라 할 만하다. 그런데 이런 '공식적인' 평가와 정반대 관점에서 경성제국대학을 바라보는 '비공식적인' 관점도 우리 사회에 존재하는 듯싶다. 지식생산에서 보여 주는 높은 연구수준과 교육과정에서 드러나는 폭넓은 교양주의, 식민지 상황이었음에도 일정하게 관철되었던 학문적 자율성. 지금은 훼손되어 가고 있는 대학의 고전적 가치와 본격적인 기준을 환기시키는 존재로서 경성제국대학을 떠올리는 분위기도 없지 않은 것이다. 그리고 대학이 갈수록 '신자유주의화'하고 있는 요즘, 이런 관점이 더 힘을 얻는 것처럼 보이기도 한다. 대학의 현실이 어둡고 미래가 보이지 않을수록 과거는 좀 더 아름답게 치장되기 마련이다. 어떤 이들이 종종 경성제국대학에서 이제는 사라져 버린 고전적인 대학에 대한 향수를 발견하려고 드는 것도 이 때문 아닐까.

이처럼 경성제국대학을 바라보는 오늘날 우리의 시각과 감정은 양가적이고 모순적이라 할 만하다. 모든 병폐의 총본산이라 할 만큼 혐오스럽지만, 동시에 여기에 오롯이 모인 '최고'와 '최상'을 선망하고 향수한다. 그리고 경성제국대학의 이런 균열적인 이미지는 '그 후신이라고 믿어지는' 서울대학교에 대한 시각과 감정에 투영되고 겹쳐진다. 그렇기에 경성제국대학에 대한 비판적인 접근은 단순히 경성제국대학 그 자체를 넘어 서울대학교를 상기시키기 일쑤이며, 이에 대한 향수 또한 너무나 당연히 서울대학교가 지향했어야 할 가치 중 하나로 가정되기 마련이다. 누군가 서울대학교를 속된 표현으로 '경성제대'라고 불러도 어색하게 들리지 않을 정도로 우리는 부지불식간에 경성제국대학과 서울대학교 사이의 강력한 연속성을 당연히 전제한 듯 보인다. 그러면 서울대학교는 정말로 경성제국대학을 계승한 것일까. 정작 이 질문 자체에 주목하는 경우는 생각보다 드물다. 이 글에서는 바로 이 지점에서부터 경성제국대학과 서울대학교 사이의 관계를, 그 유산을 생각해 보고자 한다.

서울대학교의 역사에 경성제국대학은 없다?

서울대학교가 경성제국대학을 공식적으로 계승하고 있는지 확인할 수 있는 가장 간편한 방법은 역시 서울대학교 홈페이지를 찾아보는 것이다.[1] 홈페이지의 대학 소개에는 '역사'라는 항목이 있는데 여기에는 과거에서 오늘에 이르기까지 서울대학교의 연혁이 간략한 연표로 제시되어 있기 때문이다. 이 연표에 따르면 서울대학교는 1946년 10월 15일 개교한 '대한민국 최초의 국립대학'이라고 되어 있다. 그리고 이렇게 해방 이후 국립대학이 설립되는 토대로 그 연원은 '대한제국 시대'까지 거슬러 올라간다. 당시 정부는 서구의 근대적인 지식체계를 몸에 익힌 전문 인력을 양성하여 이들을 중심으로 국가의 운영을 일신하고 사회의 변화를 촉진하려 했다. 그리고 이를 위해 1895년 법관양성소와 한성사범학교, 1899년 의학교,[2] 1904년 농상공학교 등을 설립한 바 있다. 현재의 서울대학교는 대한민국 최초의 국립대학으로서 이들 '근대식 국립 고등교육기관'의 교육적 전통을 계승하겠다는 의지를 분명히 하고 있는 것이다.

그런데 서울대학교가 이러한 방식으로 자기 역사를 규정하는 것과 관련해서 논란이 없지는 않은 모양이다. 20세기 벽두에 설립된 '근대식 국립 고등교육기관'이라는 것은 사실 얼마 지나지 않아 국권을 침탈한 식민권력에 의해 접수되었고, 식민통치를 받는 내내 조선총독부의 관립 고등교육기관으로서 식민지사회에 필요한 전문교육을 실시했기 때문이다. 굳이 따지자면 이들 학교의 이력에서 역사적으로 더 큰 비중을 차지하는 것은, 철저하게 권력에 봉사했던 일제강점기의 어두운 기억일 것이다. 설립 초기에 표방했던 '근대식 국립 고등교육기관'의 이상은 차라리 실현되지 못한 희망에 가깝다. 하지만 서울대학교가 자신의 연원을 밝히기 위해 선택한 것은 어둡고 긴 현실보다 짧고 찬란했던 꿈이다. 일제강점기는 근대 국립교육기관의 실현이라는 꿈이 좌절된 암흑기로 간주된다. 그리고 서울대학교의 설립은 이렇게 억눌렸던 꿈이 다시 깨어나는 사건, 부활을 알리는 계기로 다시 자리매김한다.

이런 대학의 자기역사화 자체를 여기서 비판하려는 것은 물론 아니다. 대학이 스스로를 어떻게 규정할 것인가의 문제는 지금 대학의 구성원들이 자신의 대학에 어떤 의미를 부여하고 있으며 앞으로 무엇을 지향할 것인가의 과제와 직결되기 때문이다. 과거 그 대학이 어떠했느냐의 문제도 중요하지만 그걸로 충분하지 않으며 거기에 구애될 필요도 없다. 하지만 이를 위해 치러야 할 대가 또한 만만치 않다. 어쨌든 식민지 통치체제의 제약 속에서도 켜켜이 누적해 왔던 일제강점기의 '대학' 경험은 이 관점에서는 송두리째 부정할 수밖에 없기 때문이다. 이를 단적으로 드러내는 것이 경성제국대학이라는 문제다. 앞서 언급했듯이 사람들은 부지불식간에 서울대학교와 경성제국대학 사이에 강력한 연속성을 전제한다. 하지만 정작 경성제국대학은 서울대학교의 홈페이지, 대학의 연표에서 찾아볼 수 없다. 일제강점기 식민권력이 허용했던 유일한 대학의 존재, 그 경험이 완전히 제거된 것이다. 심지어 '근대식 국립 고등교육기관'의 후신들, 조선총독부의 관립 전문학교들의 존재도 나타나지 않는다. 마치 일제강점기란 없었던 것처럼, 최소한 1946년 설립된 서울대학교와는 아무 상관 없다는 듯이 이 시기 자체가 아예 삭제되어 있다.

왜 이런 의도적인 결락缺落이 생겨났을까? 지나치게 오늘날의 관점에서 과거를 재단한 것은 아닐까 생각할 수도 있겠지만 실상은 그리 간단치 않다. 왜냐하면 경성제국대학을 어떻게 볼 것인가의 문제는 1946년 국립서울대학교가 설립될 당시부터도 쟁점이었고, 어찌 보면 서울대학교는 경성제국대학에 대한 부정을 통해 출발한 측면도 있었기 때문이다. 특히 이런 면모는 국립서울대학교가 개교하던 당시, 설립 주체였던 미군정청 문교부의 입장에서 명확하게 드러난다. 문교부는 1946년 7월 13일 국립서울대학교의 설립을 전격적으로 발표하면서 그 취지를 다음과 같이 설명했다.

> 문교부로서는 日政時代로부터의 유물인 기존 고등교육기관을 그대로 존속시켜야 할 아무런 의무감을 느끼지 않았다. 이는 기존 고등교육기관은 日政時代에 일본이 우리나라를 노예화하려는 殖民政策의 殘滓요 우리 民族을 위한 교육기관이 아닌 까닭이다. 우리는 반드시 우리가 理想하는 新國家에 적합한 고등한 교육기관을 건설하여야 할 것은 물론이다. […] 경성과 그 부근에 있는 관립 전문대학을 전부 폐지하고 새 이념과 새 구상 아래 우리 국가의 전 학계를 대표할 만한 거대한 종합대학교를 신설하기로 결정한 것이다.[3]

미군정청 문교부의 국립서울대학교 설립 방안이 해방정국 우리 사회에 불러일으킨 파장, 이른바 국대안國大案 파동과 관련해서는 여러 각도에서 조명해 볼 필요가 있지만, 지면의 제약상 다른 본격적인 연구들에 그 몫을 넘겨야 할 것 같다.[4] 여기서는 당시 설립 주체들이 서울대학교의 설립을 통해 무엇을 지향하고 있었는지에 주목하겠다. 앞서 인용한 문교부 성명을 통해 우리는 서울대학교의 설립과 관련하여 중요한 특징을 확인할 수 있다. 경성제국대학을 비롯하여 조선총독부가 설립한 관립 전문학교, 일본인들이 설립·운영한 사립 전문학교 일체를 적산敵産, 즉 적의 재산으로 간주하겠다는 천명이 그것이다.

잘 알려져 있듯이, 국립서울대학교는 서울과 경기에 소재한 주요 고등교육기관을 통합하는 형태로 설립 토대를 마련했는데, 처음부터 이를 지향했던 것은 아니다. 애초에는 식민지 유일의 대학이었던 경성제국대학을 확장·개편하여 국립종합대학을 설립하는 방안을 모색하기도 했다. 하지만 이러저러한 이유로 이 방안을 접고 말았다. 해방 직후 열악했던 한국 사회의 상황, 해방과 더불어 고등교육에 대한 열망이 끝 모르게 치솟고 있었지만 이를 감당할 만한 인적·물적 자원, 학교시설 등이 극단적으로 부족했던 처지를 감안해야 했다. 한정된 자원으로 최대 효과를 올리기 위해서는 가용한 '자원'을 총동원할 필요가 있었다. 위상과 형태가 다른 학교들이 서울대학교를 설립하는 데 활용된 이유도 여기에 있었다. 경성제국대학처럼 일본 본토에서도 최고학부로 분류되는 대학도 서울대학교의 일부가 되었지만, 대학 설립 이전부터 총독부가 운영했던 관립 전문학교(의학, 법학, 농학, 공학, 상업 등)도 단과대학으로 편입되었다. 경성사범학교처럼 중등학교 수준에 머물러 있다가 일제강점기 끝무렵에 전문학교로 승격한 학교도 포함되었고, 경성음악학교처럼 아예 해방 이후 신설된 학교도 있었다. 심지어 경성치과의학전문학교나 경성약학전문학교 등 일본인 유지가 설립해 운영하던 사립 전문학교들도 서울대학교에 통합되었다. 짐작하겠지만, 서로 성격이 다르고 수준도 다른 대학을 한데 모아 서울대학교라는 이름을 붙여 묶어 놓은 대가는 만만치 않았다. 좌우의 이념적인 대립에 학력의 위계적 구조에 따른 갈등이 더해져 갈등의 골이 회복 불가능할 정도로 깊이 패어 갔기 때문이다. 국립서울대학교의 설립을 강행했던 미군정 당국에 대한 불만과 분노가 엄청나게 끓어올랐다.

그런데 문교부 당국으로서도 이와 같이 강행한 이유가 없지 않았는데, 그 핵심을 보여 주는 것이 '적산'이라는 개념이다. 경성제국대학이든 아니면 서울과 경기에 소재한 전문학교든 우리를 노예화하려 했던 식민정책의 잔재이며 패배한 적 제국 일본이 남기고 떠난 재산일 뿐이었다. 문교부 당국은 "일정시대의 유물"인 기존 고등교육기관을 그대로 존속시킬 의무가 없으며, 따라서 전부 폐지한 후 "거대한 종합대학교"를 신설하겠다는 주장이었다. 대학, 전문학교, 중등학교 등 서로 위상이 다른 학교를 한데 묶은 이유는 이로써 납득이 가능해진다. 문교부는, 그리고 신설되는 국립서울대학교는 이들 학교를 학교로 보지 않았던 것이다. 경성제국대학이든 전문학교든, 신생 국립서울대학교 입장에서는 "우리가 이상理想하는 신국가新國家에 적합한 고등한 교육기관"을 건설하기 위한 재료에 불과했다.

이처럼 서울대학교는 설립 당시부터 식민유산과 철저한 단절을 표방하며 출발했다. 따라서 식민유산의 정점에 있던 경성제국대학을 계승한다는 것, 그 후신을 자처한다는 것은 있을 수 없는 일이었다. 서울대학교가 경성제국대학에서 물려받은 것은 '시설'과 거기에 딸린 교직원, 그리고 인수해야 할 재학생뿐이었다고 말한다면 지나친 과장일까? 신설 국립서울대학교가 표방했던 이러한 강력한 단절의식과 관련해서는 여러 가지 평가가 가능하다.

서울대학교가 실제로는 경성제국대학을 중심으로 식민지 관립 고등교육의 전통 위에 서 있으면서도 공식적으로는 이를 애써 부정하려는 모습을 보이고 있는 것에 대해 '위선'을 느끼는 사람이 있을지도 모르겠다. 하지만 갑작스럽게 찾아온 해방 상황에서 뼛속까지 뿌리 깊게 자리 잡은 '일본적인 것'을 자각하고 그것과 어떻게든 단절하고자 애썼던 당대 한국인들의 고심을 생각한다면, 이런 단절에서 역으로 어떤 절실함을 읽을 수도 있다. 어쨌든 서울대학교는 경성제국대학과의 단절에서 자신의 존재 의미를 설정했으며, 이것은 식민유산과의 단절이 절실한 과제로 부상했던 당시 상황에서는 나름 의미 있는 시도였다. 하지만 보다 깊이 생각해 본다면, 경성제국대학이란 존재를 무턱대고 부정한다고 해서 식민유산을 극복할 수 있는 것은 아니라는 당연한 이치가 고려되지 못한 것은 다소 아쉽다. 오히려 경성제국대학이란 어떤 대학이었는지, 그리고 현재의 서울대학교에 어떤 유산을 남기고 있는지 보다 냉정하게 따져 보는 것이 서울대학교를 비롯하여 현재 한국 대학이 직면한 위기를 사유하는 데 도움이 되지 않을까 생각한다.

경성제국대학의 출발, 1924년 혹은 1926년?

그렇다면 경성제국대학은 어떤 대학이었을까. 경성제국대학의 역사를 전체적으로 조망하려면 상당한 지면이 필요할 것이므로 여기서는 간단하게 요약하겠다.[5] 경성제국대학은 1924년 일본 천황의 칙령에 의해 설립이 확정된 관립 종합대학이다. 당시 일본의 최고 학부인 제국대학帝國大學으로 설립되었는데, 도쿄, 교토, 도호쿠, 규슈, 홋카이도에 이어 여섯 번째로 설립되었다. 일본이 식민지에 세운 첫 번째 제국대학이기도 했다.[6]

그런데 1924년에 설립된 것은 엄밀하게 말하자면 경성제국대학이 아니라 그 부속기관인 대학예과였다. 당시 일본의 학제에서 대학은 철저하게 전문교육을 실시하는 교육기관이었던 반면, 지금의 대학교양 과정은 별도의 예비교육기관인 고등학교(이하 현재의 고등학교와 구별하기 위해 '구제舊制'라는 표현을 덧붙인다)가 맡고 있었다. 그런데 식민지 조선에서는 고등학교를 대신해서 대학예과를 경성제국대학에 부속시킨 것이었다. 왜 조선총독부는 고등학교가 아니라 대학예과를 설치했을까. 이유는 여러 가지가 있겠지만, 고등교육을 원하는 조선인 학생들의 유출을 막고 경성제국대학의 설립을 빨리 확정짓기 위해서였을 공산이 큰 것 같다. 구제 고등학교 졸업자는 원칙적으로 어떤 제국대학이든 지원하여 진학이 가능했던 반면, 대학예과는 자기 대학의 학부로만 진학이 가능했다. 고등학교를 설립했으면 모양새는 좋았겠지만, 졸업생이 식민지에 남아 경성제국대학에 진학하리라는 보장은 없었다. 게다가 고등학교를 세웠다면 조선총독부는 이후 제국대학을 설립하기 위해 일본 본국 정부와 또다시 힘겨운 줄다리기를 할 수밖에 없었다. 이는 대만총

경성제국대학 예과 교사

독부가 대북고등학교와 대북제국대학을 설립하는 과정에서 겪었던 곤란과도 다르지 않았다. 대학 없이 대학예과를 먼저 세움으로써 조선총독부는 경성제국대학의 설립을 미리 확정하는 한편, 우수한 식민지 청년들이 배움을 찾아 조선을 벗어나 과격한 사상에 노출되는 것을 막을 수 있다고 믿었다.

그리고 이런 독특한 대학예과의 존재는 경성제국대학 특유의 정체성을 형성하는 데도 일정 부분 기여한 듯하다. 일본의 다른 제국대학은 세부적이고 전문화된 교육과 학술지식의 생산을 목적으로 하여, 자유교양교육이 중심이 되는 구제 고등학교와 뚜렷하게 구분되는 정체성을 가진다. 엄밀히 말하자면, 경성제국대학도 대학본과가 제국대학이며, 구제 고등학교와 같은 과정인 대학예과는 제국대학이 아니다. 하지만 재학생 입장에서 이런 구분은 큰 의미가 없었다. 대학예과를 거쳐 대학본과에 입학하는 것은 그들에게 당연했기 때문이다. 대학예과도 그들에게는 '경성제국대학'으로 기억되었다. 그리고 엄밀하게 말하자면, 제국대학의 문화라기보다는 구제 고등학교의 문화라 할 수 있는 엘리트적인 교양주의 문화도 경성제국대학에 대한 기억에 섞였다. 지금 우리가 기억하는 경성제국대학에 대한 이미지도 이렇게 뒤섞인 기억에 의거한다. 경성제국대학의 출발을 1924년으로 보기도 하고, 1926년으로 보기도 하는 이유가 여기에 있다.

엄밀한 관점에서 본다면, 경성제국대학의 출발은 역시 학부교육이 시작되는 1926년이라고 해야 할 것 같다. 이는 2년제로 출발한 대학예과가 첫 수료생을 배출하는 시점이었다.[7] 경성제국대학은 이때부터 3년제 법문학부와 4년제 의학부, 2개 학부로 출발했다. 왜 이 두 학부냐, 식민지 실정에 맞는 고급한 전문교육이 이루어져야 하지 않느냐 등의 논의는 개학 당시부터 제기되었다. 처음에는 농학부 설치가 비등했지만, 중일전쟁 이후 병참기지로서 식민지 조선의 입지가 강화되자 조선총독부는 이공학부 설치를 결정했다. 1938년 이공학부 입학 대상자를 대학예과에서 모집했고, 첫 수료자들이 배출되는 1941년, 현재 공릉동 서울과학기술대학교 캠퍼스 자리에서 경성제국대학의 세 번째 학부가 출범했다. 그리고 1945년 8월 15일, 일본의 패망과 더불어 경성제국대학은 역사의 뒤꼍으로 사라진다. 20년 남짓한 짧은 역사였다.

경성제국대학은 작은 규모의 관립 종합대학이었다. 대학예과를 별도로 하면, 학부는 3개뿐이었고, 각 학부의 입학정원은 80명 남짓이었다. 조선총독부가 발간한 『조선제학교일람朝鮮諸學校一覽』에 따르면, 1938년 당시 교수와 조교수를 포함한 교원은 119명, 재학생은 406명으로, 엄청난 교수당 학생 비율이었다. 경성제국대학의 재학생 수는 같은 시기 도쿄제국대학 재학생의 6-7퍼센트 수준이어서 본토의 제국대학들과는 비교도 되지 않게 적었다. 하지만 식민지 사회에서 차지하는 비중은 그리 만만치 않았다. 경성제국대학이 한 해 사용하는 경상 경비가 학무국 전체 예산의 4분의 1에 해당할 정도로 조선총독부 입장에서는 중요한 이데올로기적 국가기구였다. 여기서 생산되는 지식이 미치는 효과와 배출되는 인력이 담당하는 역할 또한 작지 않았다. 특히 배출된 인력 중 조선인 졸업생들은 해방 이후 남과 북 양쪽에서 냉전기 분단국가를 구축하는 핵심적인 기간 인력으로서 만만치 않은 활약을 펼쳤다. 경성제국대학이 가졌던 역사적 의미가 각별할 수밖에 없었던 이유도 여기에 있었다.

제국대학과 식민지대학 사이

경성제국대학이 식민지 조선 사회에서 어떤 역할을 했는지와 관련해서는, 경성제국대학이 가지고 있었던 이중적인 성격, 즉 제국대학이면서 동시에 식민지대학이라는 측면을 통해서 생각해 볼 수 있을 것 같다. 우선, 경성제국대학은 제국대학이었다. 일본 본토의 제국대학과 동일한 법령에 의해 설립되었고, 제도적 측면에서나 문화적 측면에서 차이가 없도록 세심한 주의를 기울였다. 사실, 식민권력 입장에서는 경성제국대학의 설립이야말로 식민지와 본토 사이에 차별이 있을 리 없다는 식민통치의 이데올로기를 적나라하게 물질화한 것이기도 했기에 제도적 동형성에 대한 집착이 컸다고 하겠다.

잘 알려져 있듯이, 일본의 제국대학은 단기간에 서구 사회의 지식과 기술을 따라잡기 위해 만든 기관으로, 국가를 위한 학술 창출과 인재 양성을 그 존재 이유로 설정한 대학이다. 일본 정부로서는 동원할 수 있는 자원이 한정적이기에 소수정예 엘리트주의를 고수할 수밖에 없었는데, 경쟁을 통해 뛰어난 인재들을 선발하고, 이들에게 자원을 집중하여 근대 지식의 수용 속도를 높이는 방식을 택했던 것이다. 이렇게 양성된 인재들에게는 국가로부터 다양한 특권이 부여되었다. 이후 일본의 제국대학은 교육 차원에서는 실용적인 전문교육을 통해 다양한 분야의 국가 엘리트를 양성하는 특권적인 인력 양성 기관으로서 기능해 왔으며, 연구 차원에서는 강좌, '제미나르Seminar'(세미나) 등 특유의 제도를 통해 국가를 위해 학문을 생산하고 그 권위를 독점하는 지식 생산 기관으로서 영향력을 확대해 갔다. 문화적 측면에서 제국대학은 서구에서부터 도입된 새로운 지식과 문화가 일본 사회에 확산되는 지적 거점 역할도 했는데, 이런 특징은 경성제국대학에서도 그대로 확인된다. 식민지 사회에서 경성제국대학은 식민지 엘리트를 양성하는 역할에 충실했으며, 식민지 조선에 관한 학술적 권위를 독점했다. 이처럼 새로운 지적 조류와 문화적 실천이 식민지 사회에 확산되는 과정에서 경성제국대학은 빼놓을 수 없는 역할을 했다.

하지만 경성제국대학은 일본제국 전체의 이해를 대변하는 제국대학이었던 만큼이나, 식민지 조선의 특수한 상황이 반영되고 설립 당사자인 조선총독부의 의향이 투영된 식민지대학이었다. 조선총독부가 경성제국대학의 설립을 추진했던 것은 자신들이 주장하는 바와 달리, 결코 위로부터 주어진 시혜의 산물이 아니었다.

3·1운동을 통해 극적으로 드러났던 식민지 조선인들의 저항과 반발, 그리고 후속해서 일어났던 고등교육과 대학에의 열망을 회유하고 억누르려는 '헤게모니 경쟁'의 산물이었다. 대학을 세우려는 조선인들의 열망을 잠재우려면, 더 거창한 이름과 규모의 위세가 필요했다. 조선총독부가 무리를 무릅쓰고 거액을 들여 대학을 세운 이유, 게다가 '제국대학'을 세운 이유는 여기에 있었다. 그런 의미에서 식민지 사회에서 경성제국대학은 '동화주의'를 선전하는 총독부의 이데올로기적 국가기구 이상의 존재였다. 근대 학문 체계의 위광을 이용해 무엇이 조선에 대한 제대로 된 학술적 지식인지, 그 기준을 제시하는 권위로 군림했고, 식민지 엘리트의 산실로서 학력 경쟁을 한국 사회에 정착시키는 실질적인 계기가 되었다. 입시라는 정해진 게임의 룰 속에서 식민지 청년층은 '지식을 통한 자기 해방'보다는 '학력을 통한 입신출세'를 꿈꾸는 데 더욱 익숙해져갔다.

경성제국대학의 유산, 무엇을 극복할 것인가

함석헌咸錫憲 선생의 표현처럼 "해방은 도둑같이 뜻밖에 왔다." 식민권력이 만든 다른 모든 것이 그렇듯이 경성제국대학 또한 한순간에 사라졌다. 새로 등장한 국가는 국립서울대학교를 설립하면서 "일정시대로부터의 유물" 일체를 부정했고, 여기에는 경성제국대학도 포함되었다. 공식적인 역사에서 경성제국대학은 수습해야 할 적의 재산 이상도 이하도 아니었다. 하지만 그렇다고 진짜로 그 시점부터 경성제국대학이 사람들 사이에서 완전히 망각된 것은 아니었다. 해방 직후 학교 직원들과 학생들이 제일 먼저 한 일은 학교 간판에 있는 '제국'이라는 두 글자를 가리는 것이었다는 에피소드가 전하는 바처럼, 경성제국대학에 대한 '완전 해체' 선언은 도리어 그만큼 경성제국대학의 잔상이 강렬했음을 반증하기도 한다. 어쨌든 간에 일제강점기 경성제국대학에 대한 경험은 우리가 겪었던 최초의, 그리고 당시로서는 유일했던 근대대학에 대한 체험이기도 했기 때문이다. 경성제국대학이 구현하고 있었다고 상상되던 것들, 예컨대 교육보다는 학술지식의 생산을 추구하는 연구 지향, 체계적인 학술 생산을 뒷받침하는 폭넓은 자유학예, 엄밀한 실증적 지식 구축과 이를 보장하는 학문지상주의의 보편성 등이 여전히 '대학이란 무엇이고 어떤 것이어야 할 것인가'를 생각할 때 중요한 기준 역할을 하고 있는 것은 이와 같은 맥락에서 의미하는 바가 크다. 특히 이런 기준들은 대학이 대학답기 어렵던 시절, 열악했던 한국 대학 형성 초기에는 답 없는 상황의 등불, 혹은 이념형ideal type 역할을 확실히 했다. 하지만 동시에 경성제국대학이 표방하는 이러한 대학상大學像이 가진 한계와 모순, 더 나아가 한국 사회에 남긴 문제점에도 주의를 기울일 필요가 있다. 대학이라면 이래야 한다고 당연시했던 것들에 대한 성찰적 접근도 필요하다는 말이다.

가령, 대학을 '최고 수준의 학문 전당'으로 보고 대학의 연구 지향을 강조하는 관점을 생각해 보자. 경성제국대학 등이 표방했던 이런 연구중심대학의 이념 자체를 부정할 필요는 없겠다. 하지만 연구 지향에 치우친 나머지 교육론 자체가 지나치게 부실하거나 취약하다는 문제제기는 필요하지 않을까. 한국의 대학 논의에서 대학교육이 어떠해야 하는지 진지하게 묻는 경우는 좀처럼 발견하기 어렵다. 어떻게 학문적 성과를 세계적인 수준으로 끌어 올리느냐의 문제가 경쟁력 차원에서 거론될 뿐이며, 교육 또한 인적 자원론 차원에서 우수한 인재를 얼마나 효율적으로 육성할 것인가 하는 문제만이 중요할 뿐이다. 성인을 대상으로 하는 최종 교육기관으로서 대학은 어떻게 인간을 교육할 것인가 따위의 문제의식은 여기서 존재하지 않는다. 교육론의 부재 자체가 의식되지 않는 이런 한국의 대학상을 우리는 어떻게 보아야 할까.

게다가 한국의 대학이 연구와 학문을 전면에 내세우면서도 정작 지식 자체에 대한 관점은 대단히 도구적이라는 사실을 어떻게 받아들여야 할까. 선진적인 학술을 하루빨리 받아들여 자기 것으로 만들고, 벌어진 격차를 따라잡겠다는 대학의 서사에서 지식이란 당혹스럽게도 권력과 재력의 원천 이상도 이하도 아니기 때문이다. 그런 의미에서 우리의 대학에서 추구하는 연구 지향, 학문 지향이란 수월성의 추구와도 꼭 맞아떨어지지 않는 듯 보인다. 지식과 학문을 추구하는 데 정작 그것을 힘이나 권력으로 치환해 버리면서도 누구 하나 의문을 제기하지 않는 이 지독한 실용주의를 우리는 어떻게 이해해야 할까. 이러한 질문의 부재야말로, 역사적 경험으로서 경성제국대학의 부정적인 유산이 서울대학교로 대표되는 오늘날 한국의 대학 사회에 남기고 있는 잔흔이라고 본다면 지나친 과장일까.

이상에서 우리는 경성제국대학이 어떤 대학이었는지, 오늘날 한국의 대학에 어떤 흔적을 남기고 있는지 간략하게 살펴보았다. 특히 지향해야 할 대학의 이상과 관련해서 경성제국대학의 경험은 여전히 우리에게 영향을 미치고 있다. 그리고 그 영향의 정점에는 역시 국립서울대학이 놓여 있다. 서둘러 경성제국대학의 존재 자체를 부정했기 때문에 경성제국대학의 경험을 통해 구축된 대학의 지향은 충분히 의식적으로 성찰되지 못한 채 남아 있는 것은 아닐까? 경성제국대학을 통해 향수되었던 고전적인 '근대 대학'의 이상은 더 이상 추구해야 할 대상이 되지 못한다. 일본 제국대학의 성공을 따라 동아시아 근대 대학이 스스로를 자리했던 '추격자' 모델 또한 수정이 불가피해졌다. 애초에 '국가를 위하여'라는 표어가 상징적으로 드러내는 '국립대학'의 정체성 자체가 '국가의 수요에 응하는' 제국대학의 정체성으로부터 멀리 떨어져 있는 것이 아니었다. 21세기 새로운 형태의 '국립대학'을 지향해야 할 과제를 안고 있는 서울대학교는 잔존하는 경성제국대학의 유산을 통해 무엇을 배우고 무엇을 지향해야 할까. 이 글이 보다 심화된 토론을 위한 계기가 되기를 희망한다.

1. https://www.snu.ac.kr/about/history/timeline (2021. 2. 10. 접속).

2. 1901년 의학교를 계승한 대한의원의 교육부에는 '산파 및 간호부 양성과'가 신설되었는데, 서울대학교 간호대학은 이것을 역사적 연원으로 삼는다.

3. 「國立서울大學校 設立에 對하야」, 『동아일보』, 1946년 7월 13일 자.

4. 국대안 반대운동의 특징 및 당시 대학 사회의 동향에 관해서는 최혜월, 「미군정기 국대안반대운동의 성격」, 『역시비평』 1(1988); 김기석, 「해방 후 분단국가 교육체제 형성 1945-1948: 국립서울대학교와 김일성종합대학의 등장을 중심으로」, 『師大論叢』 53(1996); 박광현, 「탈식민의 욕망과 상상력의 결여: 해방기 '경성대학'을 중심으로」, 『한국문학연구』 40(2011); 정준영, 「해방 직후 대학사회 형성과 학문의 제도화」, 『한국근현대사연구』 67(2013) 등을 참조.

5. 경성제국대학의 성립 경위 및 제도적 특징과 관련해서는 정근식·정진성·박명규·정준영·조정우·김미정, 『식민권력과 근대지식: 경성제국대학 연구』(서울대학교 출판문화원, 2011); 정준영, 「경성제국대학과 식민지 헤게모니」, 서울대학교 박사학위논문(2009) 등을 참조.

6. 첫 제국대학으로 도쿄제국대학이 1886년에 설립되었으며, 이후 교토제국대학이 1897년, 도호쿠제국대학이 1907년, 규슈제국대학이 1911년 설립되었다. 1918년 삿포로에 홋카이도제국대학이 설립되었고, 그다음 설립이 확정된 것이 1926년 개학한 경성제국대학이다. 일본이 식민지에 설립한 첫 제국대학으로, 그다음이 1928년 대만의 대북제국대학이었다. 이후 1931년 오사카제국대학, 1939년에 나고야제국대학이 설립되었다.

7. 대학예과는 2년제로 출발했다가 1934년 일본 본토의 고등학교와 마찬가지로 3년제로 전환했다.

대학의 거버넌스와 운영
— 법인화 이후의 서울대학교

강창우

대학은 시대의 변화에 따라 다양한 도전에 직면한다. 최근의 4차 산업혁명과 현재 진행 중인 코로나19 팬데믹도 그 가운데 하나다. 이번 팬데믹은 인류가 직면한 위기인 동시에 대학이 직면한 위기이기도 하다. 인류가 이 위기를 극복하는 데 대학이 어떻게 기여할 것인지, 그리고 이를 위해 대학은 어떻게 변화해야 하는지 대학 구성원 모두가 고민해야겠지만, 이와 같은 의제에 대해 대학 구성원들의 집단 지성을 활용하여 최선의 방법을 찾고 이를 대학 운영에 반영하는 것은 결국 대학의 시스템이다. 따라서 대학이 효율적인 운영 및 관리 시스템, 즉 거버넌스를 갖추는 것은 대학 발전의 전제가 된다. 서울대학교는 법인화를 통해 개교 이후 가장 큰 거버넌스의 변화를 겪었는데, 2021년은 새로운 거버넌스를 기반으로 운영된 지 10년째 되는 해다. 이 글에서는 법인화로 인한 거버넌스의 변화를 간략하게 설명한 후, 법인화 이후의 대학 운영과 변화된 거버넌스에서 나타난 문제점을 살펴보고 개선 방안을 제안하고자 한다.

법인화와 거버넌스의 변화

서울대학교에서 법인화 논의가 시작된 것은 1970년대 초다. 1971년 교수협의회는 서울대학교를 문교부로부터 독립시키는 방안을 제시했으며, 대학본부는 서울대학교를 특수법인체로 전환하여 독자적으로 운영하는 방안을 구상했다. 이후 1980년대부터 2000년대까지 법인화를 위한 다양한 논의와 시도가 있었으며, 2010년 12월 8일 '국립대학법인 서울대학교 설립·운영에 관한 법률'(이하 '서울대법')이 국회의 해당 상임위원회를 거치지 않은 채 새해 예산안과 같이 본회의에 직권 상정되어 통과됨으로써 서울대학교의 법인 전환이 확정되었고, 이듬해인 2011년 12월 28일 국립대학법인으로 새롭게 출발하게 되었다.

법인 전환을 앞두고 발족한 '국립대학법인 서울대학교 설립준비위원회'가 제작한 자료집 『국립대학법인 서울대학교, 겨레의 미래입니다』에 수록된 아래 도표는 서울대학교가 법인화를 통해 대학

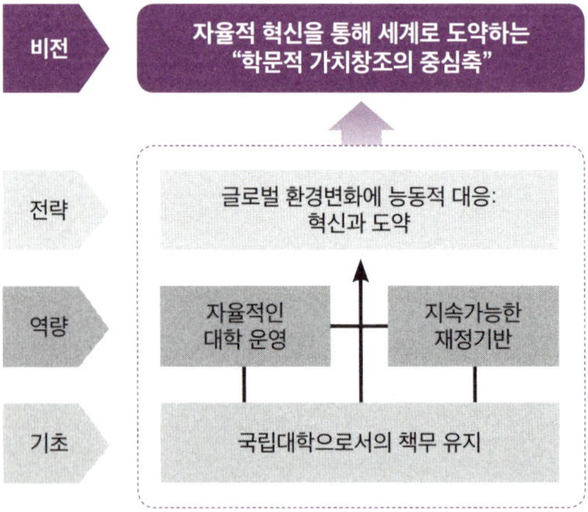

국립대학법인
서울대학교의 비전

운영의 자율성과 지속가능한 재정기반 확보를 기대하고 있었음을 잘 보여 준다.

법인화로 인해 서울대학교의 거버넌스에 큰 변화가 생겼다. '서울대법'에 따라, 절반 이상이 외부 인사로 구성되는 서울대학교의 최고 심의·의결기구로 이사회가 신설되었으며, 기존의 평의원회는 심의기구로 역할이 축소되었다. 또한 이전의 학장회의 대신 학사위원회가 신설되었는데, 당연직 위원인 학장과 학원장 이외에 일부 위원을 총장이 임명하도록 함으로써 총장의 권한이 강화되었다.

총장 선출 방법과 대학 집행부 구성에도 변화가 생겼는데, 교수와 직원이 직접선거를 통해 선출하던 총장을 법인화 이후에는 총장추천위원회의 추천을 받아 이사회에서 선출하게 되었다. '서울대법' 제8조에 따라 부총장을 두 명 이상 둘 수 있게 되어 법인화 이후 서울대학교는 세 명의 부총장(교육·연구·기획 부총장)을 두고 있다. 또한 교육부처장직을 신설하고, 재정전략실과 미래교육팀을 비롯하여 여러 행정 실무 부서도 새로 마련했다.

서울대학교는 국립대학법인으로 전환됨으로써 대통령령인 '서울대학교설치령'과 '교육공무원법' 등의 제한과 국립대학에 적용되던 제약에서 벗어나게 되었으며, 제도적으로는 서울대학교의 운영에서 정부의 역할이 축소되었다. 그리고 최고의결기구인 이사회의 권한이 제한적으로 행사되는 구조를 바탕으로 법인화 이후 총장의 권한이 강화되었다. 이로써 서울대학교는 총장을 중심으로 '자율적 혁신을 통해 세계로 도약하는 학문적 가치창조의 중심축'이 될 수 있는 제도적 기반을 확보했다고 평가할 수 있다.

대학 운영과 거버넌스의 문제

법인화 이후 서울대학교는 '서울대법'에 따라 4년마다 교육부장관과 협의하여 대학운영 성과목표를 설정하고, 이를 바탕으로 매년 대학운영계획을 수립·공표하고 있다. 2020년에 서울대학교는 제3기 대학운영 성과목표를 설정했는데, 이에 따르면 '인류의 미래를 선도하는 창의적 지식 공동체'라는 비전을 수립하고, 이를 실현하기 위한 미션으로 '지성과 품성을 겸비한 세계시민형 인재 양성'(교육 부문), '학문 탐구와 연구의 세계적 수월성 확보'(연구 부문), 그리고 '사회적 가치를 창출하는 사회공헌 실천'(사회공헌 부문)을 설정했다. 각 미션은 다시 세 가지 성과목표를 가지며, 이 성과목표는 실행과제들로 구체화된다. 또한 성과목표마다 성취도를 가늠할 수 있도록 성과지표가 설정되어 있다. 이처럼 연도별 대학운영계획에 근거하여 교육부는 매년 서울대학교의 운영 성과를 평가하여 공표하고 있으며, 평가 결과를 서울대학교에 대한 행정 및 재정 지원에 반영하고 있다.

서울대학교가 법인체제로 운영된 지난 10년간 서울대학교는 교육, 연구, 사회공헌, 국제화, 재정, 인프라 등에서 많은 성과를 거두었다. 이것은 QS Quacquarelli Symonds의 세계대학평가에서도 확인할 수 있다. 교육, 연구, 국제화 부문 지표들을 중심으로 이루어지는 이 평가에서 서울대학교는 법인화 직전인 2011년에 42위를 기록했으나, 법인화 이후 안정적으로 30위권을 유지하고 있다. 법인화의 한 가지 목표인 지속가능한 재정기반 확보도 어느 정도 성과를 거두었다. 법인화 이후 서울대학교의 재정 규모는 30퍼센트 이상 증가했는데, 법인화 직전인 2011년에 1조 2,979억 원이었던 재정 규모가 2019년 1조 7,430억 원으로 증가했다. 정부 지원금도 2011년 3,273억 원에서 2019년 4,576억 원으로 40퍼센트가량 증가했다. 인프라 부문에서도 성과가 있었는데, 법인화 이전에 시작된 사업이기는 하지만, 법인화 이후 서울대학교는 두 개의 캠퍼스를 새로 갖게 되었다. 평창캠퍼스가 2014년에 준공되었고, 시흥캠퍼스는 2020년에 1단계 사업을 마무리하고 오픈했다. 이와 같은 성과에도 불구하고, 법인화 이후 서울대학교의 대학 운영에는 몇 가지 아쉬운 점이 있었다.

첫째, 법인화 후속 조치에 대한 적극성이 부족했다. 법인화 이후 법인체제에 맞는 제반 규정의 신속한 제정이 뒤따라야 했는데, 한동안 국립대학이나 공무원, 혹은 사립대학에 적용되는 규정을 준용했다. 예를 들어, 인사 관련 규정은 공무원 혹은 사립대학 교원에게 적용되는 규정을 준용하다가 2015년부터 본격적으로 규정을 제·개정하기 시작했다. 그리고 '서울대법'이 서울대학교 입장을 반영하는 절차 없이 국회에서 통과됨으로써 비과세 조항 미비와 같이 법인화 취지가 제대로 반영되지 않은 부분이 있어 서울대학교의 운영에 지장을 초래했지만 이것을 바로잡기 위한 법률 개정에는 적극적이지 않았다. 다행히 과세 문제는 2019년 12월 세법 개정으로 서울대학교의 운영에 더 이상 지장을 주지 않게 되었다. 이 밖에도 '서울대법'에는 국립대학 시절 서울대학교가 관리하던 국유재산에 대한 무상 양여가 명문화되어 있음에도 불구하고 학술림과 수목원 등에 대한 무상 양여가 아직 실현되지 않아서, 교육과 연구에 지장을 초래하고 있다. 그러나 이 재산들을 무상으로 양여받기 위한 대학본부 차원의 노력은 부족했다.

둘째, 법인화를 통해 확보한 '대학 운영의 자율성'을 적극적으로 활용하지 못했다. 법인화를 통해 조직 설치 및 폐지의 자율성을 얻어, 부총장직을 셋으로 늘리고 교육부처장직도 신설했으며 여러 행정 조직을 신설하거나 개편했다. 그러나 개편한 부총장 제도를 효율적으로 활용하지 못한 면이 있고, 교육부처장은 2014년부터 교무부처장이 겸무하도록 했으며, 신설한 조직에 대한 인적·제도적 지원이 소홀하여 그 가운데 일부는 폐지되거나 제대로 기능을 하지 못하는 문제도 있다. 또한 법인화 이후 행정 조직의 효율화를 위해 외부 컨설팅을 받았지만 조직 개편은 추진되지 않았다. 그리고 법인화로 인해 공무원 신분이던 교수와 직원이 법인 직원으로 전환되었으며, 이에 따라 공무원 보수 규정에 따르던 보수 체계도 법인체제에 맞춰 자율적으로 운영할 수 있는 재량권을 얻었다. 정부로부터 인건비의 대부분을 지원받기 때문에 운신의 폭이 제한된다는 점을 감안하더라도 법인화 이후 교직원의 처우를 개선하는 데 소극적이었다는 점은 아쉬운 부분이다.

셋째, 대학 혁신을 위한 중장기 전략과 제도적인 뒷받침도 부족했다. 2019년 기준으로 법인회계 예산의 55.2퍼센트, 서울대학교 전체 재정의 26.3퍼센트를 차지하는 재원이 국고출연금이다. 이는 서울대학교가 우리 사회에 많은 것을 빚지고 있으며, 우리 사회는 서울대학교에 많은 것을 기대하고 있음을 의미한다. 서울대학교가 사회의 기대에 부응하는 방법은 우수한 교육 프로그램으로 국가를 이끌어 갈 인재를 길러내고, 국가의 연구 역량을 세계적인 수준으로 끌어올릴 우수한 연구 성과를 창출하는 것이다. 따라서 법인화 이후 10년 동안 서울대학교가 교육과 연구의 혁신을 위해 충분히 노력하지 못한 점은 자성해야 한다. 2019년에 혁신 과제와 정책 개발을 통한 내부 혁신을 추진하기 위해 내학혁신센디를 설립히고, 장기적인 교육정책에 대한 심의 기능을 갖고 있는 교육위원회의 규정을 개정함으로써 혁신의 기반을 마련한 것은 다행스러운 점이다.

넷째, 대학 발전에 필요한 재정 확보를 위한 장기 계획 및 전략이 부족했다. 베인앤드컴퍼니Bain & Company가 2007년에 제출한 보고서에는 서울대학교가 2025년 세계 10위권 대학으로 도약하기 위해서는 7조 3천억 원 규모의 재정을 확보하는 것이 필요하다고 되어 있으며, 서울대학교 기획처가 2016년에 작성한 「중장기 재정운용 계획서」에 따르면 서울대학교가 세계 주요 대학들과 경쟁하기 위해서는 2025년에 3조 8,956억 원의 재정 확보가 필요하다. 그러나 2019년 기준 서울대학교 재정 규모가 1조 7,430억 원인 것을 고려하면, 2025년에 그와 같은 규모로 확대하기란 현실적으로 불가능하다. 그렇지만 짧은 기간에 재정 규모를 획기적으로 늘리기는 어렵더라도 장기적인 관점에서 재정 확충 계획을 수립하고 체계적으로 추진할 필요가 있다. 또한 법인화 이후 '서울대법'과 '서울대학교 정관'에서 허용한 수익사업을 추진해 재정을 확충하려는 전략 수립이 미진했다. 2020년이 되어서야 SNU 홀딩스 설립을 위한 정관을 개정해 수익사업을 추진할 수 있는 제도적 기반을 마련하기 시작했다.

다섯째, 서울대학교의 자산을 적극적으로 활용하지 못했다. 법인화 이후 서울대학교는 많은 국유재산을 무상으로 양여받았다. 거기에는 수원캠퍼스를 비롯하여 동해시 소재 동해해양연구센터, 춘천에 있는 보건사업소 등도 포함되어 있는데, 이 재산들을 법인화 이후 제대로 활용하지 못했다. 대학이 교육과 연구 목적으로 취득한 재산에 대해서는 3년 이내에 취득 용도로 사용하는 것을 전제로 취득세 감면과 재산세 면제의 혜택을 주는데, 수원캠퍼스의 경우에는 이 조건을 충족시키지 못해 2015년에 약 30억 원의 세금을 추징당했고, 이후에도 매년 세금을 납부했다. 또한 2011년 12월에 체결한 「서울대 시흥국제캠퍼스 및 글로벌 교육·의료 산학클러스터 조성 사업 기본협약서」에 따라 추진했던 시흥캠퍼스 조성 사업도 소극적으로 진행해 여러 가지 불협화음이 발생했다.

이상에서 살펴본 문제들은 대개 대학의 장기적인 발전전략의 틀 안에서 논의되어야 하는 큰 의제들과 관련된다는 공통점이 있다. 제도 개혁, 대학 혁신, 재정 확충, 자산 활용, 조직 개편 등은 결국 대학의 중장기 발전계획 틀 안에서 추진되어야 하며, 단기적으로는 그 효과가 나타나지 않는다. 그렇지만 이를 소홀히 하면 장기적으로 대학의 발전이 지체되고 경쟁력이 추락하게 된다. 임기가 길지 않은 리더가 중장기 사업보다는 단기적으로 성과가 나타나는 사업에 더 많은 관심을 갖는 것은 대학 사회에서만 나타나는 현상이 아닐 것이다.

법인화 이후 거버넌스의 문제점에 대해 학내에서는 다양한 의견이 개진되고 있다. 그 가운데 몇 가지를 정리하면 다음과 같다.

첫째, 서울대학교 최고의결기구인 이사회가 대학의 비전 설정과 정책 수립 등에 있어서 역할을 제대로 하지 못하고 있다는 비판이 있다. 이 문제는 학내 주요 사안에 대해 심도 있는 논의가 이루어지기 어려운 이사회의 구성이나 운영 방식에 기인하는 바가 큰 것으로 보이며, 이와 같은 맥락에서 도쿄 대학처럼 총장이 이사장을 겸

임해야 이사회가 제대로 작동할 수 있다고 보는 관점도 있다.

둘째, 평의원회의 약화된 위상에 대한 문제 제기도 있다. 평의원회는 법인화 이전 학내 최고의결기구였으나, 법인화 이후 심의기구로 역할이 축소되었다. 그러나 법인화 이후 특히 인사와 재정에 있어서 총장과 대학본부에 권한이 집중된 반면, 이것을 견제해야 하는 학사위원회에서는 이전 학장회의에서와 달리 심도 있는 토론이 제대로 이루어지지 않는다는 지적이 있다. 따라서 총장의 권한을 실질적으로 견제할 수 있는 장치가 필요한데, 이 기능은 교수와 직원 대표로 구성된 평의원회가 수행해야 한다는 관점이 있다. 다만 현재 '서울대법' 개정안이 국회에 발의되어 있어서 이에 대한 논의가 제대로 이루어지기 어려운 상황이다.

셋째, 법인화 이후 강화된 총장의 권한에 대한 견제가 필요하다는 의견과 함께 총장이 소신과 철학에 따라 대학을 운영할 수 있는 조건을 만드는 것이 필요하다는 주장도 있다. 법인화 이후 총장 선출 제도의 부작용이 점점 더 부각되고 있는데, 법인 전환과 함께 총장 선출 방법이 직선제에서 간선제로 바뀌었지만 이사회에 추천할 총장 후보를 결정하는 정책평가 절차가 있어 직선제의 성격이 여전히 남아 있다. 지난 총장 선출 과정에서는 학생들도 정책평가에 참여하게 되었으며, 교수협의회를 비롯해 여교수회, 국제교수회, 노조, 학생회 등 다양한 학내 단체가 총장 후보들을 초청해 토론회를 개최하거나 질의서를 보내 답변을 요청했다. 여기에 단과대학과 대학원에서도 총장 후보들에게 민원을 넣음으로써, 투표권자들의 요청을 거절하기 어려운 총장 후보자들에게 큰 부담을 안겼다. 결국 이와 같은 총장 선출 과정은 교수 사회의 정치화를 초래했고,

포퓰리즘 경향이 발생하게 했다. 또한 총장으로 선출된 후에는 보은 인사가 뒤따라 총장이 소신과 철학에 따라 대학을 운영하는 데 부담으로 작용했다.

넷째, 총장이 중장기적인 계획에 입각해 대학을 운영할 수 있도록 임기를 연장해야 한다는 주장이 있다. '서울대법'에는 총장의 중임 제한 규정이 없지만, 관례와 전통에 따라 총장의 임기는 실질적으로 4년 단임으로 운영되고 있다. 해외 명문 대학들의 총장 임기와 비교해 볼 때, 4년 임기로는 총장의 비전과 철학을 담아 대학 발전에 대한 중장기계획을 수립하고 추진하는 데 어려움이 있는 것이 사실이다.

다섯째, 대학본부를 비롯해 학내 보직자의 임기가 2년으로 되어 있고, 실제로 대부분 2년 단임으로 운영되는 것도 문제로 지적된다. 대학을 둘러싼 여러 조건이 점점 더 복잡해지고 대학에 대한 사회의 요구도 다양해지면서 대학 운영에 더 높은 전문성이 요구된다. 따라서 대학 행정의 많은 부분이 관행에 따라 이루어졌던 과거와 같은 2년의 임기로는 전문성 있는 대학 행정이 이루어지기 쉽지 않다.

여섯째, 대학본부의 기획 기능을 강화하는 것이 필요하다는 지적이 있다. 대학은 시대의 변화에 맞춰 지속적으로 변화와 혁신을 기획하고 추진해야 하는데, 이 역할을 대학본부의 여러 부처가 담당해야 한다. 예를 들어, 서울대학교의 전공교육을 지속적으로 모니터링하고 새로운 교육 제도와 프로그램을 개발하며, 이것을 실제 교육에 적용해 보고 성과를 평가하는 일은 교무처에서 담당해야 한다. 그러나 현재 대학본부 보직자들은 과중한 업무로 인해 해당 부처의 기획 기능을 활성화하기에 시간이 부족한 형편이다.

대학 운영의 효율성 제고를 위한 제안

앞에서 법인화 이후 대학 운영과 거버넌스에서 나타난 문제점을 몇 가지 살펴보았다. 이제, 이 문제들을 개선하기 위한 방안을 몇 가지 제시하겠다.

첫째, 총장 임기와 선출 제도를 개선할 것을 제안한다. 현재 실질적인 4년 단임제 성격의 총장 임기는 백년대계를 수립하고 추진하기에 너무 짧고, 중장기적인 전략을 세워 대학이 직면한 많은 도전적인 상황에 대처하는 데 한계가 있다. 따라서 우선 중간 평가를 포함하는 4년 중임제로 총장의 임기를 확대하고 장기적으로는 임기를 더 늘려 단기적인 성과에 치우치지 않고 중장기적인 관점에서 대학을 운영할 수 있는 제도적 기반을 마련할 것을 제안한다. 아울러 총장 선출 방법을 개선하는 문제에 대해서도 학내에서 심도 있게 논의하는 것이 필요하다. 1991년부터 시작된 총장 직선제는 법인화 직전인 2010년까지 유지되었다. 법인화 이후 총장추천위원회 추천으로 이사회가 총장을 선임하는 방식으로 변경되었지만, 직선제적 요소가 강하게 남아 있어 그 부작용이 점점 커지는 상황이다. 따라서 현재의 총장 선출 방법에 대한 비판적 논의를 시작하고, 미국과 유럽의 제도를 벤치마킹하여 우리의 상황에 맞는 총장 선출 제도를 모색하는 것이 필요하다.

둘째, 대학 운영의 전문성을 제고하기 위한 제도 개선을 제안한다. 대학 행정의 복잡성이 점차 증가하고 전문성 강화의 필요성이 커지는 상황에서 2년 단임 성격이 강한 보직자의 임기로는 충분한 경험과 전문성을 바탕으로 대학 행정을 담당하는 데 한계가 있다. 실제로 일부 단과대학에서는 학장이 연임하거나 3연임하는 경우가 있는데, 대학본부의 보직자들도 2년 중임을 원칙으로 하는 임기 확장을 포함하여 보직자의 전문성 제고를 위한 방법을 고민해 봐야 할 것이다. 또한 총장 선출 제도의 문제점을 개선해 총장이 학내 유능한 인재들을 자유롭게 등용할 수 있도록 하는 것도 필요하다. 대학의 리더는 전문성, 판단력, 추진력, 공적 마인드, 소통능력을 갖춰야 하는데, 이런 능력을 타고난 사람이 있으면 가장 좋겠지만 그렇지 않다면 이런 역량을 갖춘 리더를 키울 수 있는 환경을 조성하는 것도 필요하다.

셋째, 단과대학 및 대학원의 자율성과 책무성 강화를 제안한다. 법인화 이후 총장과 대학본부의 권한이 비대화되었다는 지적이 있다. 대학 운영에서 총장과 대학본부가 컨트롤 타워 역할을 하는 것은 당연하지만, 각 단과대학 및 대학원의 재량권과 대학본부의 권한이 적절하게 균형을 이룰 때 대학이 더 효율적으로 운영될 수 있다. 예를 들어, 공간이나 재정 문제에 있어서 단과대학과 대학원의 재량권을 확대하고 동시에 책무성도 강화하는 방향으로 제도를 개선하는 것이 필요하다. 이와 더불어 대학원생의 정원 조정, 학과 및 학부의 신설과 변경, 교과목 신설 및 교과과정 개정, 복수의 단과대학 및 대학원이 참여하는 교육 및 연구 프로그램 기획 등 여러 단과대학이나 대학원의 이해가 충돌할 수 있는 사안에 있어서는 대학본부의 조정 기능을 강화하는 것이 필요하다.

넷째, 대학본부의 기획 기능 강화를 제안한다. 대학의 교육과 연구를 발전시키고 혁신하기 위해서는 지속적으로 그 방법을 연구하고 기획하며, 개발한 방법을 시행하고 성과를 모니터링하는 시스템을 구축하는 것이 필요하다. 그러나 대학 행정 업무의 증가로 대학본부 부처들의 기획 기능이 약화되고 있으므로, 기획 기능을 담당할 전문 기구를 신설하여 운영하는 것이 필요하다. 최근 교육위원회의 운영을 개선하고 대학혁신센터를 설치했지만, 교육위원회와 같은 기구가 위에서 언급한 기능을 제대로 수행하기 위해서는 전문 인력이 상근하는 상설 기구가 되어야 할 것으로 보인다. 교육과 연구를 비롯하여 대학 운영 핵심 부문의 기획 기능을 강화하기 위해 부총장직을 활용하는 것도 한 가지 방법이다. 예컨대, 부총장은 총장과 처장 사이의 실무 라인이 아니라, 독립적인 조직을 갖고 대학의 고유 기능에 대한 기획을 담당하도록 할 수도 있을 것이다.

다섯째, 의사결정 시스템 내 상호 견제 기능을 활성화할 것을 제안한다. 서울대학교 최고의결기구인 이사회가 효율적으로 운영될 수 있도록 일부 의결 기능을 평의원회에 위임하고, 이사회는 대학 운영의 핵심 의제에 집중하는 것도 좋은 방법으로 보이며, 특히 도쿄 대학의 경우와 마찬가지로 총장이 이사장을 겸임하는 것도 논의해 볼 수 있다. 평의원회는 이사회로부터 위임받은 의결 기능을 확대하여 학내 주요 사안에 대한 학내 구성원 대표들의 결정권을 강화하는 한편, 대학본부에 대한 건전한 견제 기능을 최적화하는 것이 필요하다. 그리고 법인화의 가장 중요한 목적이 대학 운영의 자율성 확보인 만큼, 평의원회 구성과 관련하여 국회에 제출되어 있는 '서울대법' 개정안 문제도 대학의 자율적인 결정에 맡기도록 국회와 정부를 설득하는 것이 필요하다. 아울러 평의원회가 학내 구성원들을 적절하게 대표할 수 있도록 그 구성을 조정하는 방향으로 학내 논의가 이루어지는 것이 바람직한 것으로 보인다.

대학의 거버넌스는 대학 운영의 틀이므로 대학 운영의 문제 가운데 상당 부분은 거버넌스의 문제에 기인한다. 서울대학교는 법인화를 통해 새로운 거버넌스를 갖게 되었는데, 이것이 법인화 이후 대학 운영에 어떤 영향을 주었는지는 지난 10년간 대학 운영을 통해 가늠해 볼 수 있다. 이 글에서는 법인화 이후 거버넌스와 대학 운영에서 나타난 문제들을 살펴보고, 이 문제를 개선하기 위한 몇 가지 제안을 했다. 지속적으로 변화하는 시대적 상황과 대학에 대한 사회의 요구에 부응하여 대학을 효율적으로 운영하기 위해서는 대학 운영의 틀인 거버넌스도 지속적으로 변화하는 것이 마땅하다. 서울대학교가 설정한 비전과 발전계획에 맞춰 대학을 운영하기 위한 최적의 거버넌스가 무엇인지에 대해서는 학내 구성원들이 머리를 맞대고 고민해 봐야 할 것이다.

미래를 위한
열린 교육 체제로의 전환

유재준

코로나19 팬데믹으로 인해 시작된 비대면 수업은 이제 대학의 일상으로 자리를 잡았다. 감염병 확산을 막기 위한 조치에 따라 갑작스럽게 비대면 강의로 전환하면서 대학에서의 강의와 교육의 의미를 되돌아보는 계기를 맞이하기도 했다. 온라인 수업의 첫 시간은 화상수업 소프트웨어를 다루는 데 서툰 교수들에게는 생각지 못했던 일들의 연속이었다. 화면에서 학생들의 얼굴을 확인하는 일조차 쉽지 않았다. 몇 시간씩 화면을 바라보며 강의하다 보면 문득 학생들이 지금 어떤 표정으로 듣고 있는지, 어떤 생각을 하고 있는지 알 수가 없어 새삼스럽게 대면강의의 소중함을 느끼기도 했다. 코로나19 감염 확산을 막기 위해 궁여지책으로 시작한 비대면 수업이지만, 강의실에서 이루어지는 교수와 학생 간의 소통이 얼마나 중요한지, 온라인 수업에서 그와 같은 소통을 이끌어 내려면 어떻게 해야 하는지 생각해 보게 되었다는 점은 다행이다.

팬데믹이 가져온 교육의 변화

사실 온라인 수업은 팬데믹 이전부터 이미 새로운 수업 방식으로 자리 잡고 있었다. 다양한 형태로 개발된 디지털 교육 콘텐츠에 SNS의 최신 정보통신기술까지 합쳐진 온라인 교육 플랫폼은 점점 더 발전하고, MOOC라든지 코세라Coursera와 같은 온라인 교육 서비스도 이미 자리를 잡고 있었다. 하지만 전통적인 대학 수업 방식을 고수하는 분위기와 온라인 교육을 위한 인프라 부족 때문에 대학교육에서 본격적인 온라인 수업이 시행되지는 못했다. 문자 매체를 활용한 교육 방식에서 멀티미디어를 활용한 교육 방식으로의 전환은 큰 변화였다. 강의실에서 온라인으로 옮겨진 소통 채널은 엄청난 변화로 인식되었고 무의식적인 저항을 유발하기도 했다. 그러나 팬데믹 덕분에 온라인 교육에 대한 저항의 둑이 무너져 버렸다. 팬데믹은 우리에게 온라인 강의와 새로운 소통 채널을 열 수 있는 기회를 제공한 것이다. 여기서 한 발짝 더 나아가 온라인 수업에 대한 부담을 떨쳐 버릴 수 있다면 온-오프라인 강의의 장점을 살린 새로운 형태의 수업을 시도해 볼 수도 있을 것이다. 임시방편으로 시작된 비대면 수업이 새로운 정보기술과 결합된 교육 방법으로 발전한다면, 우리의 미래 대학교육이 창의적이고 도전적인 학생을 위한 교육 프로그램이 될 수 있을 것으로 기대한다.

교육 분야의 정보기술, 즉 에듀테크는 빠른 속도로 발전해 왔지만, 서울대학교의 온라인 교육 플랫폼은 유수의 외국 대학과 비교할 때 크게 뒤떨어져 있다. 하지만 팬데믹으로 온라인 교육의 중요성이 부각되면서 새로운 온라인 교육 플랫폼의 도입 필요성이 제기되고 플랫폼 업그레이드에 대한 논의가 재개된 것은 매우 다행스러운 일이다. 비대면 수업은 교수와 학생 모두에게 생경한 일이었기 때문에 온라인 교육 플랫폼 업그레이드는 대학교육의 이슈로 떠올랐고 문제 해결을 위한 여러 가지 노력이 이루어질 수 있었다.

팬데믹을 계기로 드러난 온라인 교육 플랫폼 문제는 우리 대학이 시급하게 해결해야 할 많은 문제 중 하나에 불과하다. 가장 시급한 문제는 대학교육, 특히 학부교육의 방향에 대한 구체적인 목표 설정이다. 원론적으로 서울대학교는 연구의 수월성秀越性에 기반한 학부교육을 지향하고 있다. 우리는 학생들이 대학교육을 통해 각 학문 영역에서 학문적 소양을 키우는 동시에 수준 높은 연구 수행에 필요한 비판적 사고와 문제해결능력을 갖출 것으로 기대하지만, 이것은 우리의 교육 현실과 거리가 있다. 서울대학교의 각 단과대학과 학문 단위는 대학원 연구력 향상을 위한 BKBrain Korea 사업을 추진하면서 체계적으로 대응해 왔지만, 학부교육에서는 미래 인재 양성에 대한 일관된 방향조차 설정하지 못하고 있다.

최근 미국의 미네르바 대학이 세계적인 혁신 대학으로 주목받고 있다. 기존 고등교육기관이 미래 인재를 양성하는 데 제 역할을 못한다는 문제의식에서 출발한 미네르바 대학은 온라인 강의 플랫폼에서 해답을 구했다. 이 학교는 강의실과 도서관이 없고, 학생들은 정해진 시간에 온라인으로 강의를 듣는다. 세계 일곱 개 도시에 흩어져 있는 학생들은 학교와 연계된 기업에서 프로젝트를 수행하고 온라인으로 진행되는 실시간 토론 수업을 통해 비판적 사고와 창의성, 그리고 커뮤니케이션 능력을 키운다. 미네르바 대학의 온라인 수업은 어떤 콘텐츠를 전달하고 어떻게 소통해야 할지 고민해야 하는 우리의 교육 현실에 시사하는 바가 크다.

고등교육 혁신의 아이콘인 미네르바 대학이 등장하면서 미래 대학교육의 대안 마련을 위한 논의가 활발히 진행되고 있다. 서울대학교가 미네르바 대학의 교육 방식을 그대로 따를 이유는 없다. 하지만 미래 사회의 인재 양성이라는 대학의 목표와 고등교육기관으로서 대학의 역할에 대한 고민, 그리고 현시점에서 우리의 문제점을 살펴보고 해결 방안을 찾는 노력을 시작해야 한다.

연구중심대학으로서 서울대학교

연구를 주요 미션으로 하는 대학을 연구중심대학research university이라 한다. 각 학문 분야에서 최고 인재를 보유한 하버드, 스탠퍼드 대학과 같은 유수의 미국 대학들이 연구중심대학으로서 명성을 높이고 있고, 그 밖에도 세계의 많은 대학이 우수한 연구력을 앞세워 연구중심대학 대열에 합류하고 있다. 서울대학교도 연구중심대학이라는 캐치프레이즈 아래 20년 넘게 달려왔다. 30여 년 전만 해도 서울대학교에서 세계적 수준의 연구 업적을 내는 것이 쉽지 않았지만 1990년대 초부터 대학에서 수행하는 연구에 대한 정부의 지원이 늘어나기 시작했고, 2000년부터는 연구중심대학 구축을 지향하는 BK 사업을 통해 더욱 큰 규모의 연구 지원이 꾸준히 이루어졌다. 비약적인 연구력 향상을 이룬 서울대학교는 2010년 QS 세계대학순위 50위권 진입에 성공함으로써 세계적 수준의 연구중심대학으로 성장할 수 있었고, 2012년 이후에는 QS세계대학순위 30위권을 유지하고 있다.

2012년 미국 국립과학공학의학원NASEM 보고서에서는 연구중심대학을 학문의 자유, 리더십, 창의성, 수월성, 그리고 개방성의 가치를 추구하는 대학으로 정의한 바 있다. 연구중심대학은 순수학문과 응용학문 분야에서 최고의 수월성을 유지하면서 그 결과를 기반으로 교육을 시행한다. 따라서 연구중심대학의 학부교육은 대부분 직업훈련 교과보다 학문적 깊이를 갖춘 교과에 치중하고 있다. 연구중심대학에서는 우수한 연구자를 교수로 모셔와 탁월한 연구 업적과 자산을 바탕으로 교육하여 우수한 능력을 갖춘 졸업생을 배출한다.

그렇다면 연구중심대학에서 배출한 졸업생의 장점은 무엇이고, 사회에서 평가하는 그들의 장점은 무엇일까? 연구중심대학의 학생은 학문적 수월성을 갖춘 교수의 강의 내용과 더불어 연구방법을 배우고, 동시에 과제도 수행하고 프로젝트에도 참여한다. 이와 같은 과정을 통해 학문적 가치와 태도를 공유하고, 결과적으로는 학문 영역의 전문성뿐만 아니라 생각하는 방법까지 배우게 된다. 즉 대학은 전문 영역의 지식 전달에 그치지 않고 학생들이 자기만의 아이디어를 제시하고 스스로 도전적인 프로젝트를 수행하는 경험을 할 수 있도록 기회를 제공하는 것이다. 사회 또는 기업에서 연구중심대학의 교육을 받은 학생들에게 기대하는 바 역시 이런 점일 것이다. 실제로 많은 기업과 사회에서 연구중심대학 졸업생을 높이 평가하는 이유가 바로 여기에 있다.

연구중심대학의 그늘

서울대학교도 원론적으로는 미국의 연구중심대학과 마찬가지로 연구의 수월성에 기반한 학부교육을 지향하고 있다. 서울대학교의 연구력은 이미 양적·질적 지표에서 세계적인 수준에 도달했으며, 탁월한 연구 역량을 갖춘 교수와 우수한 대학원생을 확보하고 연구와 강의를 연결하는 기본 인프라를 갖추었다고 할 수 있다. 서울대학교의 학부교육은 교양교육을 통해 소통능력을 갖춘 창의적 인재를 양성하는 동시에 특정 분야의 전공 지식과 사고력 향상을 통한 전문가 양성을 도모하여 창의적인 고급 인적자원 배출을 목표로 한다. 그러나 현재 서울대학교의 실상은 기대한 것과는 사뭇 다르다. 비약적인 연구력 향상의 이면에는 연구 성과에만 매달리는 교수와 그로 인해 생겨나는 그늘진 학교 분위기가 있다. 교수의 업적은 연구 실적에 의해 우선적으로 평가받기 때문에 교수들 대부분이 본인의 연구 성과에 치중하게 된다. 따라서 교수의 연구와 직접 연결되는 대학원이나 전공과정 교육에는 많은 관심이 쏠리지만, 교수의 연구와 연관성이 적은 교양교육이나 기초 교과목 강의는 외면당할 수밖에 없는 게 현실이다.

학부교육에 대한 관심 하락 현상은 연구 경쟁력 향상의 반작용으로 생긴 구조적인 문제이기도 하다. 학문 단위 중심의 학과 시스템은 각 학문 분야에서 연구력을 키우고 경쟁력을 높이는 데 결정적 역할을 담당하는 것이 사실이다. 학문 단위의 지원과 행정 시스템은 연구의 효율성 극대화에 용이하기 때문에 연구 성과 달성과 연구대학 평가에서 큰 역할을 해왔다. 하지만 연구·행정 단위로서의 학과 시스템은 대학원생 확보, 연구비 수혜, 연구 공간 확보 등 자원 배분의 통로로 발전하게 되었다. 학과중심 운영 체제는 단기간에 비약적인 연구력 향상을 이루는 데 상당한 역할을 했지만, 학문 간 벽을 높이 쌓아올리는 부작용을 초래한 것도 사실이다. 첨단 연구를 위해서는 경계를 벗어나 융합하는 일이 자연스럽게 이루어져야 하는데, 지금의 학과 시스템은 경계를 더욱 공고히 해서 울타리를 벗어난 연구를 어렵게 만든다. 또한 연구 성과에 치중하는 분위기 때문에 학과 시스템을 벗어난 학부교육에 대한 관심도 낮아질 수밖에 없다.

서울대학교 학부교육의 현 위치

서울대학교 입학생들의 학습능력은 해마다 떨어지고 있다. 2015년 자료 중 수학 성취도 시험 결과를 보면 수준 미달인 학생 비율이 크게 증가했고, 물리학의 경우 고등학교 교과과정에서 제대로 배우지 못해 기초 교과목 수강 시 보조학습이 필요한 학생의 수도 크게 늘었다. 영어도 2015년에는 기준 미달 학생이 전체 입학생의 20퍼센트였는데, 지금은 30퍼센트를 넘어서고 있다. 이에 따라 대학에서는 기초 교과목 수강에 도움이 필요한 학생들을 위해 맞춤형 교육을 제공하는 등 대책을 마련하고 있다.

학생들의 학습능력 저하와 더불어 또 한 가지 눈여겨봐야 할 점이 대학원 진학률이다. 연구중심대학에서는 보다 많은 학생이 대학원에 진학하기를 기대한다. 그런데 서울대학교의 대학원 진학률은 오히려 점점 낮아져서 전문대학원을 포함한 대학원 진학률이 2015년에는 30퍼센트 정도였으나 지금은 그보다 훨씬 더 낮은 상황이다.

이에 '연구중심대학을 지향하는 가운데 학부교육을 실시해야 하는 서울대학교 교육의 미래는 과연 어디에 있는가'라는 문제를 제기해 보고자 한다. 과거에는 연구중심대학과 자유교양대학liberal arts college이 서로 상충하는 개념으로 다루어졌지만, 최근에는 자유교양대학의 개념을 연구중심대학의 학부교육에 접목하여 학부교육에 더 무게를 두는 연구중심대학으로 발전하고 있다. 실제로 미국의 많은 연구중심대학이 이런 방향으로 움직이는 것을 볼 수 있다. 이 같은 학부교육을 하기 위해서는 각 전공 분야에서 깊이 있는 전공 지식을 가르치는 동시에 사회적 책임, 비판적 사고, 소통과 협업 등의 기초 역량을 다지고 키워 주는 교과과정과 교육 프로그램을 제공해야 한다.

현재 우리가 당면한 가장 큰 문제는 서울대학교 학부교육의 현 위치에 대한 인식 부재다. 서울대학교 학생들은 대부분 입학할 때 전공이 정해져 있다. 전공 단위로 모집하는 입시제도 때문에 학생들은 자기소개서에서 각 학문 분야의 전문가가 되겠노라 말하고, 입학 후에는 각 학과의 교과과정에 따른 전공교육을 받지만, 많은 경우 졸업 후 진로 선택은 당초 의도한 바와 다르다. 학생들 입장에서 보면 대학에서 제공하는 교육의 방향에 근본적인 문제가 있다. 미국의 연구중심대학처럼 전공 선택의 자유가 보장된 상태에서 자유교양교육이 강조되는 것도 아니고, 학생들의 수요에 부응하는 전문대학원 준비나 직업교육이 이루어지는 것도 아니라는 것이다. 이러한 문제의 요인으로는 여러 가지가 있겠지만, 우선 대학 차원에서 학부교육의 방향 설정이 부족하다는 것을 들 수 있다.

이 시점에서 더 숙고해야 할 것은 현재 우리의 교육 환경이 계속 변하고 있다는 사실이다. 대표적인 예가 최근 코로나19 감염병 확산과 인공지능 기술의 발전이다. 감염병 확산과 상시화로 인해 정치·경제·사회적 가치와 양식에 변화가 일어나고 있는 가운데 빅데이터와 인공지능 기술의 급속한 발전으로 미래 사회의 변화를 예측하기는 더욱 어려워졌다. 여기에 Z세대의 등장으로 인한 학습자의 특성 변화도 한몫을 하고 있다. 디지털 네이티브로 책보다는 미디어 콘텐츠에 익숙하고 자기표현을 중시하는 학생들의 성향이 중요한 요소로 작용한다. 이러한 학생들은 삶과 괴리가 있는 지식을 불신하고 경쟁보다는 공존과 상생에 가치를 부여하기도 한다.

이런 상황에서 학생들의 교육에도 새로운 변화가 필요하다. 교수teaching 중심에서 학습learning 중심으로 관점의 전환을 시도하고, 전통적인 분과학문보다는 융복합 지식의 확산에 초점을 맞춘 새로운 교육관의 보편화를 시도해야 할 때다.

대학에서의 강의와 학습

교육을 한다고 하면 보통 강의를 떠올린다. 강의라는 것은 지식을 전달하는 하나의 수단이다. 간단하게 얘기하자면 내 머릿속에 있는 지식을 꺼내 다른 사람의 머릿속에 넣어 주는 것을 의미한다. 과거에는 이런 작업이 책이라는 문자 매체를 통해 이루어졌으며, 강의를 하는 교수가 자신의 머릿속에 있는 개념을 문서로 또는 판서를 통해 표현해 내고 학생들은 그 내용을 받아 적으며 자기 머릿속에서 되새김하는 과정을 거쳤다. 책을 읽고 쓰는 게 유일한 학습 방법이었던 과거와 달리 이제는 인터넷에 위키피디아나 유튜브와 같은 다양한 콘텐츠와 매체가 존재하기 때문에 대학교육에서 그와 같은 매체들을 활용하지 않을 이유가 없다.

대학교육에 다양한 교육매체를 활용하는 것은 이미 오래전에 제안된 사실이고, 실제로 교수의 상당수가 이런 교수법을 수용하고 있다. 여기서 짚고 넘어가야 할 점은 새로운 매체를 단순히 지식 전달 도구로 여기는 것이 아니라, 그런 매체를 통해 학생들이 보다 적극적이고 자발적으로 지식을 수용할 수 있도록 도와주어야 한다는 것이다.

연구중심대학에서 학생들에게 기대하는 것은 무엇인가? 물론 전공교육을 통해 전문지식에 대한 훈련도 중요하지만, 단순한 지식 전달을 넘어 학습 역량을 키우고 다른 사람과 소통하고 협력하는 법을 가르쳐, 사회에 기여할 뿐 아니라 자신의 미래와 인생을 설계해 나가는 데 도움이 되는 교육이 이루어져야 한다. 미국의 주요 연구중심대학에서는 이와 같은 관점에서 주기적으로 학부교육의 방향을 점검하고, 학생들이 자기 전공의 학문적 우수성을 갖추는 것과 동시에 자신의 인생을 관리하고 설계할 수 있도록 그에 맞는 교과과정을 설계하여 제안하고 있다.

열린 교육

서울대학교 학부교육의 방향을 논의할 때 T자형 인재 양성이 자주 거론된다. 전공 분야에서 깊이 있는 지식을 쌓는 모습을 세로 막대로 보고 교양지식을 폭넓게 갖춘 모습을 가로 막대로 보면 두 개의 막대를 붙인 'T'자가 된다. 단순 지식만이 아니라 다른 사람과의 소통능력을 갖춘 학생이 자기 전공 분야에서 전문지식의 깊이를 더함으로써 창의성을 가진 전문가이자 소통능력을 지닌 지성인으로 성장할 수 있다. 이런 T자형 인재 양성을 위한 구체적 방안으로 자유전공학부가 신설되었지만, 그 교육 모형을 서울대학교 전체에 적용하지 못하고 있다.

이제 서울대학교의 교육이 어떤 방향으로 나아가야 할 것인지 생각해 봐야 할 때가 왔다. 서울대학교가 연구중심대학으로 발전하는 과정에서 각 학문 분야의 단위, 즉 학과와 전공은 각자의 연구

능력을 키우고 수월성을 확보하는 데 크게 기여했지만, 그 과정에서 단과대학, 학부, 학과 간 상벽은 오히려 견고해져 왔다. 학과라는 울타리에 갇혀 있는 학생들은 전공 지식을 쌓을 수는 있지만, 경계를 넘어 소통하고 폭넓은 교양을 갖춰 나가기는 어렵다. 학생들에게 더 많은 기회를 제공하려면 전공 간 벽을 낮추고 보다 넓게 보고 생각할 수 있는 교육 환경을 제공해야 한다. 교양교육에 더해 창의성과 인성을 키우는 교육, 더 나아가 리더십과 사회봉사 등에 대한 교육도 함께 이루어져야 한다.

전공 간 벽을 낮추는 새로운 학부교육을 위해서는 제도적 뒷받침이 필요하다. 아쉽게도 서울대학교에는 아직 이를 위한 제도가 제대로 갖춰져 있지 않다. 현재와 같은 연구중심대학의 구조가 계속 유지된다면 전공들 간 벽은 더 높아질 것이고, 학부 학생들을 잘 교육하기 위한 환경 조성은 더 요원해질 것이다. 지금부터라도 더 좋은 학부교육을 위한 노력을 기울여야 한다. 그 첫 단계로 지금까지 시도했던 것과 다른 학부교육 패러다임이 필요하다.

대학교육에 대한 생각을 바꿔 보자

팬데믹이 아니더라도 현재 우리 대학은 많은 변화를 겪고 있고, 또 바뀌어 갈 것이다. 우리나라의 경제 규모가 커진 만큼 대학의 연구력도 향상되었고, 따라서 세계대학 랭킹도 올라갔다. 그런데 대학과 사회가 변한 것처럼 우리 학생들이 변했다는 점을 간과해서는 안 된다. 과거의 평가 잣대로 보면 학생들의 수준이 여러 면에서 떨어지는 것으로 나타나고 있지만, 인터넷 시대에 성장한 학생들은 나름대로 우수한 자질을 갖고 있다. 대학은 4차 산업혁명을 맞이하는 세대들이 앞으로의 변화에 대응하고 더 발전할 수 있도록 환경을 조성하는 역할을 해야 한다. 각 학문 영역에서 기존 지식을 습득하며 전문성을 키우는 것도 중요하지만, 새로운 세대의 학생들에게는 전문성을 바탕으로 자기만의 독창적인 아이디어를 제시하고 다른 사람들과 소통하며 함께 일해 나가는 능력이 더 요구된다. 비판적 사고, 창의성, 그리고 소통능력은 학생들이 대학에서 얻을 수 있는 가장 중요한 자산이고 미래 인재로 성장하는 디딤돌이 될 것이다. 우리 대학은 학생들이 비판적인 시각으로 자유롭게 생각하면서 소통하고 협업하는 능력을 갖추어 새로운 환경에 유연하게 적응하도록 돕기 위해 그에 걸맞은 교육 환경을 만들어 나가야 한다. 그러기 위해서는 우선 강의, 연구, 대학 생활 등 모든 면에서 학문 간 벽을 허물어뜨려야 한다. 팬데믹 때문에 시작한 비대면 수업에서도 교수-학생 간 상호작용을 향상시키는 방안을 모색해야 하고, 학생들의 전공 선택에 있어서도 진입 장벽을 낮추는 작업을 통해 새로운 교육 방향을 제시해야 한다.

코로나19의 충격은 대학교육에 큰 변화를 가져올 것으로 기대한다. 디지털 기술을 통해 학생들의 참여를 혁신적으로 높이는 교육 플랫폼을 갖출 수 있다면, 코로나19 팬데믹은 오히려 대학교육에 긍정적인 계기가 될 것이다. 언택트 시대의 교육 혁신이 새로운 패러다임으로 자리매김할 수 있기를 기대한다.

보론
인문학적 고찰에 대한 사회과학적 보완

신동엽

인류 전체의 삶에 큰 영향을 미친 역사적 사건들은 인문학의 핵심 관심사였다. 예를 들면, 무수한 사람이 단기간에 무기력하게 죽어 가는 팬데믹은 인간에 대한 근본적 재고찰을 초래해 역설적으로 인문학 발전에 최고의 토양이 되기도 한다. 중세 페스트 팬데믹으로 피난 온 남녀 열 명의 이야기를 다룬 『데카메론*Decameron*』이 보여 주듯이, 페스트는 르네상스라는 인류 역사상 최고의 인문학적 부흥의 토대가 되었다. 이 책에 실린 코로나 팬데믹과 대학의 미래에 대한 글 대부분이 인문학적 관점에서 쓰인 것은 이런 지성사적 전통의 결과다. 그렇다면 사회과학적 관점에서는 현재 진행되고 있는 학문과 교육의 역사적 대변동을 어떻게 설명할까?

이 글은 이 책에 실린 대학의 미래에 대한 인문학적 논의들을 사회과학적 관점에서 재해석하고 보완한다. 즉 이 글의 학문적 관점은 사회학, 심리학, 경제학, 정치학, 인류학 등 다양한 사회과학 분과 학문들 간의 학제적 접근에 기반하고 있다. 필자는 책에 실린 다른 글들의 주장에 대부분 동의하지만, 동시에 동일한 현상을 사회과학적 관점에서 보면 새로운 통찰력을 얻을 수 있다고 믿는다. 이를 위해 다른 글들의 주장에 내재된 몇 가지 전제를 사회과학적으로 재검토한 후, 구조적이고 거시적이며 통시적 관점에서 대안적 설명과 실천의 가능성을 탐색해 보고자 한다.

현재 진행 중인 역사적 대변동의 원천

이 책의 모든 글이 가정하고 있듯이, 대학이 지난 100여 년간 본 적 없는 속도와 강도로 빠르게, 그리고 근본적으로 바뀌고 있다는 사실에는 필자도 전적으로 동의한다. 그동안 당연시됐던 대학에 대한 많은 전제가 더 이상 당연하지 않게 되었다. 대학과 고등교육이 코로나 위기와 4차 산업혁명 등 최근 환경 변화와 함께 역사적 전환의 기로에 선 것이다. '포스트'코로나 혹은 4차 산업'혁명' 등의 표현이 시사하듯이 사회 전반에 걸쳐 광범위한 변화가 진행되고 있지만, 그중에서도 특히 대학을 중심으로 한 고등교육은 역사적 패러다임 전환의 최전선에 서 있다. 따라서 근본적으로 바뀔 대학과 고등교육의 미래에 대한 논의가 시급한 것이 사실이며, 대학의 미래에 대한 토론을 위해서는 현재 급속하게 진행되고 있는 사회 전반의 역사적 대전환에 대한 정확한 이해가 필요하다.

현대 산업사회로의 대전환이 본격화하기 시작한 19세기 중반, 마르크스와 엥겔스는 「공산당선언」(1848) 서문에서 "지금 한 유령이 유럽대륙을 배회하고 있다."라는 문장으로 당시 진행되던 역사적 변동에 대한 성격 규정과 미래 사회에 대한 비전 제시를 시작했다. 당시 마르크스의 문제의식은 초기 자본주의 사회의 물적 토대인 정치·경제 영역에서의 불평등과 착취 구조에 대한 것이었다. 170여 년이 지난 지금 또 다른 유령이 유럽의 정치·경제 영역을 넘어 전 세계 모든 사회 영역을 배회하고 있다. 현재의 유령을 탄생시킨 것은 인간의 한계를 뛰어넘는 초지능, 전 세계 모든 사람과 사물이 시공간의 한계를 넘어 실시간으로 연결되는 초연결, 그리고 물리적 세계와 가상 세계 간 구분이 무너지는 사이버-물리 시스템을 핵심으로 하는 4차 산업혁명 기술이다.

이 책에 실린 천현득의 글과 같은 일부 예외를 제외하고는 현재 진행 중인 대학의 미래에 대한 논의들은 대부분 대학이 당면한 위기의 원인으로 코로나19 팬데믹을 강조하고 있으나, 실은 패러다임 전환은 이미 10여 년 전에 4차 산업혁명의 본격화와 함께 시작되었다. 최근 발생한 팬데믹은 이런 역사적 전환 과정을 급격히 가속화하고 있을 뿐이다. 즉 현 위기를 팬데믹에만 지나치게 귀인歸因하는 오류는 백신 등으로 팬데믹이 극복되면 기존의 대학 시스템이 그대로 유지될 수 있을 거라는 근거 없는 낙관론으로 연결될 우려가 있다. 대학이 처한 위기의 원인을 코로나19 팬데믹으로 믿고 대응하는 자세는 인과관계 귀인의 오류를 진실로 착각하는 미신적 학습의 예라 하겠다.[1] 대학이 현재 당면한 근본적 위기의 핵심 원인은 4차 산업혁명이고, 코로나19 팬데믹은 몇 가지 추가적 위기를 초래하거나 4차 산업혁명으로의 전환을 가속화한다고 보는 것이 정확한 상황 인식일 것이다.

유령의 실체가 모호하듯이 4차 산업혁명과 팬데믹이 가져올 미래는 무수한 가능성들이 혼란스럽게 상호작용하면서 극도로 불확실하지만, 한 가지 확실한 것은 이 역사적 대변동에 적극 대응하여 근본적 변혁을 적시에 단행하지 못하는 개인이나 조직, 국가는 역사의 뒤안길로 사라질 것이라는 사실이다. 4차 산업혁명과 코로나19

팬데믹은 사회 모든 영역을 근본적으로 변화시킬 것으로 예상되지만, 특히 강화학습과 기계학습 등에 기반해 인간의 사고 한계를 완전히 뛰어넘는 인공지능, 표본이 아닌 현실에 대한 완벽한 정보를 제공하는 빅데이터, 시간과 공간의 한계를 넘어 실시간 상호작용이 가능한 사물인터넷, 그리고 현실 세계와 사이버 세계의 구분이 모호해지는 사이버-물리 시스템 등을 핵심 특징으로 하는 4차 산업혁명의 기술적 특성을 고려하면 가장 직접적으로 영향을 받는 분야는 대학을 비롯한 고등교육이다. 바로 이런 이유 때문에 우리가 알고 있는 형태의 대학이 미래에도 과연 존재할 것인가 하는 논의마저 진행되고 있는 것이다.[2]

대학이 처한 역사적 상황에 대한 이런 인식을 전제로, 필자는 이 책의 다른 글들이 첫째 '대학 중심' 관점에 편중되어 대학이 속한 사회의 하위 영역인 '교육 필드field'의 관점을 놓치고 있고, 둘째 교육 필드를 구성하는 다양한 행위자 중 하나인 '조직으로서의 대학'과 사회적 기능으로서의 '고등교육'을 동일시하고, 셋째 100여 년 전 현대 산업사회가 도래한 이래 현대적 대학의 가장 중요한 강점이자 한계인 '대량고등교육'의 패러독스를 간과하고 있고, 넷째 4차 산업혁명과 포스트코로나 시대에 대학이 나아가야 할 발전 방향에 대한 논의에서 역사적 결정론과 경로 의존적 사고 때문에 미래에 대한 개방적 가능성 탐색이 미흡하다는 점을 논하며, 이런 한계를 극복하기 위한 사회과학적 대안을 제시할 것이다.

'대학 중심' 관점을 넘어 '교육 필드' 관점으로

이 책에 실린 대부분의 글은 대학의 관점에서 미래의 대학이 어떻게 바뀔 것이며 또 어떻게 바뀌어야 하는지를 논하고 있다. 이런 관점의 의도치 않은 결과는 대학이 고등교육에서 절대적이고 필연적이며 중심적인 존재라는 전제를 당연시하는 '대학중심성'의 오류에 빠질 위험이 높다는 것이다. 이제까지 대학이 전 세계적으로 고등교육의 중추적 역할을 수행해 온 것은 사실이나, 역사적으로 살펴보면 불과 100여 년밖에 안 된 현대적 현상이다. 우리가 알고 있는 현대적 대학의 형태와 내용이 확립된 것은 19세기 후반이었으며 그전까지는 다양한 형태의 고등교육이 있었다. 이렇게 볼 때 대학은 고등교육이라는 사회적 기능을 수행하는 한 구성 요소이지 결코 대체 불가능한 절대적 존재가 아님을 알 수 있다. 현대적 대학이 고등교육을 독점적으로 지배하기 전까지는 다양한 고등교육이 존재했고, 최근에도 새로운 대안적 고등교육 모델이 계속 등장하고 있다.

이런 면에서 조직사회학의 신제도이론neoinstitutional theory에서 제시한 '필드' 개념에 주목할 필요가 있다. 디마지오P. J. DiMaggio와 파월W. W. Powell은 사회는 다양한 하위 필드로 구성되어 있으며, 각 필드는 경쟁자, 소비자, 공급자, 규제기관 등이 저마다 서로 다른 역할을 담당하며 역동적 상호작용을 통해 집단적으로 그 필드의 사회적 기능을 함께 수행한다고 주장한다.[3] 예를 들면, 교육 필드는 대학과 같은 고등교육기관뿐 아니라 초등교육기관과 중등교육기관, 정부와 지자체, 학생과 이들의 장래 직장인 기업이 서로 분업 및 협업을 하는 구조라고 볼 수 있다. 그리고 수준별 교육기관인 대학이나 중·고등학교 등은 시대에 따라 계속 진화하고 변화하지만, 동시에 이런 공식 학교 조직들 외에도 시대별로 변화하는 다양한 대안이 함께 교육 필드를 구성하며 상호작용한다.

이렇게 볼 때 고등교육은 더 큰 사회적 영역인 교육 필드의 한 하위 구성요소다. 따라서 초등교육이나 중등교육과 분업 및 협업 구조로 복잡하게 얽혀 있다. 이 책에서 제시하는 미래 대학의 다양한 모습과 역할의 내용 자체는 바람직하지만, 전체 교육 필드 관점에서 볼 때 고등교육을 담당하고 있는 대학이 수행해야 할 역할인지는 보다 구조적인 재검토가 필요하다.

예를 들면, 이 책의 다른 글들에서는 미래의 대학이 기존의 지성 영역에 대한 편중에서 벗어나 지덕체 전인교육으로 전환해야 하며, 고전 교육과 이미지 교육 등이 미래에는 더 중요해질 것이라고 주장한다. 물론 이런 교육은 미래 인재들에게 필요한 역량을 강화하고 소양을 함양하는 데 중요한 기반이 될 것이다. 그렇지만 전체 교육 필드 관점에서 볼 때 이런 교육은 대학과 같은 고등교육이 아닌 초등교육이나 중등교육에서 강화되는 것이 더 바람직할 수도 있다. 예를 들면, 서부 유럽의 많은 나라와 러시아 등에서는 중·고등학교를 졸업하는 필수 요건으로 수십 권의 고전을 완독하도록 하는 등 고전 교육을 강조하고 있으며, 지덕체 전인교육과 음악이나 미술 등 예술 교육도 강조하고 있다. 이런 고전이나 문화예술 교육, 지덕체 전인교육은 대학과 같은 고등교육보다 중등교육에서 훨씬 더 효과적으로 수행할 가능성이 크다. 이런 관점에서 봤을 때 대학의 미래에 대한 논의는 대학 중심적 관점을 넘어 전체 교육 필드의 분업과 협업 구조라는 관점에서 구조적으로 논의되어야 할 것이다.

조직으로서의 대학과 사회적 기능으로서의 고등교육

필드 관점에서 고등교육의 고찰은 자연스럽게 '조직으로서의 대학'과 '사회적 기능으로서의 고등교육' 간 구분으로 이어진다. 즉 사회적 기능으로서 고등교육은 논란이 있지만 최초의 본격적 대학이라고 간주되는 9세기에 창립된 모로코의 알카라위인Al Quaraouiyine 대학이나 11세기 초에 창립된 이탈리아의 볼로냐 대학보다 훨씬 전인 고대 사회부터 존재해 왔다. 기원전 4세기 초 플라톤의 아카데메이아나 고구려나 수나라의 태학太學 등도 당시의 고등교육기관이었다. 이 책에 실린 박홍식의 글에서 자세히 설명하고 있듯이 근대 이전까지 유럽의 고등교육은 '대학'이라는 명칭은 있었지만 현대적 대학과 다른 동업조합, 즉 길드의 일종에 불과했으며 고등교육의 다양한 대안 중 하나였다. 그렇지만 그 형태와 내용은 우리가 알고 있는 현대적 대학과 연속성이 거의 없었다.[4]

다양한 전공 분야를 가지고 연구와 교육이라는 두 가지 역할을 병행하는 현대적 대학의 내용적 토대를 제시한 것은 19세기 초 창립된 베를린의 훔볼트 대학이었고, 현재와 같은 구조와 경계를 가진 대학 조직의 형태는 19세기 후반 현대 산업사회가 도래하면서 사회 전반에 걸친 거대 관료제 조직의 확산과 함께 확립되었다. 즉 현대적 대학 조직의 탄생은 교육 필드를 넘어서서 사회 전반에 걸친 역사적 대변동의 결과였다.

사회 전반이 우리가 알고 있는 현대적 조직들로 재편성된 것은 19세기 후반에서 20세기 초의 일이다. 현대적 조직의 등장은 19세기 후반 경제 분야에서 새로운 형태의 기업으로 시작되었지만, 전대미문의 효율성 덕분에 20세기 초반이 되면 단숨에 사회 전반으로 확산되어 모든 필드에 걸쳐 현대 사회를 특징짓는 가장 대표적인 구성요소가 되었다. 이때 등장한 현대적 조직은 조직 내부에 전문화된 다양한 부서들의 공존, 공식 규칙과 규정에 기반한 수직적 위계질서, 구성원들과의 계약관계, 내외부 간 명확한 법적 경계 등을 특징으로 한다. 막스 베버Max Weber는 합리성과 효율성을 핵심 논리로 하는 현대적 조직으로 사회 전체가 재편되는 것을 현대 사회와 전통 사회를 구분하는 가장 중요한 기준으로 강조했으며, 그가 관료제로 불렀던 현대적 조직은 그 효율성이 다른 대안들에 비해 압도적으로 우월하기 때문에 인류 사회가 앞으로도 오랫동안 벗어나지 못할 "강철 우리iron cage"가 될 거라고 예측했다.[5] 같은 맥락에서 조직사회학자 찰스 페로Charles Perrow는 현대 사회를 "조직들의 사회society of organizations"로 규정했다.[6]

이런 조직화의 거대한 흐름은 고등교육에도 영향을 미쳐 19세기 말에서 20세기 초가 되면 전 세계적으로 대부분의 고등교육이 대학이라는 조직의 내부로 흡수되었다. 그전까지의 고등교육은 오히려 다양했고 주도적 형태는 기업과 같은 공식 조직보다는 동업조합에 가까웠으나, 19세기 말 이래 현대적 대학 조직으로 제도적으로 동형화된 것이다.[7] 이때부터 제도화된 현대적 고등교육 모델로서 대학 조직은 사회구성원들의 의식 속에 당연시되면서 100여 년간 지속적으로 재생산되고 확산되어 왔다.

현재 고등교육의 한계로 지적되고 있는 대부분의 문제점은 실은 조직으로서 대학의 한계이며, 동시에 다른 분야의 조직에서도 공히 관찰되는 공통적 한계다. 예를 들면, 전공 간 단절, 협소한 전문화, 과열 경쟁과 서열화, 획일적 지식 복제와 양산, 근시안적 관점,

연구와 교육 간 상충관계, 양적 성과주의 등은 기업을 비롯한 다른 유형의 조직들에서 부서 간 단절, 단기 성과주의, 현재 수익성과 미래 혁신 간 상충관계, 질적 경쟁력보다 양적 성과 편중 등의 표현으로 거의 동일하게 지적된다. 그리고 이런 문제들의 해법으로 제시되고 있는 T자형 인재, 고전과 같은 펀더멘털 강조, 벽 없는 조직 등도 다른 분야 조직에서 거의 동일하게 검토되고 있다. 이런 면에서 현재 대학의 한계를 통해 대학의 미래를 제시할 때, 조직의 일반적 속성과 고등교육기관으로서 대학의 특수성에 대한 구분이 전제되어야 할 것이다.

오늘날에도 다양한 대안적 고등교육 모델이 등장하고 있으며, 이런 대안적 고등교육 모델들이 사회적 기능을 수행하는 데 조직으로서 대학보다 우월하다면 대학이 존속되어야 할 사회적 정당성은 없어지는 것이다. 이런 측면에서 현존하는 대학의 상당수가 10-20년 내 사라질 거라는 예측이 전문가들 사이에서 힘을 얻고 있는 실정이다.

신제도이론의 관점에서 보면, 특정 필드 내부에서 특정 역할을 담당하는 행위자의 형태나 유형은 시대 환경의 변화에 따라 역동적으로 바뀐다. 현대 고등교육에서 대학의 지위와 같이 특정 필드 내에서 한 시대를 주도하며 당연시되었던 지배적 형태가 쇠퇴하고 새로운 형태로 전환하는 역사적 이행을 '탈제도화' 혹은 '제도적 변화'라고 부른다.[8] 이런 필드 수준의 제도적 변화 관점에서 볼 때 이제까지 현대 대학들이 수행해 온 고등교육의 다양한 기능을 대학들이 계속 수행하는 것이 사회적으로 바람직한 것은 아니다. 이보다 훨씬 우월한 대안들이 등장할 수도 있으며, 그런 경우 조만간 탈

제도화와 제도적 변화가 발생할 것이다.

실제로 최근 10여 년간 급속하게 확산되고 있는 대안적 고등교육기관들의 혁신성과 탁월함은 사회의 중추적 고등교육기관으로서 대학의 상대적 경쟁 우위에 대해 근본적 회의를 불러일으키기에 충분하다. 미네르바 대학, 애플 대학 등 기존 대학의 틀 안에서는 엄두도 내기 어려운 혁신적 시도들이 폭발적으로 증가하고 있다. 또 대학은 아니지만 고등교육의 사회적 역할 중 상당 부분을 대체할 수 있는 MOOC를 비롯한 디지털 플랫폼들은 기존 대학들과 비교할 수 없을 정도의 높은 효율성과 질적 수준을 자랑한다. 예를 들면, 대표적 MOOC 고등교육 플랫폼인 코세라Coursera는 그 교육의 내용과 형식 면에서 전 세계 어떤 대학과도 비교할 수 없을 정도의 다양성, 혁신성, 효율성, 그리고 질적 깊이를 가지고 계속 발전하고 있다.

이런 관점에서 볼 때, 대학의 미래에 대한 논의는 대학의 한계를 넘어 교육 필드 전체 관점에서 현재 논의되고 있는 다양한 변화 방향 중에서 무엇은 대학이 담당하는 것이 바람직하고, 무엇은 다른 대안적 교육기관들이나 행위자들에게 맡기는 것이 사회적으로 바람직한 대안인지 구분하는 방향으로 진행되어야 한다. 즉 이제까지 대학이 수행해 온 강의와 연구를 비롯한 다양한 고등교육의 기능 중 상당수는 이런 대안적 기관들로 이전하는 것이 사회적 효용 면에서 훨씬 더 바람직할 수 있다는 가능성을 반드시 고려해야 할 것이다. 이런 면에서 볼 때 미래 대학의 역할은 다른 수준의 교육기관이나 대안적 고등교육기관들이 대체하지 못할 소수의 진정한 의미의 고등교육에 한정될 가능성이 높다. 그렇다면 무엇이 대체 불가능한가에 대한 개방적 논의가 이루어져야 하며, 보다 근본적으로 지금은 대학의 미래를 고민하기보다 고등교육의 미래를 고민해야 할 시점이다.

대량고등교육의 패러독스와 현대 고등교육의 한계

이 책에서 논의한 현대 대학의 한계를 설명하기 위해서는 '대량고등교육'의 양면성을 이해하는 것이 필수적이다. 대량고등교육은 19세기 말경 확립된 대학 조직을 중심으로 한 현대 고등교육의 가장 중요한 성취이면서 동시에 가장 심각한 한계의 원천이다.[9] 예를 들면, 앞에서 제시한 대학교육의 문제점들은 대부분 근대 이전의 전통적 고등교육과 무관하며 현대 대량고등교육의 문제다.

그 명칭 자체가 시사하듯이 '고등교육'은 19세기 초까지는 엘리트들을 위한 특권적 위상을 가지고 있었다. 따라서 고등교육의 대상자는 소수였고 제한적이었다. 신분사회의 전통이 상대적으로 가장 약했던 미국의 경우도 마찬가지로 19세기 중반까지 고등교육은 소수 엘리트를 위한 맞춤형 교육이었다. 예를 들면, 미국에서 가장 먼저 설립된 하버드 대학의 경우 1840년에는 한 해에 신입생이 40명에 불과했고 전체 재학생 수도 200명이 채 안 되었으며 대부분이 인근 거주자였다. 교육의 내용 또한 개별 학생들의 필요와 관심사에 따른 맞춤형 교육이었고, 현대적 의미에서의 세분화된 전공 개념도 없었다. 다양한 과목은 있었으나 학과나 전공이 공식적으로 확정된 것은 아니었으며, 각자가 선택해서 공부하는 것의 총합이 곧 각자의 전공이었다.

1840년경 하버드 대학을 다녔던 초월주의 철학자이자 사회운동

가이면서 생태학ecology이라는 개념을 처음 제시한 헨리 데이비드 소로Henry David Thoreau의 경우 철학, 문학, 사회학, 정치학, 지리학, 생물학, 생태학, 지질학, 기계학 등에서 각각 중요한 저술을 남겼다. 19세기 중반까지는 거장 학자의 경우도 대부분 이와 유사했는데, 그 결과 당시와 전혀 다른 세분화된 전공 구조 때문에 현대 대학에서 역사적 사실과 동떨어진 엉뚱한 논란이 벌어지곤 한다. 예를 들면, 카를 마르크스, 존 스튜어트 밀, 애덤 스미스, 막스 베버 등에 대해 사회학, 경제학, 정치학 등에서 각각 자기 전공의 고전 이론가라고 주장하는 것이다. 그러나 당시에는 이런 학문들이 독립된 공식적 전공 분야로 존재하지도 않았다. 경제학의 아버지로 불리는 애덤 스미스의 경우 실은 윤리학을 주로 강의한 철학 교수였다. 이 당시까지는 고등교육의 본래 정신에 맞게 학생 개인별로 다양한 전문 분야를 가진 교수들이 맞춤형으로 집중 육성하는 그야말로 전인교육이었으며, 현대 대학의 한계로 지적되는 문제들이 당시에는 거의 없었다.

대학의 규모가 갑자기 커진 것은 1870년경으로, 하버드 대학의 경우 불과 30년 만에 4배로 성장해 한 해 신입생 규모가 200여 명으로 불어났고, 학생들이 미국 전역에서 왔다. 이런 변화의 원인은 당시 서구를 중심으로 급속하게 진행되던 정치적 시민사회와 경제적 대량생산의 도래였다. 전화와 전보의 발명, 철도망의 급속한 확산에 힘입어 광범위한 지역에 걸친 조직화가 가능해지면서 경제와 행정 분야를 비롯해 사회 각 영역이 대규모 현대적 조직들을 중심으로 재편되기 시작했다. 교육 필드의 경우 시민사회의 도래와 함께 모든 사람이 고등교육을 받을 수 있는 정치적 정당성이 확립됐고, 또한 보건 위생의 발전 등으로 인구가 급증하면서 입학을 원하는 학생 수도 늘어났다. 이런 역사적 대전환에 대응하여 먼저 경제 분야에서 특정한 고객을 대상으로 한 전통적인 주문 생산을 대체하여, 익명의 소비자를 대상으로 광범위한 지역에 걸쳐 생산과 판매를 하는 현대적 대량생산 기업들이 탄생했고, 이 새로운 조직 형태는 행정을 비롯하여 사회 모든 영역으로 급속하게 확산되었다.

이에 따라 고등교육도 19세기 말 대량생산 논리를 차용한 현대적 대학 조직을 중심으로 재조직화되고, 광범위한 지역에 거주하는 일반 시민들을 대상으로 대규모로 진행되는 대량고등교육 시대로 급속히 전환한 것이다. 그 결과 대학의 규모는 계속 성장하여 하버드 대학의 경우 2000년대에는 한 해에 신입생이 2천 명에 육박하게 되었다. 이와 함께 중요한 여러 변화가 동반되었다. 소수 엘리트에게만 제공되던 고등교육을 그 전과 비교도 되지 않을 정도의 대규모 인원에게 제공하기 위해 양적 효율성을 높일 수 있는 관료제적 현대 조직의 논리를 대학교육의 모든 영역에 적극 채택했다. 기업이나 행정 조직처럼 본부와 전공 간 엄격한 위계질서가 구축되었고, 느슨한 동업자조합 같은 비공식 네트워크형 대학에서 탈피해 대학 내부와 외부의 명확한 법적 경계가 수립되었다. 또한 시장에서의 기업 간 경쟁관계처럼 학생이나 대학 간 경쟁과 서열화가 심화되었고, 각 전공 분야 간 장벽의 원인이 된 협소한 전문화와 '선택과 집중' 또한 현대 대량생산 기업의 논리에서 차용되었다. 이런 대량고등교육 모델은 19세기 말에서 20세기 초에 걸쳐 서구가 세계사의 헤게모니를 잡으면서 일본과 한국을 포함하여 전 세계에 급속히 확산되었다.

지금 진행되고 있는 미래 대학에 대한 논의에서 거론되는 현대 대학의 한계 중 많은 것은 바로 19세기 말 대량생산 경제와 시민사회의 도래로 '대량'과 '고등'이라는 두 가지 상호 모순적인 제도적 논리를 결합시켜 최대한 많은 학생에게 효율적으로 고등교육을 제공하고자 했던 시도의 '의도치 않은 결과'였던 것이다.[10] 그런데 이 책에 실린 글들에서 제시하는 미래 대안 중 상당수가 실은 과거 19세기 초까지의 전통적 고등교육 시대로 회귀하자는 주장에 가깝다. 즉 개별 학생에게 초점을 맞춘 맞춤형 교육, 다양한 전공 분야 간 상호 충실화를 통한 폭과 깊이의 추구, 열린 교육, 고전과 문화예술 교육, 지덕체 전인교육, 연구와 교육의 통합 등은 19세기 이전 소수 엘리트를 대상으로 한 전통적 고등교육의 핵심적 특징이었다.

그러나 단순한 과거로의 회귀는 그 당시와 비교도 되지 않을 정도로 대규모 사회구성원들에게 고등교육을 제공해야 하는 현재의 시대적 요구에 적합하지 않은 접근법이다. 지금 우리가 찾아야 할 미래 대학의 모습은 엘리트 고등교육으로의 회귀가 아니라, 대규모 구성원에게 진정한 의미의 고등교육을 제공할 수 있는 모순 극복형 모델이다. 이런 면에서 필자는 미래 대학은 '대량 맞춤형 고등교육mass customized higher education'을 실천할 수 있는 구체적 모델을 찾아야 한다고 생각한다. 물론 이것을 '대량'과 '맞춤형', 그리고 '고등'이라는 반대말을 단순히 연결한 모순어법으로 치부할 수도 있으나, 최근 다른 사회 영역에서의 발전 추세를 보면 완전히 불가능한 것은 아닐 수도 있다는 희망을 가진다. 바로 4차 산업혁명이라는 기술 발전의 '가능화 효과enabling effects' 때문이다.

기술 발전은 과거에 불가능하던 것들을 가능하게 만드는 효과를 가진다. 동시에 과거에 필요불가결했던 것들을 필요 없게 만드는 '불능화 효과disabling effects'도 가진다. 최근 인공지능, 빅데이터 등 4차 산업혁명 기술들은 대규모 인원에게 서로 다른 개별화된 서비스를 제공하는 것을 가능하게 만들었다. 이에 따라 아마존, 구글 같은 4차 산업혁명 선도 기업들은 인공지능과 빅데이터 기술을 활용해 전 세계 인구 각자에게 상품이나 콘텐츠 추천을 제공하는 '대량 맞춤형mass customization' 서비스를 이미 시행하고 있다. MOOC 등을 통해 무한대에 가까운 디지털화된 고등교육 콘텐츠들이 이미 존재한다는 사실을 고려할 때, 이런 4차 산업혁명의 기술적 가능화 효과를 고등교육에 적극 활용한다면 '대량 맞춤형 고등교육'의 실천이 가까운 미래에 가능할 수도 있다.

역사적 결정론을 넘어 미래의 개방적 탐색으로

역사적 관점의 결핍 못지않게 위험한 것이 바로 역사적 결정론이다. 이 책에 실린 글들이 다루는 우리나라 대학의 역사적 발전 과정과 당면 과제에 대한 토론은 그 자체로 큰 가치가 있다. 그러나 대학의 미래 발전 방향을 선택할 때 지나치게 과거에서 현재에 이르는 역사적 발전 과정의 연속선상에서만 생각하는 결정론적 접근은 오히려 위험한 족쇄가 될 수 있다. 예를 들면, 이 책에 실린 서울대학교의 기원과 역사적 발전 과정에 대한 정준영의 탁월한 연구는 그 자체로 풍부한 통찰력을 제공하나, 서울대학교의 미래를 논의할 때 반드시 그 연속선상에서 선택해야 한다는 역사적 숙명론에 빠지는 것을 경계해야 한다. 닫힌 역사관에 대한 비판에서 포퍼Karl

Popper가 주장하듯이, 역사 발전 과정에서 미래는 과거와 현재의 연속선상에서 운명적으로 결정되는 것이 아니라 무한대의 개방적 가능성으로 열려 있기 때문이다.[11]

이런 면에서 현재 우리 대학들이 당면한 문제들의 해결과 새로운 미래 대학의 모델을 창조하는 것은 연속선상에 있는 것이 아니라 전혀 다른 과업일 가능성도 있다. 따라서 과거에서 현재에 이르는 역사적 과정에서 발생한 문제들의 해결에만 함몰되지 말고 오히려 백지상태에서 미래 사회가 요구하는 완전히 새로운 고등교육의 창조에 초점을 맞추는 것이 필요할 수도 있다. 이 책에 실린 정준영의 연구가 다루는 서울대학교의 역사적 발전 과정을 살펴봐도 대학의 사회적 소임은 시대별로 변해 왔다는 것을 알 수 있다.

따라서 경험해 보지 못한 미래를 이미 경험한 과거와 현재의 기준으로 재단하고 탐색하는 오류를 항상 경계해야 한다. 예를 들면, 광범위한 교양교육과 심화 전공교육의 상충 관계나 전문 직업교육과 순수 기초교육의 충돌 등 이 책의 다른 글에서 다루는 고민들은 현재 기준으로 미래를 재단하려는 시도로 볼 수도 있다. 이렇게 볼 때 '새 술은 새 부대에'라는 관점에서 미래의 대학에 대한 탐색은 새로운 판단 기준을 찾는 데서부터 출발해야 한다. 완전히 다른 판단 기준으로 백지상태에서 미래 사회와 인류공동체가 요구하는 새로운 고등교육의 모습을 찾는 시도에는 현재 전 세계 고등교육의 중추적 역할을 담당하고 있는 조직으로서 대학의 완전한 폐지 가능성과 새로운 대안적 고등교육으로의 이행 가능성까지도 포함해야 할 것이다.

장구한 역사의 흐름에서 근본적 패러다임 전환은 자주 발생하지 않는다. 그런 특별한 변화가 가능한 기회 구조는 간헐적으로만 발생한다. 지금이 바로 그런 패러다임 전환기라는 인식이 확산되고 있다. 지금 대학과 고등교육의 새로운 미래를 찾는 노력은 단순히 서울대학교를 비롯한 우리나라 대학들이 팬데믹 위기에서 생존하는 문제를 넘어 인류 전체의 미래에 결정적 영향을 미칠 수 있는 중대한 과업이다. 따라서 그러한 노력은 고등교육계에 몸담고 있는 모든 사람이 냉철한 논리적 사고와 혁명가적 열정으로 치열하게 힘을 모아 추구하는 공동체적 작업이어야 할 것이다.

1. B. F. Skinner, "'Superstition' in the Pigeon", *Journal of Experimental Psychology*, vol. 38, no. 2 (1948), pp. 168-172.

2. F. B. McCluskey and M. Winter, *The Idea of the Digital University: Ancient Traditions, Disruptive Technologies and the Battle for the Soul of Higher Education* (Westphalia Press, 2012); F. E. Jacome, "Emerging Technologies and Universities: The 4IR and the Future of Higher Education", in A. D. Del Pino, M. N. L. Romero, and F. R. V. de la Torre (eds.), *Improving University Reputation Through Academic Digital Branding* (IGI Global, 2021), pp. 97-115.

3. P. J. DiMaggio and W. W. Powell, "The Iron Cage Revisited: Institutional Isomorphism and Collective Rationality in Organizational Fields", *American Sociological Review*, vol. 48, no. 2 (1983), pp. 147-160.

4. W. Rudy, *The Universities of Europe, 1100-1914: A History* (Fairleigh Dickinson, 1984).

5. M. Weber, *The Protestant Ethic and The Spirit of Capitalism* (Charles Scribner's Sons, 1921).

6. C. Perrow, "A Society of Organizations", *Theory & Society*, vol. 20 (1991), pp. 725-762.

7. DiMaggio and Powell, "The Iron Cage Revisited: Institutional Isomorphism and Collective Rationality in Organizational Fields", pp. 147-160.

8. DiMaggio and Powell, "The Iron Cage Revisited: Institutional Isomorphism and Collective Rationality in Organizational Fields", pp. 147-160.

9. P. Scott, *The Meanings of Mass Higher Education* (Open University Press, 1995).

10. R. K. Merton, "The Unanticipated Consequences of Purposive Social Action", *American Sociological Review*, vol. 6, no. 1 (1936), pp. 894-904.

11. K. Popper, *The Open Society and Its Enemies* (Routledge & Kegan Paul, 1945).

찾아보기

발간사

21세기에 들어와서 디지털과 인터넷 기반이 확대되고 스마트폰이 널리 보급되면서 인간 삶의 양상이 크게 달라졌다. 또 유전자 공학과 인공지능 기술이 비약적으로 성장하면서 이른바 4차 산업혁명 또는 포스트휴먼 시대로 진입했다. 세계가 환경적·기술적 변화에 직면하면서 인간이 무엇인가, 어떻게 살아가야 할 것인가 하는 인간의 존엄과 가치를 근본부터 되묻게 되었다. 이러한 시대적 물음에 우리 인문대학은 대답할 책무가 있다.

서울대학교 인문대학에는 학부생, 대학원생, 연구원, 강사, 교수를 합쳐서 근 3천 명에 이르는 대식구가 있다. 연구 인력의 수나 수준, 그 밖의 여러 지표를 보더라도 한국의 인문학을 대표한다고 말할 수 있다. 우리 구성원 개개인은 문학, 언어, 역사, 철학의 여러 분야를 깊이 탐색하고 있고 또 분야를 넘어 소통하고 융합하기도 하지만, 인문대학은 아직 이들 전체를 포괄하는 대형 프로젝트를 기획하지 못했다. 누구나 필요성은 인정하지만 감히 시도할 엄두를 내지 못했던 것이다. 환경의 변화는 더 이상 우리를 현재의 위치에 머물러 두게 하지 않는다. 이에 혁명적 변화에 맞추어, 거대한 응전을 위해, 과감히 인문대학 차원의 인문학 주제 탐구 프로젝트를 시작한다.

인간, 대학, 폭력, 재난, 인공지능, 유전학, 전염병, 법질서 등등 21세기 세계의 주요 관심사가 우리의 주제가 될 것이다. 인간의 삶과 관련된 가장 중요한 문제를 인문학적으로 접근하는 세계 최고 수준의 콘퍼런스를 개최하고 그 결과물을 다듬어서 책으로 펴낼 것이다. 문사철은 하나하나 다루어도 얻을 것이 적지 않겠지만, 영역을 가로질러 경계를 넘어 소통하고, 나아가 사회과학, 자연과학, 경영학, 법학 그리고 심지어 공학과 의학까지 아우르는 넓은 시각을 지니면, 우리 인간과 사회를 이해하고 개조하는 강력한 수단이 될 수 있을 것이다. 이 기획의 진행을 위해 노고를 아끼지 않으신 우리 인문대학 교수님과 교직원, 그리고 출판을 위해 애쓰신 서울대학교출판문화원에 거듭 감사를 표한다.

2020. 6

서울대학교 인문대학 학장

저자 소개(가나다순)

강준호

서울대학교 체육교육과 교수. 스포츠경영학을 전공했으며, 스포츠참여 및 관람행동, 스포츠마케팅, 스포츠시장구조, 국제스포츠개발협력 등을 연구하고 있다. 최근에는 몸의 본질에 관심을 가지고 있다. 저서로는 『몸 교과서』(대표저자), 『한국골프산업백서』 시리즈(대표저자) 등이 있다.

강창우

서울대학교 독어독문학과 교수. 화용론, 텍스트언어학, 대화분석, 의료커뮤니케이션이 주요 연구 분야이며, 저서로는 *Die sogenannten Kausalsätze des Deutschen*, 『텍스트언어학의 이해』(공저), 『치매와 함께하는 사람들』(공저) 등이 있으며, 논문으로는 「언어표현과 발화의도의 상관관계」, 「세계화 시대에 독일어가 처한 정체성 위기」, 「거짓말에 대한 화행론적 고찰」 등이 있다.

권도균

(주)프라이머 창업자 대표. 국내 최초의 스타트업 엑셀러레이터를 설립, 초기 창업자들에 투자하고 경영을 교육하며 창업자들의 개인 자문과 멘토링에 힘쓰고 있다. 스타트업 경영 이론 정립에 관심을 가지고 연구하고 있다. 저서로 『권도균의 스타트업 경영수업』이 있다.

김지현

서울대학교 종교학과 교수. 주요 연구 관심사는 종교 전통에서 몸과 마음의 문제를 어떻게 설정하고 상상하는가 하는 것이며, 특히 도교 전통의 신체론과 수행론을 살피고 있다. 주요 논문으로 「도교의 신체론과 의학지식」, “Daoist Writs and Scriptures as Sacred Beings”, “Enlightenment on the Spirit-Altar” 등이 있다.

김현진

서울대학교 영어영문학과 교수. 주요 연구 관심사는 중세문학과 문화, 특히 중세 로맨스에서 전근대적 주체성과 정체성이 수행되고 구성되는 양상을 살피는 것이다. 저서로 *The Knight without the Sword: A Social Landscape of Malorian Chivalry*, 주요 논문으로 「로맨스, 성형, 그리고 탈근대의 자아」, “Gigantism and Its Discontents: Chivalric Anxiety in Malory’s *Morte Darthur*”, 「참수의 윤리: 공포, 여성, 중세 로맨스」, 「가웨인 경의 ‘인식 불가능’한 딜레마: 로맨스, 남성성, 그리고 이성애의 위안」 등이 있다.

박상우

서울대학교 미학과 교수. 시각 매체(사진, 영상)가 현대사회와 인간에 불러일으킨 철학적·미학적·문화적 변동이 주요 연구 분야다. 문자 문명에서 이미지 문명으로의 전환이 지니는 문화적 의미를 연구하고 있다. 저서로 『박상우의 포톨로지』, 『롤랑바르트, 밝은 방』, 『다큐멘터리 사진의 두 얼굴』 등이 있다.

박흥식

서울대학교 서양사학과 교수. 중세 유럽의 도시, 사회경제사, 일상생활사, 교회사, 흑사병의 영향 등을 연구하고 있다. 『역사 속의 질병, 사회 속의 질병』, 『서양사강좌』, 『사랑, 중세에서 종교개혁기까지』, 『미완의 개혁가, 마르틴 루터』 등 다수의 책을 단독 혹은 공동으로 저술하였다.

손유경

서울대학교 국어국문학과 교수. 일제강점기 프롤레타리아 문학, 근대 여성문학, 감성 연구 등이 주요 연구 분야이며, 저서로 『고통과 동정』, 『프로문학의 감성 구조』, 『슬픈 사회주의자』 등이 있다. 현재 1980-90년대 한국 문학과 문화에 관한 연구를 진행하고 있다.

신동엽

연세대학교 경영대학 교수. 현대 사회의 형성과 변화를 19세기 후반 등장한 현대적 조직의 역사적 변동 관점에서 연구하고 있다. *Poetics, Administrative Science Quarterly, Organization Science* 등의 학술지에 논문을 게재했으며, 공저서로는 『창조성의 원천: 예술가는 어떻게 사고하는가?』, 『4차 산업혁명, 일과 경영을 바꾸다』 등이 있다.

안병직

서울대학교 서양사학과 명예교수. 독일 근현대사, 역사이론, 사학사 등이 주요 연구 분야이며, 『오늘의 역사학』, 『세계의 과거사 청산』 등의 저서와 『노년의 역사』 등의 역서가 있다.

유재준

서울대학교 물리천문학부 교수. 다양한 신물질에서 발현되는 물성과 그 원리를 밝히기 위해 양자역학적 이론 모델과 컴퓨터 계산을 이용한 연구를 하고 있다. 저서로는 비전공자를 위한 과학서인 『호기심의 과학』이 있다.

이석재

서울대학교 철학과 교수. 서양근대철학을 주요 연구 분야로 삼고 있으며, 특히 인과 문제에 관심을 가지고 있다. 현재 일반인을 위한 철학 소개서를 집필 중이며 "Leibniz on Divine Concurrence" 등 다수의 논문이 있다.

이준웅

서울대학교 언론정보학과 교수. 레토릭과 민주주의, 설득 커뮤니케이션, 정치 커뮤니케이션 등을 강의하고 있으며 언론과 민주주의, 뉴스의 사회적 기능, 정치 캠페인 효과 등에 대해 연구하고 있다. 저서로는 『말과 권력: 레토릭에서 의사소통 민주주의로』 등이 있다.

정준영

서울대학교 규장각한국학연구원 교수. 전공은 역사사회학과 지식사회사이며, 한국에서 근대학문이 어떻게 형성되고 발전해 왔는지, 그리고 이를 뒷받침하는 제도로서 대학은 어떤 변모의 과정을 거쳤는지 탐색하는 연구를 하고 있다. 『제국 일본의 역사학과 '조선'』, 『경성제국대학과 동양학 연구』, 『열전 속 냉전, 냉전 속 열전』, 『한국 근현대 인문학의 제도화』, 『식민권력과 근대지식』 등의 저서에 공저자로 참여했다.

천현득

서울대학교 철학과 교수. 주된 연구 분야는 과학기술철학과 인지과학철학이다. 공저서로는 『과학이란 무엇인가』, 『인공지능의 존재론』, 『인공지능의 윤리학』 등이 있고, 역서로는 『실험철학』, 『역학의 철학』(공역) 등이 있다. 현재 토머스 쿤의 과학철학에 관한 저술과 인공지능의 철학적 문제를 다루는 저술을 준비하고 있다.

편집책임

신혜경

서울대학교 인문대학 미학과 교수 및 대학원 협동과정 공연예술학 전공 참여교수. 예술, 권력, 대중, 이 세 키워드를 중심으로 사회미학을 연구하고 있다. 논문으로는 「뮤직비디오 연구의 새로운 시각」, 「관객 참여 미학에 대한 재고」 등이 있으며, 저서와 역서로는 『대중문화의 기만 혹은 해방: 벤야민 & 아도르노』, 『인문학의 성찰과 전망』(공저), 『페미니즘 미학 입문』(역서), 『아나키와 예술』(역서) 등이 있다.